Everything Is Interesting

万物有意思

奇妙生活 上

北京日报《万物》编写组 编著

北京日报出版社

图书在版编目（CIP）数据

万物有意思．奇妙生活 ／ 北京日报《万物》编写组
编著．－－ 北京 ：北京日报出版社，2020.10
ISBN 978－7－5477－3613－5

Ⅰ．①万… Ⅱ．①北… Ⅲ．①科学知识－普及读物
Ⅳ．①Z228

中国版本图书馆CIP数据核字(2020)第052686号

万物有意思．奇妙生活

出版发行：北京日报出版社
地　　址：北京市东城区东单三条8－16号东方广场东配楼四层
邮　　编：100005
电　　话：发行部：（010）65255876
　　　　　总编室：（010）65252135
印　　刷：雅迪云印（天津）科技有限公司
经　　销：各地新华书店
版　　次：2020 年 10 月第 1 版
　　　　　2020 年 10 月第 1 次印刷
开　　本：880 毫米×1230 毫米　　　1/32
印　　张：20
字　　数：402 千字
定　　价：98.00元（全二册）

编 者 的 话

中国古人有一句名言，叫"格物致知"，意即穷究一事一物的原理，就可以获得知识和智慧。这是朴素的认识论，也是行之有效的方法论。

2011 年年初，北京日报创办《万物》版，至今已逾 9 年，刊出了 500 多期。每期的《万物》版，选择一事或一物，下一番"格物"的功夫，由远及近、由小及大、由点及面，探究事物生成的来龙去脉、发展的前因后果、演化的承前启后，"致知"乐趣是无穷的。

报纸刊发文章相对便捷，但有一个遗憾，不易保存，也比较分散。于是我们想到，可以挑选其中佳作，重新加以编辑，结集成书，便于随时翻阅，惠及更多的读者。这就是现在这套《万物有意思》的由来。

书中文章的作者虽不是专门的学问家，但写作时从各方面研究成果中"淘金"的功夫下得不少。为通俗易读，作者和编者注重对史事史实、文献资料的筛选和梳理，用平实的文字、晓畅的文理进行新的组合，明快地揭示了万事万物精彩纷呈的趣味历史。因其通俗读物的性质加之发布时间不一，故而资料来源没有按照学术规范一一注明，也无法与原著者一一取得联系。此点希望能得到研究家们的理解支持，如有疑问可以与我们联系。

"普中见奇"——正是《万物有意思》的"亮点"。当你闲暇时翻阅这本书，读上一段便会发现，我们身边常见的万物，竟然有如此神奇迷人、嚼起来很有味道的历史。读完一篇，你可能顿时生发"知其然又知其所以然"之感。也许，你会在心里面点赞：咦，真的挺有意思！

《万物》编写组

目 录

第 一 篇

水果的

旅程

猕猴桃
的奇异之旅

张慧

状如鸡蛋的椭圆形外观，色泽暗淡的绿棕色外皮，外覆一层短绒毛，在颜色各异、色泽饱满的水果世界中貌不惊人，却有一个特别的名字——猕猴桃。

　　作为土生土长的中国特产，这种水果在一百多年前被来华的新西兰人带走种子，随船漂泊到异国他乡扎根，又在长途跋涉、跨国营销和几次煞费苦心的更名以后，最终以世界知名水果奇异果的身份重回故里，整个旅程可谓奇异。

历经千年的野生果子

　　奇异果的第一站从它的发源地——湖北宜昌市夷陵区开始。夷陵是宜昌的古名，两千多年前是古荆州地，今天是三峡重镇。历经千年，万象更新，不变的是吹拂过这里的亚热带季风与屹立在西部的山地。早在先秦时期，充沛雨量与湿润空气就催生了西部山坡上一种古老藤本果树的生长蔓延，结成的椭圆形果子表皮覆盖浓密绒毛，内里是绿色的果肉和一圈黑色的种子。

　　谁是尝鲜这种果子的第一人虽已无从得知，但《诗经》里记载了当时人们与它的初见："隰有苌楚，猗傩其枝。夭之沃沃，乐子之无室。"苌楚是奇异果最早的名字，除了《诗经》，"苌楚"在《尔雅·释草》中曾经现身，南朝谢灵运在《庐山惠远法师》中也曾提到它："粳粮虽御，独为苌楚。"不过回到民间，对于这种貌不惊人的水果，称谓则要朴实得多，一般俗称阳桃、毛桃、山洋桃、毛梨桃等，至今湖北和川东一些地方的人仍习惯把它叫作阳桃。

然而它流传最广的名字却是"猕猴桃"，这个名称一出，就一直沿用至今。唐朝时，《本草拾遗》中出现有关"猕猴桃"最早的书面记载："味咸，温，无毒，主骨节风。"宋代时，开宝年间编纂的《开宝本草》里有："一名藤梨，一名木子，一名猕猴梨。"《安徽志》里也记录说："猕猴桃，黟县出，一名阳桃。"而关于为什么会被起名为"猕猴桃"，有两种说法。

一说是，这种果子外皮一层绒毛，因状似猕猴而得名。而另一种说法则称是因为生长在山间的果实常被猕猴食用。正如明朝李时珍在《本草纲目》中描绘猕猴桃形色时解释的那样："其形如梨，其色如桃，而猕猴喜食，故有诸名。"

发源于夷陵山间的猕猴桃，在数千年间缓慢地持续着它的旅程——向北延伸到陕西、甘肃、河南一带；向西南去往贵州、云南和四川，在长江中下游流域，尤其夷陵区雾渡河最为多见。但是，虽然历史记载源远流长，证明其上千年前就出现并被食用，我国的猕猴桃却一直未被驯化栽培，相比果园里人工栽种的桃、李、梨，属于猕猴桃的位置直到几十年前还是在山间小径上。究其原因，一是猕猴桃喜阴怕晒，畏旱又怕涝，对水分土壤的要求都较高；二是猕猴桃属于雌雄异株，花朵对蜜蜂的吸引力不强，人工栽培的难度较大。

但这不影响古代医学家对猕猴桃的浓厚兴趣。今天的人们知道猕猴桃的营养价值远超其他水果：除了含有丰富的维生素 C、维生素 A、维生素 E，以及钾、镁、纤维素，甚至还含有其他水果比较

少见的营养成分,如叶酸、胡萝卜素、钙、黄体素、氨基酸、天然肌醇等。古时的人们对猕猴桃的养生功能也了然于胸。唐代《本草拾遗》的记载里就表明猕猴桃在当时已经被用作药物,是老年人、儿童、体弱多病者的滋补果品。

　　除了用药,猕猴桃漂亮的花叶还赋予了它观赏价值。猕猴桃的叶子呈圆形或心形,花开乳白色转黄色,有喜欢的人会在庭院中搭架、栽植观赏。唐代诗人岑参的《太白东溪张老舍即事,寄舍弟侄等》诗中即有:"中庭井阑上,一架猕猴桃。石泉饭香粳,酒瓮开新槽。"这样的审美与《诗经》中的描写可以说是一脉相承。

但即使被少数人家移植到庭院里，猕猴桃也只是用来观赏而非食用。野外的猕猴桃，如果生在深山中，多被猴子们摘去果腹；长在山径小道边的，则被山区人们利用，采摘入药、食用或贩卖。清朝的吴其浚在《植物名实图考》中记载："今江西、湖广、河南山中皆有之，乡人或持入城市以售。"

归根结底，直到几十年前，猕猴桃在国内还只是一种野果。

漂洋过海人工栽培获成功

就这样，以药用或做观赏用的野果身份，猕猴桃默默在山间谷底生长了上千年，就连它最广为流传的名字——"猕猴桃"，也透露着一种野果的味道。不过1904年，命运卷起了这颗果实，给了它一张通往海另一边的船票。

1904年，来到中国的不仅有外国商人，还有各国宣扬基督教的传教士们，不少城市都留下了他们的足迹，湖北宜昌也不例外。苏格兰教会在宜昌专设分会，从苏格兰本土以及属地新西兰派了不少教士前来，其中一个叫凯特的女教师，她的姐姐则是新西兰著名的教育学者伊莎贝尔。

在猕猴桃的原产地，凯特第一次与这种果子相见，这种后来被西方人描述成融合了草莓、香蕉、凤梨风味的特殊水果，连同着"猕猴桃"的名字给她留下了深刻的印象。于是，在姐姐伊莎贝尔来探望她的一次旅行中，凯特向姐姐隆重介绍了这种水果。

在返回新西兰的行李里，伊莎贝尔加上了猕猴桃的种子，带着它们漂洋过海到达南太平洋的岛国，将其交给自己办学所在地一位名叫亚历山大的植物学家栽植培育。此时的伊莎贝尔可能也未曾想到，这一举动使得新西兰后来成为全球奇异果品牌的领导者，在世界果蔬市场大放异彩。

猕猴桃的生长需水又怕涝，对土壤水分和空气湿度的要求比较严格，最适宜在雨量充沛且分布均匀、空气湿度较高、湿润但不渍水的地区栽培。温带海洋性气候的新西兰是猕猴桃发展的理想之地。同时猕猴桃很难授粉的问题在新西兰的人工栽培下也得到了解决。通过采取饱和授粉的方式，即将蜜蜂种群规模保持在每公顷果园一定的比例，促使猕猴桃在新西兰被广泛种植。

1924 年，在南太平洋扎根的猕猴桃被培育出一个新的品种"海沃德"。不同于它的老祖宗中华猕猴桃绒毛分布不均、触感粗糙的外形，改良后的新西兰猕猴桃个头更大，皮表绒毛分布均匀。更重要的是，相比野生猕猴桃皮薄肉软不宜保存，新的品种耐受磕碰、适宜储存运输。新西兰通过开发商业上可行的品种，不断改进运输、储存和销售的农业实践，使得猕猴桃从山间野果发展为成熟的农产品，是时候把它推向国际市场了。

猕猴桃在第二次世界大战期间已经积攒了一些人气，在驻新西兰的英国和美国军人中很受欢迎。二战结束以后，新西兰的猕猴桃又坐上邮轮，首先出口到英国，接着行至美国、加拿大等地，再继续转往欧洲地区。怎么给这种新水果起名字是一个重大的商业决定。一开始新西兰人介绍它为"中国鹅莓"，市场反应冷淡；接着改名"美龙瓜"，但瓜果税的征收在一些地区格外高昂。也许是"猕猴桃"最初的中国名字给了起名者灵感，有人觉得这种全身绒毛，暗绿色的鸡蛋形果实和新西兰特有的一种几维鸟（Kiwi bird，Kiwi 是毛利语）倒是很像。

» 几维鸟硬币

　　1966 年左右，Kiwi fruit（奇异果）这个新名字诞生了。1974 年，也就是猕猴桃来到新西兰之后的第七十年，Kiwi fruit（奇异果）第一次在商业出口中被正式称呼，一家名为弗里达卡普兰的加利福尼亚进口商在向美国市场推出水果时使用了该名称。口味鲜美、营养丰富，再加上这个奇特的名字，使得奇异果在出口营销中重获新生。看到水果联想到这种萌萌鸟类的人们通常会心一笑，即使不知道 Kiwi 所指何物，也无法忽略这个朗朗上口的缩写名词。从 Kiwi fruit 获得命名之日起，也就是 20 世纪 60 年代末至 70 年代初的时候，新西兰的猕猴桃出口量开始迅速增加，到了 1976 年，出口量已经远远超过国内的消费量。这个名称是如此的响亮，以至于奇异果逐渐成为所有商业化种植猕猴桃的代称。

带着多个"世界第一"回家

在 20 世纪 70 年代初,新西兰在猕猴桃栽培和销售的世界版图里一枝独秀,但随后猕猴桃的生产开始迅速传播到其他国家。从 20 世纪 80 年代起,以意大利为代表的其他国家开始出口猕猴桃,1989 年,意大利成为猕猴桃的主要生产国,也几乎在同时,新西兰的猕猴桃产业遭遇了寒冬。

在此之前,新西兰国内的猕猴桃一直分散种植销售,短短几十年间就诞生了 2700 多个猕猴桃的品牌。果农各自为政的经营模式使得猕猴桃的品质参差不齐,加上在面临跨国贸易营销、反倾销等手段时的力不从心,1988 年,很多新西兰猕猴桃品牌在激烈的国际竞争中倒下。不破不立,两千多户新西兰果农在政府的号召下联合起来注销掉了各自的品牌,组成一个前所未有的统一公司——"新西兰奇异果营销局"。

这是一个大胆又精细的运行模式：两千多户果农按照原本的种植面积与产量出资入股，聘请专业的职业经理人团队，从品种选育到果园生产、包装、冷藏、运输、配售及广告促销环环相扣，标准系统化流程运行，加上新西兰政府每年投入上百万美元进行品种研发与生产技术革新，这样的实力使新西兰猕猴桃足以在全球统一行销。

到了1997年，新西兰猕猴桃业干脆建立了统一的品牌形象，营销局升级为全球最大的奇异果营销公司，即新西兰奇异果国际营销公司。公司的产品是新西兰出口的所有奇异果，它们有着唯一的名字——"ZESPRI"（佳沛）。这是最大限度的品牌累积，佳沛几乎成了新西兰的一张国家名片，也成了一个全球领先的猕猴桃销售品牌：每年生产近7000万箱佳沛奇异果，其中99%出口至全球近70个国家和地区，占全球奇异果市场营销量的28%。

另外，猕猴桃的商业化生产也不再是新西兰的专属之路。2016年全球猕猴桃产量为430万吨，除了新西兰以外，智利、意大利、法国、日本和中国都是猕猴桃的生产大国。猜猜谁是猕猴桃产量的冠军？猕猴桃的故乡重新夺冠——2016年中国居首位，占世界猕猴桃总产量的56%。

新西兰猕猴桃的品种在20世纪70年代后期被引入中国，商业化销售在八九十年代随之而来。历时一百多年，曾经出口的水果以"进口水果"身份回到了老家。精彩的音译"奇异果"这个中文名字又给它加分，猕猴桃摇身一变成了奇异果，身价也跟着翻了一番——在进口水果的柜台里，"佳沛奇异果"是按个头来售卖的水果。这也让国人意识到，这种品质鲜嫩、营养丰富的水果注定会在国内庞大的水果消费市场里大有作为。

世界上市场化的猕猴桃品种有两大类：一类是新西兰海沃种的"美味猕猴桃"，另一大类是我国的中华猕猴桃。经过研发栽培，华中地区的长江流域和秦岭以南、横断山脉以东一带中华猕猴桃产量最为丰富。2008年11月6日，在新西兰举办的国际猕猴桃大会上，参会的200多位专家一致认定：中国是猕猴桃的原生中心，在国际上坐实了猕猴桃的原生地。而基于丰富的品种资源，20世纪90年代以来我国科研人员分别从四川和湖北野生中华猕猴桃的品种中，培育出了含有金色果肉的"黄金猕猴桃"与果心为红色的"红心猕猴桃"，在商业猕猴桃果肉颜色里红绿黄三分天下。世界第一的种植面积、世界第一的稳定产量、强劲有力的培育研发力量与潜力无限的消费市场——从这个意义上来说，猕猴桃终于回家了。

中国创造：无论红心黄心，都是中国自主培育

» 红心猕猴桃

中国是猕猴桃的原产国，也是猕猴桃属植物分布最多的国家，野生猕猴桃有 52 种之多，其中有种个大味甜的"优等生"叫作中华猕猴桃。以它为鼻祖，往下栽培的两支在猕猴桃市场也是鼎鼎

有名：一支是果肉金黄的黄心猕猴桃（金艳猕猴桃），一支是果心红色的红心猕猴桃（红阳猕猴桃）。前者是武汉植物园利用湖北的野生猕猴桃资源选育出来的，这也是我国首个自主培育出的猕猴桃品种。然而却生不逢时，在国内市场暂时无人关注，结果被一家意大利种植企业将专利买走，摇身变成"黄金奇异果"，成为高档水果的一员。后者也是我国从野生猕猴桃资源中培育出的，吸取了上一次的教训，红心猕猴桃让原本不含花青素的猕猴桃加了不少红色噱头，大受市场欢迎。

Kiwi 鸟、Kiwi 果和 Kiwi 人

Kiwi 一词最早是几维鸟的英文名称，得名于其高昂的叫声听起来仿佛毛利语的"kiwi"。这种鸟属于无翅鸟科，因为胸骨上没有像通常鸟类那样供胸肌附着的龙骨突，也就自然没有足够的力量像其他鸟类那样飞行。事实上，从物种演化看，"Kiwi"属于过渡物种，连体温都更接近于哺乳动物；从外表上看，"Kiwi"翅膀严重退化，被遍身棕短的绒毛覆盖，状如一颗行走中的猕猴桃。

新西兰人非常喜欢这种当地特有的物种，将其定为新西兰的"国鸟"，甚至一度想在国旗上加上几维鸟的元素。在对外自我介绍时，新西兰人也喜欢说自己是 Kiwi，所以当猕猴桃被命名为 Kiwi fruit 时，自然就成了新西兰的"国果"，在对外销售的过程中也造就了这种水果是新西兰特产的印象。

　　Kiwi 一词在不同的语境下有不同的含义。在英美或是欧洲水果市场上，Kiwi 的意思是指奇异果；而在新西兰本地，Kiwi 则很少用来指代水果，更多指代几维鸟或是新西兰人。

番茄，从『毒果』到美食

艾栗斯

既是水果，又是蔬菜，不管作为哪一类都备受欢迎。从中国人家常便饭的番茄炒蛋、番茄蛋汤，到意大利主食意面、比萨常见的番茄调料，以及每天随薯条一起售出十亿包的番茄酱，番茄用几百年的时间为自己赢得了一场胜利。

　　然而回到 18 世纪以前，这一袭红衣在人类眼中既是诱惑更是警告，"毒物之果"的名称让人们与它错过好几百年。历史没有记载谁是第一个吃番茄的人，不过一旦入口，它的地位就扶摇直上，热度从此不减。

美丽的屏障：番茄有毒？

番茄又叫西红柿，是属于茄科的草本生植物，最早生长在南美洲西部沿岸高地。今天在秘鲁、厄瓜多尔以及智利北部的山区地带，还能看见野生番茄的身影。番茄虽然水分充足，却喜爱干燥气候与温暖阳光，因此生长足迹一路向北延伸，经过厄瓜多尔西部的加拉帕戈斯群岛散播到中美洲地区。在16世纪以前，野生番茄已经被中美洲的玛雅人和墨西哥南部的阿兹特克人驯化，有了人工栽培的品种：体形较大表面凹凸，与体形较小表皮光滑这两种番茄的混合，就是我们今天常见的番茄的祖先。

美洲人民如何享用这种果实？在西班牙征服墨西哥后流传的史料记载里，一位名叫贝纳迪诺·萨哈根的圣方济各会传教士曾描述过："阿兹特克人混合番茄、辣椒和南瓜子做成调味料，称为沙司，可用来佐膳，如鱼、龙虾、沙丁鱼、火鸡、鹿肉，其他肉类及海鲜。"

>> 黄番茄 © Goldlocki

　　16 世纪的"地理大发现"加速了世界各大文明之间的连接与碰撞，过程中少不了征服、压榨、掠夺。1518 年，西班牙征服者埃尔南·科尔特斯率领探险队前往美洲大陆开辟新殖民地，1521 年攻占了阿兹特克城市特诺奇蒂特兰市（今天的墨西哥城）。在他一番掠夺、满载而归返回欧洲的船只上，随黄金香料一起漂洋过海的还有——番茄。

不过当时的番茄品种是一种黄色的小番茄，貌不惊人。只是西班牙人出于新鲜，随手携带的异域植物，被搁置在甲板上最不起眼的角落。因为番茄素的作用，番茄有种其他成熟果实少见的酸味，含有酵素的果实细胞也更容易败坏、腐烂。可以想象，这样的酸味在腐烂之后是怎样一片狼藉。保鲜技术尚不发达的西班牙船只上，海风也吹不走一箱箱烂番茄的尴尬气味，于是番茄还未落地，就有了水手们给起的新名字——"臭果子"。

没人会对"臭果子"有食欲，搬下甲板后的番茄没有进到西班牙贵族的厨房，而是直接栽进了他们的庭院花园里，被当作战利品炫耀，被称为"秘鲁的苹果"。而一样被运下货船的同伴，鲜艳欲滴的辣椒则占尽了美食新宠的风头。没想到番茄在地中海阳光的作用下，给自己开启了一场非凡的内部转变——黄色的小番茄因为茄红素的激发，披上一身夺目的红衣，变成了一种饱满、鲜红、激情四溢的果实，从此它就再也没有离开过人们的视线。

西班牙人把这种美丽的植物介绍到了意大利，栖身之所仍然是花园而非餐桌。正如佛罗伦萨贵族乔万维托里奥·索德里尼所记录的：它们"只因美丽而被寻找"。但是能支撑番茄走得更远的，不光是善变的颜值。目前已知的番茄品种中，95％以上属于自花授粉，即同一种花里的雄蕊和雌蕊能自行授粉受精，这就意味着番茄有极强的生存和适应能力，无论在怎样的土壤和气候环境下种植都表现出众。所以，西班牙人不光将这种植物带到了欧洲，将其散布到整个加勒比殖民地，还带它们去往菲律宾，从菲律宾传到东南亚，继

>> 番茄果实和花朵 © David Besa

而是整个亚洲大陆。

　　从视觉到味觉的征服，番茄却走了好几百年。虽然在 17 世纪的西班牙和意大利，食谱记载番茄会被加上胡椒、盐和油烹煮食用，但英美地区及其他欧洲国家，普遍认为番茄有毒。原因之一是他们误以为番茄植物属于一种致命的茄科；此外，番茄的叶子和未成熟的果实含有大量的番茄酸，似乎也证实了它会造成肠道不适；另外彼时欧洲对于蔬果都抱有一种疏离的态度，不洁净的水源和落后的保鲜技术往往使人们吃水果容易腹泻，更不用说像番茄这样外表红艳却容易腐败的果实。最重要的一点是，番茄诱人的外表与易于腐烂的狼藉，形成了鲜明的对比，由此被视作来自异域的催情水果，被称为"爱情果"；后又演化成一种欺骗性的诱惑，因此教会也将其加入禁食之列。

所以不难理解为什么直到19世纪中叶，美国人才开始尝试着吃番茄。而且他们入口的前提是番茄要在火上煮至少3小时，为的就是去除传说中的"毒素"。

往东方去，1570年西班牙人占领了马尼拉，新大陆的农作物也由此传来。玉米、辣椒、马铃薯、向日葵……当然，也少不了番茄。大约在明代后期万历年间，番茄被引入中国。即使来到美食大国，番茄最开始也逃脱不了"仅供观赏"的命运，又因为被误以为和柿子同类而被称为"番柿"。

美味的征服：番茄菜肴

　　1820 年 9 月，美国新泽西州的赛勒姆市中心人声鼎沸。老老少少几百号人集聚在当地一位名流罗伯特·约翰逊家门前。几个月前，他从南美洲进口了一些番茄种子栽种在自家花园。在等待果实成熟的时间里，约翰逊不断跟当地人宣扬番茄多么美味可口、营养丰富，并立下誓言：等到番茄果红透时，要在自家门前当众吃番茄以证明。于是在没有直播的时代里，人们齐聚在一起，看着这位男人昂首阔步走上台阶，大声嘲笑认为番茄有毒的"乡巴佬儿"，大口咬下番茄并露出沉浸在美味中的表情。在 1949 年哥伦比亚公司制作的广播剧，1988年费城电视台的电视节目，以及赛勒姆人每年一度的"罗伯特·约翰逊"节里，这样历史性的一幕都会一次次活灵活现地上演。为了增加戏剧的张力，演员扮演的在场观众有的目瞪口呆，有的紧张到昏厥，但罗伯特·约翰逊的扮演者始终精神抖擞地直立着身体，手里高举着

» 罗伯特·约翰逊画像

番茄。

如果深究史料，这场以身试番茄的"壮举"在官方记载的历史中并未留痕，但这丝毫不妨碍它成为美国500多个版本"勇敢吃番茄第一人"中，流传最广、最不朽的一版。不管是谁第一个去吃番茄，都开启了一个关于番茄美味征服的新时代。

1548年10月31日，意大利托斯卡纳大公爵科西莫·德·美第奇的管家写信通报，从佛罗伦萨庄园给美第奇家运来的一篮子番茄"已经安全抵达"。西班牙烹饪番茄的食谱传到了那不勒斯，在意大利的经典美食比萨和意面里，番茄都扮演了至关重要的灵魂角色。番茄中含有的谷氨酸在加热后，会释放出神奇的鲜味，并且与牛、羊、鸡、鸭、鱼、虾、面点、其他蔬菜等一起烹饪都相得益彰。就像是最佳配角，番茄在展露自己风格的同时又不动声色地凸显了主菜的特色。

在英美地区，番茄最初在烹饪中的作用是与异国情调的意大利菜或犹太菜联系在一起，随后也衍生出自己的本地菜式和吃法——焗烤番茄、番茄浓汤、番茄羊肉、番茄沙拉、番茄汁煨肉、腌番茄、番茄酱……到了18世纪末，《不列颠百科全书》称番茄在汤中已经是"百姓日常"。大番茄肉质肥厚，小番茄清爽带甜，"不论是生吃、

>> 牛排番茄与小番茄 © Berrucomons

炖汤、做肉汁或肉酱，或是做成腌菜和蜜饯，它的用途十分广泛，想尝试不同做法的人，都不会忘记它"。

番茄酱汁与番茄酱在美国尤其受欢迎，光是 19 世纪，美国就出版了数百本番茄酱与番茄酱汁食谱。1984 年，美国国家航空航天局把 1200 万个番茄种子送上了太空，这也许是目前为止番茄经历的最远旅程。在阳光丰富的加州地区，无数番茄酱制造商安家落户，其中就有现在最大的番茄酱制造公司亨氏。

在 1799 年至 1825 年，英国驻阿勒颇领事约翰·巴克将番茄引入种植以后，番茄就成为中东美食的一个重要组成部分，新鲜的沙拉（如阿拉伯沙拉、以色列沙拉、土耳其沙拉），烤肉串和其他菜肴里都少不了用番茄添色。

回到我国，在番茄长期被作为观赏植物的时间里，传播速度缓慢且有间断，即使到了清末民初时，番茄也只在北京、青岛、上海、广州这样的大城市周边郊区种植，供应到城市的西餐厅里。接着番茄菜肴开始进入中餐馆，老舍的《西红柿》一文中就曾经提到青岛的一些山东菜馆推出的新菜——"番茄虾仁"。番茄易于种植又营养美味，渐渐在我国东北、华北和华中地区种植开来，从国外陆续引入 70 多个番茄品种进行推广种植。中华人民共和国成立以后，番茄就更是成为全国性的蔬菜。番茄的特质为原本丰富的中华各系菜肴增添了鲜红色泽、酸香滋味。无论是京菜"桃花泛"、苏菜"菊花鱼"，还是粤菜调味中都少不了的番茄酱，乃至火锅底料里常年热度不减的番茄锅底，番茄都能一显增色、添酸、助鲜的身手。当然，番茄的中国味道里，还有风靡大江南北的番茄炒蛋和番茄蛋花汤。

➤　一株番茄树，摄于 2005 年 10 月 © deror avi

捍卫美味：番茄保鲜

　　世间好物不坚牢，番茄虽美味但不易保存。它迷人的口味是一个综合作用的结果，果肉中的糖、有机酸、生物碱，以及大量的芳香类挥发性物质都贡献了力量。而在保鲜技术尚不发达的时代，番茄采摘下来如不及时消费，很快就会陷入腐烂的窘境，运输过程中的碰撞也容易损坏它娇嫩的外皮，加速其变质。为了与美味的消逝速度赛跑，人类想出了各种策略。

　　比如，把番茄晒干。土耳其人就采用了这种方式，把番茄摊在阳光下，晒干成一个个厚饼。由此，"番茄真正的风味可维持好几年"，做菜时只需用少许番茄干即可给菜肴调味。但这种保存方法对光照条件有很高的要求，因此腌制成为一种保存番茄更普遍的做法。从19世纪初以来，腌制番茄的方法就开始在欧洲流行：把熟透的番茄戳破、加料调味，然后把番茄装入罐子里，注入醋和冷开水后密封，也能保存一年半载。

瓶装技术的进步让番茄的征服之路如虎添翼。基于商业用途保存番茄的研究，法国人尼古拉斯·埃波特研发了一种新的装瓶方法："把番茄炖焖、过滤以后，放入瓶中封装，再连瓶隔水加热煮沸。"他于1810年著书说明了该项技术，法国政府还因此颁发给他1.2万法郎的发明奖。

不过，有些防腐的方法则是以付出番茄口味为代价。为了向更远地区输送、贩卖番茄，人们习惯在番茄还没有完全成熟时就开始采摘收集；为了减少运输途中的外皮受损，人们更倾向于栽培皮质更厚、更不容易腐烂的番茄，那些更多水分、外皮更薄的番茄渐渐被人遗忘。1992年，以色列人找到了番茄自然突变的基因，既能够显著延缓番茄成熟时间，也能显著延长收获后的保质期。而番茄的风味是在果实成熟过程中逐渐释放出来的，剥夺了番茄成熟的时间，成熟过程中的风味成分也相应降低了。

充足的日照、昼夜温差、高盐的土壤最有利于番茄的风味形成。作为多年生植物，番茄的糖分本应在时间的沉淀下逐渐累积，但为了提高农业产量，现代农业往往选择性培育植株紧凑矮小的一年生草本品种。在短促的几个月中，有限的土地上，大量果实同时成熟，虽然硕果累累，但背后的代价就是果实中的可溶性固形物含量减少，甜度和风味都大大降低。

以上种种，也许可以解释为什么我们回想起小时候自家园子里栽种的番茄，也许外形不平整、看似不完美，但却鲜味非凡的原因。

这是一个全球性的问题，典型的表现就是早年番茄食谱表现出的创造力，在 20 世纪却式微了，因为方便运输又能保存很久的番茄不再能撑起一些菜肴中的主角。当然，这样可惜的趋势不仅发生在番茄身上，也包含了今天超市里大多数水果和蔬菜。

一项为番茄寻味的工程因此展开。科学家们进一步研究番茄的染色体，以做出更复杂的改变。也许未来番茄既能挺过时间的考验，也能风味更加出众，毕竟这株从美洲走出的植物已凭一己之力征服了世界。番茄果实从小到大的驯化过程经历了上千年，而借助现代科技，一次设计创造出来的突变比过去几千年产生的还要多，这让我们对番茄未来的面孔更加期待。

➤ 用番茄和面包等制成的菜泥，起源于安达卢西亚地区 © P.Lechien

番茄炒蛋源自何时?

色泽鲜艳、美味又营养的番茄炒蛋和番茄蛋汤俨然成为国民家常菜,无论是妈妈的味道还是饭馆的热门小炒,都能看到橙红与金黄的搭配。那么,最早又是谁把番茄和鸡蛋撮合到一起的呢?

番茄和鸡蛋这两种食材的搭配并非中国首创。18世纪,加勒比海地区以及欧洲人最喜欢的烹饪组合里就出现了番茄和鸡蛋。1796年,路易斯安那州的私人书信也首次提到"番茄蛋卷"的做法。不过,虽然番茄与鸡蛋见了面,但是番茄在其中只扮演着类似酱汁的角色,与中国式的番茄炒蛋没什么联系。

20世纪初,在北京、青岛、上海、广州等地的西餐馆里，开始出现番茄的身影。随着番茄种植面积的扩大，价廉物美的番茄逐渐走向了百姓的餐桌。谁第一个发明了番茄炒蛋虽难以得知，但在20世纪30年代的时候，番茄炒蛋已经成为一种大众美食普遍流传。

养生有道：番茄堪称"营养果"

今天的科学研究表明，每天食用50～100克的鲜番茄，就能满足人体对维生素A、维生素C、维生素B_1、维生素B_2这几种主要维生素的需要。烹饪加热时番茄的维生素A不会流失，但热量和氧化作用却会损失掉维生素C。所以生吃番茄的方法确实更有营养。

另外值得一提的是茄红素。人体血液中茄红素含量越多，患某种癌症概率就越低，而番茄几乎是我们饮食中茄红素的唯一来源。吃番茄既有抑制细菌的作用，又能增加胃液酸度，帮助消化，番茄含有的苹果酸和柠檬酸等果酸可以降低胆固醇，此外番茄还含有胡萝卜素和钙、磷、钾、镁、铁、锌、铜和碘等多种元素，以及蛋白质、糖类、有机酸、纤维素，等等。不难理解为什么在20世纪初期，美国曾掀起"番

>> 各种各样的番茄 © Popolon

茄药丸"的狂潮，番茄保健品形成了一个庞大的产业。

　　全球每年面向市场生产的新鲜番茄超过 15 亿吨，人工栽培的番茄种类已经超过一万种，并且番茄家族还在不断地壮大，更红艳、鲜嫩多汁、番茄素更丰富的品种是人们的不懈追求。

牛油果的『逆袭』之路

袁京

"颜值"不高、口感特殊的牛油果，短短数年间，在世界范围内实现了从鲜为人知到"超级明星"的华丽转身。虽然其中不乏营销之术，但也反映出人们的食品消费观发生变化，味道不再是分辨食物好坏的唯一标准。

猛犸时代动物们的美食

坑坑洼洼的外皮、绵软无味的内在——在水果的世界中，牛油果既无色泽鲜亮的卖相，又无香甜多汁的果肉，这也能叫水果？

据记载，牛油果的存在可能已有百万年的历史。早期进化过程中，牛油果只是猛犸象、乳齿象、雕齿兽等远古大型动物的食物，当它们长途迁徙需要补充能量时，这种富含脂肪的果子便成为动物们的零食。大型动物生吞下一颗颗绿油油的牛油果，它们强大的消化系统能够粉碎果子凹凸的硬皮，吸收果肉的营养，对那颗硕大的果核却"无可奈何"，只能将其排泄出体外，四处散播。相较于其他细小、可以通过鸟类或风吹而落地生根的种子，牛油果只能靠大型动物作为"种子搬运工"来帮助它们繁衍后代，这也使其无法像其他植物一样快速地扩展地盘，只能扎根中美洲地区。

到了第四纪，气候不断变化，大多数巨型动物从地球上灭绝，失去了"种子搬运工"的牛油果在新环境中顽强地活了下来。它究竟是如何存活的，科学家至今没有得出一份完整的答案。多数学者认为，当时，早期人类逐渐在美洲大陆扩散扎根，墨西哥先民阿兹特克人发现并挽救了牛油果，他们逐渐学会如何食用以及种植。在墨西哥近代200年历史中，牛油果就和玉米、大豆一样寻常，成了他们的主食之一。

俗语道："不怕生坏命，最怕起坏名。"早期的牛油果也曾被"恶名"拖累。

20世纪初，牛油果的名字还是"alligatorpears"（即鳄梨），这样的起名简直是"简单粗暴"——因为它们外观像梨，而深褐色粗糙不平的表皮就像鳄鱼的鳞片。在1914年，墨西哥鳄梨被美国禁止进口时，种植者协会就把"黑锅"推给了名字，说鳄梨的名字简直要毁了整个产业，强烈建议改名。当然，更重要的是因为经销商没有参照墨西哥的饮食消费背景来划定目标消费者，而是将其作为奢侈品在美国销售，这一举动让潜在的消费者流失。

很快，新名字"Avocado"（即牛油果）面世，这个词源于阿兹特克语，阿兹特克是墨西哥中部一个古老民族。据改名者说，这样异域风情的名字，能让消费者认为这种水果也是与众不同的。

>> 牛油果树 © B.navez

成名之路饱受脂肪"连累"

"森林黄油""大自然的蛋黄酱""植物界的奶酪"……这是人们给牛油果下的诸多美丽注解。如今，打开社交媒体，这种墨绿色的果实成了众多时尚博主最爱的摆拍神器，也是很多超模每日营养早餐中的必晒品。谁能想到，牛油果刚进入美国时，人们对这种"萌萌的"食物不屑一顾。为了让消费者接受这种不甜不脆不多汁的水果，经营者曾煞费苦心。

从 20 世纪 60 年代开始，有商业头脑的美国加州农庄经营者筹资，为牛油果做广告，增加其曝光量。1974 年，一枚牛油果的售价就达一美元，这样高高在上的价格使其完全远离了普通人的日常，成为小众食物，销量始终没有大幅提升，十几年后仍然有很多人不知道该如何食用牛油果。

屋漏偏逢连夜雨。到了 20 世纪 80 年代，减肥提上了很多大腹

>> 牛油果 © Muhammad Mahdi Karim

便便的美国人的日程，营养学家们也开始大力呼吁减少脂肪摄入，并推广低脂饮食概念，脂肪含量成为是否为健康食品的关键词。很快，有着"森林黄油"之称的牛油果便惨遭连累，陷入一片争议中。也难怪，从营养组成来看，牛油果简直不像一种水果：每 100 克的果肉约含 160 千卡的热量，脂肪含量占 15%，这比同等质量的鸡蛋和鸡肉还高，而平时常见的水果几乎不含脂肪，就连"水果之王"榴梿都难望其项背。

牛油果种植者不甘示弱，随即针对减肥人群启动了一场"争夺运动"。由牛油果协会资助一些研究机构，汇集各地营养专家专门研究牛油果，并且发表其营养价值的文章，让更多消费者了解它不平凡的内涵。广告商们也趁机为牛油果正名：这种水果中虽然含有脂肪，但只是健康的不饱和脂肪酸，完全不同于炸鸡、薯片里的肥油。

"营养浪潮"席卷过后，对于很多初识牛油果的美国家庭，其仍然是"谜一样的存在"。因为大多数水果，人们都会选择在其颜色最漂亮时食用，因为那时最好吃；而牛油果口感最好的时候，不是在其外皮最美丽的青绿色，而要等到变为无光泽、深棕色后，才能达到美好的柔滑感，但对水果来说，这种类似变质的颜色实在是犯忌讳。

其实，营养师顾中一在微博上指出，没有一种食物是完美的，牛油果中含有约2%的蛋白质，而一般的水果几乎为零，这就是为何常有人说其有营养的原因。具体到牛油果脂肪酸中大部分是单不饱和脂肪酸，也就是橄榄油中的主要脂肪酸类型，其他饱和脂肪酸和多不饱和脂肪酸比例相当，整体上还是挺健康的，不过也正是因为脂肪多，牛油果的热量是一般水果的足足三倍以上。此外，一颗200克的牛油果中有13.5克膳食纤维、975毫克钾，这两种营养素的含量比其他常见食物相对丰富。对于经常吃大鱼大肉的人来说，用牛油果代替一些富含饱和脂肪酸、添加了很多糖、盐等调味品的菜品，确实是健康的选择。但其并不属于非吃不可行列，完全可以通过调节植物油品种，吃香蕉、木耳、鸡蛋等食物替代。

"爆红"离不开"超级碗"

　　为了改变牛油果多舛的命运，墨西哥牛油果种植协会决定翻新营销手段，聘请一家著名的公关公司作为幕后推手，创造了"加州牛油果月"，希望使其成为大多数美国人的心头好。

　　1995年，在公关公司的策划下，一个装扮成牛油果形象的"牛油果先生"横空出世，上脱口秀节目，甚至在全美启动了为其寻找女友的选秀活动，报名参选的年轻女性须展示健康的生活方式，其中一环就是吃牛油果，获胜者可以得到去好莱坞旅行等奖励。此举促使牛油果更加"接地气"，销量渐渐上升。

　　需求量的不断增加，也让美国政府在1997年取消了当年的进口禁令，墨西哥的牛油果终于能够跨过边界，重新在美国销售。

　　牛油果真正登上神坛，不可不提"超级碗"（Super Bowl）的功劳。这原本只是美式橄榄球年度冠军赛，一般在每年1月的最后一个星期天或 2 月的第一个星期天举行，拥有上亿名执着狂热的"粉丝"，多年来该电视节目稳居全美电视收视率榜首，并逐渐成为一个非官方的全国性节目。公关公司把牛油果与"超级碗"捆绑营销，策划出一个"果酱碗"的方案，向人们灌输"我们应该在超级碗吃牛油果酱"的理念。这一次，将牛油果直接放入橄榄球队队员们每日的健康食谱中。1992 年，一份费城老鹰队的食谱就包括四个牛油果、柠檬汁、大蒜、洋葱、番茄、辣椒酱等。这对狂热的球迷来说，购买与偶像们一样的"御用"牛油果酱简直太酷了。营销方案大获成功，牛油果终于成为美国人喜欢的主流水果。

凭着精彩的赛事、巨星演出和优质广告，这个有着"美国春晚"之称的比赛，成为美国最有商业价值的"吸金碗"，也是广告商的必争之地。据报道，2015 年"超级碗"决赛吸引了全美 1.84 亿观众收看，在比赛第一节结束休息时，电视广告中第一次出现了水果，"主角"就是墨西哥牛油果。仅仅 30 秒，广告费高达 450 万美元。就在当年，墨西哥牛油果对美国的出口量创历史新高。

每年在"超级碗"决赛前后的庆祝活动和各种聚会中，美国都会消耗大量的牛油果，作为晚宴的主食之一。牛油果酱也成了"超级碗"的必备零食。据统计，光是 2017 年"超级碗"比赛日一天，狂热的美国人就吃掉了大约 1.2 亿磅的牛油果。

如今，被捧为"超级水果"的牛油果成了健康、时髦的"代言人"。据报道，牛油果一举超过比萨饼，成为 2016 年网络社交平台上人们最愿意晒出的美食单品。从国际超模吉赛尔·邦辰、维密天使米兰达·可儿到影视明星瑟琳娜·戈麦斯、贝嫂维多利亚等，牛油果都是必备道具，她们不仅会常常晒出牛油果美食或者在电视节目、后台等公开场合上大吃特吃，而且还会上传脸上敷着牛油果的美容照片。就连日本作家村上春树在《大萝卜和难挑的鳄梨》一书中，也提出了他个人认为的世界上最大的难题——预言牛油果的成熟期，他甚至希望出现一个"成熟期预测智库"来帮其解决挑选牛油果的烦恼。

作为最疯狂的消费国，美国每年的牛油果消费量保持10% ~ 30%的增长。2014年进口量近73万吨，占全球牛油果进口的46%，人均年消费量也从1999年的1.1磅增至5.8磅。

我国从零起步渐成消费大国

中国没有种植和食用牛油果的历史。

过去十多年，全球牛油果消费市场集中在经济发达的北美、欧洲以及日本。但随着市场的日趋饱和，需求增长放缓，世界主要的牛油果企业纷纷看中了中国市场的潜力。

2005 年，中国对墨西哥开放对华准入，牛油果作为先驱者第一个冲进中国市场，但只有在上海的高档商场才能见到其身影。当这个外表皱巴巴的水果头一次出现在高档超市时，500 克将近百元的价格，着实让国人咋舌。偶尔有人买回家尝鲜，也是吃一半、扔一半的占多数，牛油果的地位与色彩鲜艳、口感香甜的美国甜橙、新西兰奇异果等进口水果不可同日而语。一位经验丰富的水果经销商曾表示："中国人吃水果，要么甜，要么脆，要么像西瓜一样水分足，它（牛油果）基本不符合中国人吃水果的要素。"当时，牛油果购买

>> 牛油果沙拉 © Takeaway

者多是在国内生活的外国人。

最初，漂洋过海而来的牛油果，包含了高额的关税，再加上昂贵的运输和保鲜成本，价位过高是其被拒绝在市场之外的主要原因。再加上推广商并未意识到中国是一个需要从"零"开始培育的市场，这些都让牛油果在进入中国将近七年之后仍然默默无闻。

牛油果在国内蹿红不过短短数年时间。继墨西哥之后，智利和秘鲁的牛油果也在十年后取得了入华通行证，再加上有国外明星超模们现成的示范，很快被国内消费者接受，从闻所未闻到进口水果市场中的明星。

目前，国内市场上的牛油果，绝大部分都依赖进口。据联合国商品贸易统计数据库数据，2010年，中国牛油果进口量仅1.9吨，到2016年，这个数字已经升至2.5万吨，主要进口来源国为墨西哥、智利、秘鲁等。随意打开一个生鲜美食APP，水果频道上，最醒目的位置一定是牛油果。2017年9月11日至12日，仅两天时间，天猫超市就卖出80吨墨西哥牛油果。

有意思的是，墨西哥牛油果企业最初建议中国消费者直接生吃，享受牛油果浓郁的口感，但多数人难以接受其牛油般的厚重感。现在，除了常见的牛油果沙拉、牛油果寿司、牛油果慕斯蛋糕等"洋"吃法外，牛油果逐渐有了中式创新做法，游走于水果和蔬菜双重身份中，如牛油果豆腐、老干妈牛油果，甚至还有辣子鸡牛油果丁、牛油果小面等。

牛油果手

"avocado hand"——这个从英国新冒出来的短语，很多人都不能理解其意。

说起来很有意思，这是因为在英国吃牛油果的人越来越多，用刀去皮去核时不小心伤到手看病就医的人也随之大增，于是"avocado hand"（牛油果手）这个短语应运而生。

据英国泰晤士报网站报道，有些"牛油果手"伤得还挺严重，导致神经和肌腱受损，甚至还需整形、重塑和美容，外科医生联合会开始呼吁商家在牛油果果皮上贴上警示标签。

更有意思的是，"牛油果手"的增加还催生了相应的牛油果专用处理工具，并且很快成为热销品。一名厨具生产商说，这种加工工具销量短期内就增加了七成，并在食品经销网站上荣登热搜商品榜前列。

牛油果大盗

因为被奉为"超级食物"，国际市场需求增长，售价看涨，牛油果也成了窃贼下手的目标。

据美联社报道，美国加利福尼亚州警方曾收到线报，有人擅自在市面现金交易全球最大的牛油果经销商之一"使命"农产品公司出产的牛油果。展开调查后警方发现，原来是该公司的三名员工监守自盗，他们从公司盗取了价值30万美元的牛油果，以低于市价一半的价格私自出售。

而在新西兰北岛地区，不到一年时间，果农们遭遇了近40起较严重的牛油果失窃案。窃贼每次都是直接从果园的果树下手，一次最多盗走300多颗牛油果。为防盗贼，果农们纷纷安装声控灯和报警装置。英国《卫报》曾报道，有一次牛油果盗窃案发生在深夜，盗贼在地上铺好毯子或床单后，便用耙子或徒手摘果后再扔到地上。而他们的销赃对象是奥克兰的路边摊、小型寿司店和水果店等。

>> 南非的一个高密度玛卢玛牛油果种植园 © Edrean

牛油果餐厅

据报道，荷兰阿姆斯特丹有一家只卖牛油果菜品的餐厅，里面卖的早午餐、夜宵零食和酒水都以此作为原料。菜品包括牛油果三明治、牛油果汉堡、牛油果薯条等。

这家餐厅的创始人说，开店灵感源于现在人们对单一品种食物的"忠诚度"，就像榛子酱、花生酱等食物都有忠实的拥趸。也就是说，只用一种关键原料来吸引顾客，并逐渐推广。

主推单一原料的餐厅，能把一种食物的做法、方式、数量最大化，这类主题式餐厅在国际上也是一大风潮，比如荷兰的大蒜主题餐厅，还有比利时布鲁塞尔的松露主题餐厅等。

英国一款类似"大众点评"的APP统计过，2015年伦敦餐馆中有10%都只提供单一菜种。只做一种菜能简化做菜流程，让顾客不用花太长时间思考到底吃什么，选好了也不用等太久。

穴居人饮食法

美国一项研究显示，穴居人饮食法有益于心血管健康，坚持八周就有助于降低心脏病风险。

这种饮食法是近年来流行的一种减肥法。休斯敦大学综合生理学实验室研究人员征募了八名身体健康的志愿者，要求他们从平常的西式饮食转为穴居人饮食。所谓穴居人饮食，就是食用旧石器时代的穴居人能获得的食物，如苹果、香蕉、牛油果等水果，洋葱、西红柿、胡萝卜等蔬菜，牛、羊、猪等动物瘦肉，三文鱼、鲑鱼、虾等海鲜，还有坚果和天然健康油脂，不吃奶制品、谷物、加工食品、加工糖类、豆类和酒精。至于摄入多少量，志愿者可以随心所欲。

研究人员发现，八周后，志愿者的免疫能力得到提高，利于心血管健康，而且志愿者的体重都有所下降。

核桃,从干果之首到文玩珍品

袁京

"白露白露，核桃下树。"白露时节便是核桃收获的季节。核桃在我国，不但有重要的经济价值，还可以当作把玩赏析的艺术品，有着世界上独有的中国核桃文化。

是舶来品，还是本土货？

核桃，又叫胡桃。从这个名字可以看出，它是一种来自异域的物种。

我国历史上长期流传的说法是，核桃是张骞通西域（2100 多年前）时带回来的，故有胡桃之名。据汉代的《西京杂记》记载，汉武帝修建的"上林苑"中就有"金城桃、胡桃，出西域，甘美可食"。西晋张华在《情物志》中记载："汉时张骞使西域，始得种还，植于秦中，渐及东土。故名之。"

史料记载，公元 319 年，晋国大将石勒占据中原，建立后赵。因其忌讳"胡"字，故将"胡桃"改名为"核桃"，此名延续至今。

其实，在核桃属的大家庭中有很多重要的品种。其中经济价值最重要、在世界各地种植面积最大的，要算普通核桃。普通核桃又名波斯核桃，它的起源中心地在波斯，广泛分布在从地中海经土耳其、伊朗、阿富汗，沿喜马拉雅山直至我国的西藏、新疆等地区。传说中张骞从西域带回来的核桃，就是这种普通核桃。

事实上，如果不是限于这种狭义上的普通核桃，那么我国种植核桃的历史也是十分悠久的。1980年，河北省文物考古工作队在河北省武安县磁山村发现距今七八千年的原始社会遗址，出土了炭化核桃坚果残壳。河北农业大学教授郗荣庭据此指出，我国也是核桃原产地之一。

在《圣经·创世记》里也有人们栽种核桃的记载，并说核桃仁可以生食，也可以榨油，滋味浓郁清香。近代考古学家在土耳其塞莱普尔古墓中发掘出大量已经炭化的核桃壳，它们的形状和大小与今天的栽培核桃没有明显区别。

公元前10世纪前后，普通核桃向东传播到亚洲西部和印度等地，向西引种到地中海沿岸一些国家。公元前5世纪前后，波希战争频繁，由于核桃味美可食、耐湿防腐、易于运输，常常被作为战士的军粮携带到很远的地方，并在那里扎根繁衍。大约在14世纪欧洲十字军远征时，核桃的足迹更遍及欧洲各地，15世纪时进入英国。

核桃向东传播，大约在公元前2世纪时引进中国，公元4世纪时再从中国引种到朝鲜。直至16世纪，日本才开始引种普通核桃。

1492年哥伦布发现新大陆后，普通核桃随着殖民主义者的航船进入美洲。18世纪以来，在美国弗吉尼亚州和马萨诸塞州发展起大规模的核桃种植园。

现在，核桃已发展成为世界四大干果（核桃、扁桃、腰果、榛子）之首。根据联合国粮农组织统计数据库资料显示，2017年，世界核桃（带壳）总产量为380万吨，中国占总量的51%。其他主要生产国（以收成降序排列）是美国、伊朗和土耳其。

>> 生长中的核桃

"奇珍异果"走入寻常人家

近些年来，我国考古学家在新疆南部巴楚县脱库孜萨来北朝遗址中，发掘出距今 1500 年的炭化核桃壳，在新疆东北部吐鲁番阿斯塔那唐代古墓中，也发掘出炭化的核桃壳。出土文物和古籍记载相互印证，表明我国边疆地区种核桃的历史已很久远，在汉武帝时已引种到内地，并且迅速传播到黄河流域广大地区。

普通核桃最早引进我国内地时，还只是种植在上林苑宫廷花园里作为观赏的珍果。至公元 4 世纪时种植的核桃就多了。《晋宫阁名》书中说，帝王宫殿的华林园中有"胡桃八十四株"。郭义恭的《广志》中，记载有"薄皮多肌"的陈仓核桃、"大而皮脆，急捉则碎"的阴平核桃等优良品种。

《太平御览》中还记载有这样一则故事：334 年，陕西扶风县一位名叫韩约的人被皇帝授予太傅的官职。韩约请求皇帝赐给他几枚

>> 《科勒药用植物》插图（1897）© Juglans regia

核桃种子种在自己家乡，以便年老退休后能在故园观赏自己种的胡桃树，食自己种的胡桃仁，以娱晚年。

唐代《酉阳杂俎》记述："胡桃仁曰虾蟆，树高丈许，春初生叶，长三寸，两两相对。三月开花，如栗花，穗苍黄色。结实如青桃，九月熟时，沤烂皮肉，取核内仁为果。北方多种之，以壳薄仁肥者为佳。"表明在距今一千多年前，我国北方很多地方已经种植核桃树了。

查阅陕西、山西、河南、山东等省古代许多地方的县志，都有引种核桃的记事。古人还给它起了很多的名称，如胡桃、羌桃、万岁子、虾蟆、扁胡桃、蔓桃、大胡桃等。

两千多年来，我国劳动人民利用普通核桃和我国原有的野生核桃资源，精心培育了许多优良核桃新品种。

文玩核桃：中国人独有的核桃文化

除了食用，核桃在中国人手中还发展出一种特殊的用途——文玩。

用于文玩的核桃在京、津、冀地区叫作山核桃。此类核桃的皮厚而实，纹路杂而深，肌理走势美感丰富，其用途有两个：一是被艺人用作雕刻原材料，供人观赏；二是被用来在手中揉搓盘玩健身，统称为文玩核桃。种类逾百，形制各异，大小不一，其精品也叫雅玩核桃。

文玩核桃又称作"手疗核桃""掌珠"，民间还有"揉核桃""团核桃""耍核桃"等多种叫法。俗语有"十指连心"，即手上的穴位丰富，且与周身的经络、脏器相通，中医认为通过揉捏、敲打这些穴位，可疏通经络、促进血液循环。核桃冬不凉、夏不燥，盘玩揉捏时，既有趣味，又可健身。

把玩核桃始自明朝

山核桃被拿来揉手应是始自明朝，开始时只是宫廷琴师锻炼并保持手指灵活性的辅助工具。经过长期摩挲后，核桃纹路变得绛红圆润，包浆光泽如玉如瓷，被其他宫人喜爱，逐渐普及开来，成为养生的器具之一，随之慢慢传到民间。因核桃在民俗中本就有吉祥寓意，很容易被老百姓接纳，把玩的人越来越多，形成了一种风气、一种文化。

把玩的人多了，就会有攀比，人们开始追求核桃皮的纹路是否优美，大小、形状是否配对，是否稀有罕见，包浆是否红润光泽，而各种核雕工艺品更是被人追捧、赏玩。天启皇帝朱由校就核桃不离手，而且还自己雕刻核桃，此后，民间便有"玩核桃遗忘国事，朱由校御案操刀"的野史流传。

闲散旗人推动文玩文化

清朝入关之后，朝廷为奖励各旗族人在开疆、拓土、立国中的功勋，并防止他们滋事生非，给旗人们分配田产，不用纳粮、不用做工。旗人把田产分包给佃农长工、把钱财放

贷给商户作坊，每年收租收息，便把大量的精力、时间和财富放在娱乐休闲方面。

清朝历代皇帝尊崇汉家文化，并倡导旗人们多读儒学经典，以博学识、养身心、怡性情，摆脱牧猎民族的"野蛮"习气，但有旗籍的男子，并没把心思放在寒窗苦读上，而是万分喜爱各式文玩。于是，文玩文化在清朝达到发展的最高潮。

乾隆皇帝本人喜好清雅古趣，核桃的纹路成色所孕育的自然野气、长久把玩后的金石之声十分对他脾气，因而对揉手核桃格外喜爱。据传，他曾赋诗："掌上旋日月，时光欲倒流。周身气血涌，何年是白头？"把玩核桃之风也借此达到鼎盛，被当时朝野文人归为"四雅"（核桃、鸟笼、扇子、葫芦）之一。官员们玩核桃之风最甚，一对好核桃竟然成为当时身份和地位的象征。商贾们或为附庸风雅，或为行贿纳贡，也争相进入了收藏核桃的行列。文玩核桃的价格更是水涨船高，其品种的划分命名也在这个时期逐渐完善。京城郊外更是有几棵核桃树结的核桃成了御用贡品。

上层社会揉核桃之风自然也影响到了社会各个阶层，按照当时的民谚，竟有"文人玩核桃，武人转铁球，富人揣葫芦，闲人去遛狗"之说，文玩核桃排在首位。

溥仪在《我的前半生》一书中也提到文玩核桃，其中有"在养心殿后面的库房里，我还发现了很多有趣的百宝匣，据说这是乾隆的玩物……百宝匣用紫檀木制成，其中一个格子里装有几对棕红色核桃和一个雕着古代人物故事的核桃"。

时至清末，把玩核桃之风更胜往日，当时的民谣有："核桃不离手，能活八十九，超过乾隆爷，阎王叫不走！"

新时期传统文化再获新生

清末民初，国内战事频仍，民不聊生，包括核桃在内的各式文玩被人逐渐淡忘。中华人民共和国成立后，文玩核桃在一段时期内与所有传统文化一道被归为"四旧"，无人问津。

改革开放后，随着我国经济的快速发展，人民的生活水平不断提高，精神文明建设日益繁荣，传统文化越来越受到重视，很多已经消逝许久的文化门类重新出现在人们的日常生活中，文玩核桃又开始被人们关注，特别是在北京城内，从20世纪80年代的龙潭湖鸟市，到90年代的阜成门、老天桥、潘家园等地，文玩核桃市场逐渐兴旺起来，如今越来越多的人开始喜欢文玩核桃了。

核桃微雕：万国博览会获金奖

雕刻艺术与文玩核桃的结合是一段巧夺天工的历史。

雕刻品相信大家都见过，但要说到在小小的文玩核桃上雕刻，而且雕刻出"十八罗汉"甚至上百个人物，您可能就不信了，但世上就有此等巧匠。上面说到的"十八罗汉"正是清代有着"鬼工"之称的杜士元在核桃上雕刻的名品。这样的雕刻

>> 橄榄核雕《跳山羊》，杭州工艺美术博物馆藏 © 三猎

艺术也有个说法，即微雕。在核上雕刻的则被称为核雕，是指在文玩核桃、橄榄核、桃核、杏核等上面运用各种刀法、技法，恰到好处地体现出工匠们的高超技艺水平的一种雕刻形式。

清代的乾隆就非常喜爱核桃雕刻，当他得知民间有个雕刻奇人杜士元，能将桃核雕刻成舟，有"鬼工"之称，就将杜士元召进宫中，安排其在启祥宫专门为皇家工作。

受到帝王重视的核雕在盛世焕发出了极强的活力，一大批知名核雕艺人涌现出来。当时除了杜士元，还有沈君玉、宋风起等有名的核雕艺人，他们的核雕作品精雕细琢、技艺精湛、刀法细腻，为世人留下了巧夺天工的佳作。杜士元的"蝶形十八罗汉核桃"，就是在不足方寸的核桃上雕刻出形态各异的十八罗汉及景物。罗汉五官雕琢精致，个个神情不一，栩栩如生，自然景物刻画得惟妙惟肖。常人要借助放大镜才能看个仔细。

清末的民间核桃雕刻艺人都兰桂三十岁雕出名作"马拉轿车"，在1915年巴拿马万国博览会上折服了评委获得了金奖。在不足方寸的天地里，雕刻着龙腾虎跃的骏马，拉着一辆轿车，在强悍有力、衣着朴实的赶车人扬鞭驾驭下，奔驰在大地上；乘车人稳坐车内，面部俊逸，衣冠华丽，似乎陶醉在沿途大好风光中；骏马的蹄、胸、辔头、套索、串铃清晰可见，轿车的窗、帘、篷、轮、轴形象逼真。

（本文写作参考佟屏亚编著《果树史话》，迟锐、黄玉红编著《核桃润金——文玩核桃的收藏与把玩》等，特此致谢）

第二篇

舌尖上的

小食

不只是舌尖上的

「蟹」逅

大
林

"秋风起，蟹脚痒；菊花开，闻蟹来。"秋季是一年捕蟹、啖蟹的最佳时节，螃蟹也成为中秋餐桌上不可或缺的美食。今天，就让我们一起来了解螃蟹与人类的美丽邂逅吧。

螃蟹比恐龙"寿命"长得多

2015 年，加拿大阿尔伯塔大学博士哈维尔·卢克在哥伦比亚的热带雨林深处发现了迄今最古老的短尾族蟹（或称真蟹）的化石——现在螃蟹的祖先。这一发现将有关真蟹的最早记录提前到 1.1 亿年前的白垩纪早期。

在这之前，业内人士普遍认为，短尾族蟹最早起源于白垩纪末期，且生长在高纬度地区。而这一新发现提供的重要信息表明，短尾族蟹最早出现于白垩纪早期较低纬度的新热带区，包括南美次大陆与中美洲，西印度群岛和墨西哥南部，比以往的推断早数百万年。

卢克在他发表于《古生物学》杂志的论文中称："此次发现的化石表明，白垩纪早期的短尾族蟹比之前认为的种类更多，分布更广泛。它们的祖先肯定起源于白垩纪的最早期，甚至起源于侏罗纪时代。"

>> 发现于阿根廷的侏罗纪时代的蟹化石 ©Dhzanette

　　数百万年的进化使短尾族蟹成为甲壳类动物中进化程度最高的物种，形态多样，种类丰富，在化石记录及现存物种中占了近万种。目前，热带地区是地球生物物种最丰富的区域，化石记录的发现为人们认识真蟹的起源及多样性提供了独特的视角，可以让人们更好地了解短尾族蟹在各类生物进化过程中起到的作用。然而，热带地区的化石记录数量有限，尤其是甲壳类动物的化石记录。一方面，因为该地区植被茂密，且地被植物密集。另一方面，很少有科学家在这些地区积极开展工作。

卢克解释说："虽然自白垩纪晚期开始，短尾族蟹的化石记录便非常丰富，尤其在高纬度地区。但是对白垩纪早期尤其是低纬度地区（如热带）的化石记录，我们知道得少之又少。由于这一方面信息的缺乏，我们对短尾族蟹的早期进化及早期螃蟹种类与现有种类关联性的了解远远不够。"

❯❯ 大理石蟹，雄（上）、雌（下）个体腹部形状的差异

"断手断脚"还可再生

不得不说，相对于人类来说，一些低等动物的生命力更加顽强。当人类想方设法寻找异体移植的可能性时，殊不知很多低等动物却拥有令人类惊羡的再生能力。

蟹就是如此。其两螯足和八步足都有天生的"折断线"，如果其中有一肢被"敌人"咬住或受伤，它便立即收缩肌肉"断肢而逃"，这是蟹自我保命的一种生物保护适应性。但从什么地方自断是有一定位置的，折断点是在具有可防止伤口流血的特殊构造部位，即足的基节与转节之间。断去的肢体并不流血，当它"自断"后几天，断肢处会长出一个半球形的疣状物，逐步在其老节上新生出座节、长节、腕节和指节，老节先由一层皮膜包被，经几次蜕壳，不久皮膜蜕落，各节就向前延伸，形成新生的肢体，虽然小于原来的肢体，但它们有觅食、运动和防御的功能。

石蟹是美国佛罗里达州最为出名的特产。但游客在当地餐厅吃蟹时会发现，服务员端上来的只有一堆蟹螯，绝对不会有全蟹。这是由于美国海洋监管部门明确"禁止捕食佛罗里达石蟹"，但是当地人又十分喜欢这种石蟹的鲜美，因此聪明的人们利用了蟹的局部再生能力开始吃蟹螯。

　　由于佛罗里达石蟹有着很高的食用、经济和生态保护价值，所以捕捞有严格的法律规定。蟹螯可以再生，所以捕钓到石蟹摘除螯后须将蟹放回海中，而且螯至少在 2.75 英寸以上才可摘取，有蟹黄的雌蟹不许摘取蟹螯。

THE STONE CRAB. (Male, about four-fifths the natural size.)
Menippe mercenaria, Gibbes. (p. 772.)
Drawing by H. L. Todd, from specimen obtained at Charleston, S. C.

>> 雄性石蟹

不只是舌尖上的"蟹"逅

丑物也能入诗入画

鲁迅先生曾称颂第一个吃螃蟹的人是了不起的"勇士",谁是吃蟹第一人,至今史无考证,但其美味已得到公认。

我国最早关于食蟹的记载是《周礼·庖人》,其中写了周天子吃的"青州之蟹胥",后人认为"蟹胥"就是蟹酱。按东汉人刘熙《释名》中的说法,这蟹胥由海蟹制作,是在北方的吃法。但汉武帝时候已经有了煮着吃蟹的记录,《洞冥记》中记载:"善苑国尝贡一蟹,长九尺,有百足四螯,因名百足蟹。煮其壳,胜于黄胶,亦谓之螯胶,胜于凤喙之胶也。"

也许是因其美味,也许是因其造型奇特,古往今来文人墨客对蟹情有独钟,留下了许多著名的诗篇。

唐代著名诗人皮日休《咏螃蟹》诗:"未游沧海早知名,有骨还从肉上生。莫道无心畏雷电,海龙王处也横行。"短短几句,将螃蟹描绘得意趣横生。唐代诗人唐彦谦《蟹》诗中道："湖田十月清霜堕，晚稻初香蟹如虎。扳罾拖网取赛多，篾篓挑将水边货……"宋代方岳在《次韵田园居》中道："草卧夕阳牛牸健，菊留秋色蟹螯肥。"明朝徐渭《题画蟹》中曰："稻熟江村蟹正肥，双螯如戟挺青泥。若教纸上翻身看，应见团团董卓脐。"清代陈维崧也写过："蓼蒿浅渚，有郭索爬沙，搅乱村杵。溪簖霜红，织满夕阳鸦渡，渔人拂晓提筐唤……"

持螯饮酒，自是一种高雅闲适的情趣。《晋书·毕卓传》："得酒满数百斛船，四时甘味置两头，右手持酒杯，左手持蟹螯，拍浮酒船中，便足了一生矣。"唐代大诗人李白诗中曰："蟹螯即金液，糟丘是蓬莱。且须饮美酒，乘月醉高台。"唐彦谦的诗中更是写出了色、香、味："……充盘煮熟堆琳琅，橙膏酱渫调堪尝。一斗擘开红玉满，双螯哆出琼酥香……"

成千上万的水族生物中，螃蟹的形状生得面目凶横、威武狰狞。宋代沈括在《梦溪笔谈》中记载："关中无螃蟹，怖其恶，以为怪物。人家每有病疟者，则借去悬门户。"尽管如此，蟹不仅入诗，而且还能入画。齐白石画虾最享誉于世，殊不知，他画蟹和画虾一样有名。画家胡佩衡、胡橐在《齐白石画法与欣赏》一书中，对他画蟹有具体的介绍："老人研究画蟹壳经过了很长的时间，五十多岁时只画一团墨，看不出笔痕来，后来把一团墨改成两笔，再后来六十多岁时改画三笔，不分浓淡，仍没有甲壳的感觉，直到七十岁后，才画出甲壳的质感来。即用'竖三块'画壳，其笔墨有力，墨色变化丰富，黑白灰过渡明显，层次分明，质感强烈。用很多螃蟹构成画面而不加配景，在齐白石之前的画史上几乎罕见。如他画蟹时，将六只螃蟹分别排成半圆形和弧形，于是产生这些螃蟹团团转的奇妙感觉，从而显示这些生来横行的小生物聚在一起乱糟糟的特性和趣味。"

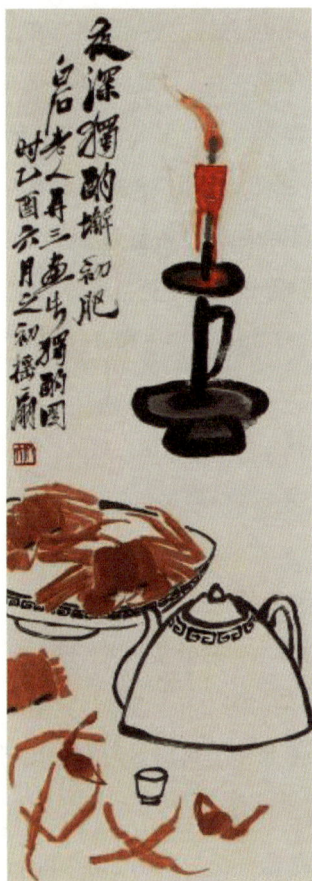

》 齐白石画作《深夜独酌蟹初肥》

》 齐白石所画群蟹

中国传统美味在欧美却被"通缉"

近几年，国外常有"大闸蟹缉捕令"传到中文网络，引起围观。

其中一起是美国马里兰州安奥兰多郡公共事业处发出的，"通缉"的是原产我国的中华绒螯蟹（即大闸蟹），"罪名"是威胁到了当地经济。"缉捕令"上说，最近几年，大闸蟹侵入美国东部的切萨皮克湾，已经威胁到蓝蟹生存。当地人爱吃蓝蟹，那里也有许多螃蟹捕捞公司季节性捕蟹。而"外来物种"大闸蟹的迅速繁殖，严重威胁当地蓝蟹经济，因此被视为公害。

大闸蟹缉捕令呼吁民众，一旦抓获大闸蟹，不论死活，别放回水里，可以冷冻、焚毁或泡在酒精中，然后拍照，将照片和详细捕获时间、地点报告史密森尼生态研究中心。

这不是美国第一次通缉大闸蟹。据报道，1962 年，在五大湖区发现它的身影。20 世纪 80 年代，连加利福尼亚也发现了。1998 年，繁殖期的螃蟹纷纷赶到加州圣弗朗西斯湾河口产卵，堵住了净化水质的滤网和水管，几乎瘫痪了当地水处理系统，工作人员在水闸口一年抓到75万只蟹。

美国农业部网站上对大闸蟹的"通缉令"道：目前已入侵旧金山湾和纽约哈德孙河，从水草到鱼卵无所不食，加上大量繁殖，对河川生态平衡造成威胁，一旦在入关时发现，将立刻没收，24小时内焚毁。

其实，大闸蟹"偷渡"到欧洲比到美国要早大约半个世纪。在泰晤士河、莱茵河、多瑙河等著名的河流，都有它的身影。1912年，德国威悉河畔的一个渔民捉到一只长着毛爪的雄蟹，将其送到当地博物馆，这是大闸蟹最早在欧洲亮相。在荷兰的一个海洋研究所里，至今保存着1937年一个生物学博士写的一篇关于大闸蟹的论文。大闸蟹首次在英国泰晤士河出现的记载是1935年，当地人见它螯上有毛，称之为"中国手套蟹"。

人们猜测，这些大闸蟹是躲在从我国口岸进入远洋货轮的压舱水中，到了欧洲放掉压舱水时，在异乡水域落地生根。

随着大闸蟹的入侵，危及了原水域的生物链，国际自然保护联盟物种存续委员会入侵物种专家小组，将它列入"世界百大外来入侵物种"。世界自然基金会的报告称，仅在德国，大闸蟹造成的损失已高达8000万欧元。英国自然历史博物馆的海洋生物学家保罗·克拉克就列出过大闸蟹的种种罪名：它在欧洲缺少天敌，数量难以控制，将破坏当地的生物多样性；它们喜欢在河岸挖洞筑巢，可能造

>> 一盘蒸熟的大闸蟹 © J. Patrick Fischer

成堤坝倒塌；河流与城市下水道相通，大闸蟹顺着水流爬进下水道聚集，很容易导致下水道阻塞，或阻碍水流进入发电站；它们喜欢用锋利的蟹钳割断河道里的水草，水草数量减少，会降低河流自净能力，水草腐烂又会加剧河流污染。

　　可能很多人难以理解，美味的大闸蟹怎么到了欧美就变得"罄竹难书"呢？其实，食物链可以让生态系统保持在一个相对平衡的状态，但外来物种的入侵，就会破坏原有的生态系统，危害相当大。在世界历史上，因发生外来物种入侵带来巨大经济损失的案例并不少，比如曾让美国人头疼不已的绿蟹就是如此。它曾是东北大西洋和波罗的海的产物，不知何时"偷渡"落户到美国加州。一般人不会感受到绿蟹能给日常生活带来何种损害，但是对于生物学家和当地的渔业来说，大量的绿蟹侵占了90%的本土蛤和本土螃蟹的生活环境，对贝类产业产生重大影响，造成每年的经济损失高达2200万美元。当地政府不得不从2009年开始布置密集诱捕，设置多个捕捉点，利用四年时间才将绿蟹数量降低到三四万只。

大闸蟹在外国人眼里，并不是美味，而是怪物，甚至最初还有人将其视为狼蛛。听说大闸蟹在中国极受欢迎，英国《独立报》记者还亲自吃过，然后写出食谱推荐当地居民食用，可是应者寥寥。《每日邮报》发了大闸蟹吃法的文章，评论栏里却没人回复。

虽然，大闸蟹被列入"外来入侵物种"名单中，但欧美等地居民并不能私自捕捉，否则就要接受罚款。比如荷兰《渔业法》规定，捕鱼（大闸蟹也包括在内）需要执照，使用职业性捕捞工具，还要内陆水域管理局批准，个人不允许拥有、运输、买卖。

西方人怎么吃螃蟹？

　　欧美人吃螃蟹的传统由来已久，但中西有别。在西方的餐饮文化中，蟹的地位毫不起眼，只有蟹肉有"资格"被作为配料去满足不同类别菜品的形式点缀。像国人视为珍馐的蟹黄，西方人则敬而远之，甚至将之列入"禁食"行列。

　　除了各种海鲜同煮的海鲜汤外，蟹肉饼（Crab Cakes）算是欧美国家最常见的蟹肉吃法。

　　1660 年出版的《烹饪的技巧与秘诀》一书中，英国厨师罗伯特·梅详细记录了蟹肉饼的早期做法："首先，将蟹肉从蟹腿和蟹壳中取出，在沸水中焯熟。然后，将蟹肉连同碎面包、杏仁酱、肉蔻、盐、蛋黄、面粉、清牛油放在一起搅拌均匀备用。其次，将油醋和黄油（或橙汁和肉蔻屑）

同少许蟹肉混合制成酱汁，稍微加热后放到一个干净的盘子里备用。再次，将稍早搅拌好的面糊以一次一勺的规格放入热油中煎炸。最后，将炸熟的蟹肉饼放到盛有酱汁的盘子中，配上削好的橙子，四周撒上煎过的香菜。"一道蟹肉饼就这样做好了。

在 1792 年出版的一本名为《最新烹饪技术》的书中，也记载了蟹肉饼的做法，和罗伯特·梅的记录相差无几，只调整了几种辅料。这本书率先在美国费城出版发行，不难推测，初到美国的英国人依然保留着这一做法。直至将近一个

❯❯ 蟹肉饼搭配沙拉 ⓒHeather

半世纪后，1932 年出版的《吃喝玩乐在马里兰：一本伟大传统的选集》一书中，才新增了另一种来自当地蟹肉饼的做法，最大的区别便是配料中增加了一杯牛奶和大量鲜奶油。可能因为随着工业革命和商品经济的发展，特别是巴氏消毒法的商业化应用，罐装牛奶和保鲜奶油的产销量在 19 世纪末至第二次世界大战前猛增，二者成为城镇居民日常消费的一部分。在这一时期，许多食物中多了牛奶和奶油的身影，蟹肉饼就是其中之一。

几个世纪以来，这一发源于英国又流行到美国的蟹肉食物变化并不大，各家餐厅的做法大同小异，各地都不乏它的忠实食客。

吃完虾蟹，人们随手丢掉的壳类有可能是个宝

据科学家估算，全世界每年能产生 600 万～ 800 万吨废弃的蟹、虾和龙虾壳，如果将这些废弃的壳扔到垃圾堆中，相关处理费用昂贵。实际上，这些壳包含有用的化学物质，包括蛋白质、碳酸钙、氮和壳质（一种类似纤维素的聚合物）等，它们对化学工业的潜在价值时常被忽视。《自然》杂志撰

>> 博物馆的螃蟹标本 © Pvt pauline

文指出，科学家应当找出可持续的方式，提炼甲壳类动物的壳，而且政府和企业应当投资这种丰富且便宜的可再生资源。

甲壳动物的壳中含有20%～40%的蛋白质、20%～50%的碳酸钙和15%～40%的壳质。

蛋白质是优良的动物饲料。例如，虾壳包含必需氨基酸，营养价值能与大豆饭相媲美。虽然在加工过程中，这些蛋白质会被破坏而无法利用，但随着畜牧业的迅速发展，来自东南亚的甲壳纲动物壳可以转化为富含蛋白质的动物饲料。

碳酸钙被广泛应用于制药、农业、建筑和造纸行业。作为药剂成分，贝壳中的碳酸钙能让人体更好地吸收。

壳质是一种线型聚合物，也是地球上第二丰富的自然生物高聚物（第一是纤维素）。它存在于真菌、浮游生物、昆虫和甲壳类动物外骨骼中，每年生物体能产生约一千亿吨壳质。目前，这种聚合物及其水溶性衍生物（壳聚糖）仅被用于极少的工业化学领域，比如化妆品、纺织、水处理和生物医药。因此，科学家表示，其潜能是巨大的。

但研究人员也表示，利用目前方法从废弃的甲壳动物壳中提取化学物质，效率较低且不经济。利用壳肥料建立一个利润可观且可持续发展的产业则需要创造性化学。它需要一种可持续的分离法，分隔蛋白质、碳酸钙和壳质，而且应避免使用腐蚀性危险试剂，并要减少浪费。目前新方法正在研制中。

另外，美国宾夕法尼亚大学科学家曾发现，被丢弃的蟹壳、虾壳很可能是延长水上传感器的供电源——微生物燃料电池使用寿命的关键。他们用一个由碳纤维布制作的枕头状电极，对包括壳质在内的各种甲壳物质进行研究。电极被放置在海底沉积物里或悬在水中，以供自然存在的微生物通过

不只是舌尖上的"蟹"逅

吞吃壳质维持体力，四下游动，造成电荷流动。研究人员测试了两种不同尺寸的壳质，结果发现，在无须为细菌增加有机食物的情况下，细颗粒壳质和粗颗粒壳质都能增加海洋微生物燃料电池的产电能力。

奶茶，
流行千年的美味

艾栗斯

茶水清冽，但略微苦涩，牛奶甘甜，但稍带奶腥，两者融合在一起时相得益彰，口味上达到奇妙的平衡 —— 最早是谁突发奇想，将奶与茶一起泡制饮用？

　　虽然奶茶的发明者已无从考证，但它的种种特性决定了人们对它的喜爱千年以来热度不减 —— 北方游牧民族帐篷里的酥油茶、大航海时期的"英式下午茶"、殖民文化下的"阿萨姆奶茶"、码头工人的"港式奶茶"、20 世纪 90 年代红极一时的"台湾珍珠奶茶"，以及今天城市街头的连锁奶茶店、资本重金下的"网红奶茶"……手捧一杯奶茶，捧起的不光是美味，也是一段传奇。

游牧民族的奶茶

"茶者，南方之嘉木也。"陆羽《茶经》的第一句话，划定了中国茶叶的种植格局。

但在茶树广泛生根于秦岭－淮河以南的丘陵地带前，中国茶叶最早的故乡要到喜马拉雅山东部的丛林里找寻。赤道低地山区的多样气候，与印度洋季风携带的充沛降雨，造就了世界上最富饶多姿的植物带，其中就有茶树。几千年前喜马拉雅山东部的部落民族就发现了茶的奇妙——因为含有咖啡因，口嚼茶叶可以生津抵乏，并且茶叶中的酚类也是一种天然的抗菌剂。这些茶叶的最早食用者将茶叶攒成小球与其他食品一起咀嚼。

公元前4世纪，茶叶因其药品属性被贩卖到平原地带，食用方法从口嚼变成了与水同煮。茶水很快成为寺庙和道观打坐冥想的绝佳伴侣，被称作"仙液"；而宗教力量也有足够的财力，将这种生长在森林深处的植物移植培育。随之而来的，是饮茶习惯传遍中国长江、黄河流域，随后传入西藏、蒙古，以及中亚的其他地区。

在高纬度地带，茶遇上了奶。

关于茶和奶相遇的故事，有一个耳熟能详的人物——文成公主。相传文成公主入藏以后，对着牧民端上的羊奶眉头微蹙，可能是不太习惯奶制品的腥腻，也可能是草原的饮食让其消化不良。这时她想起自己从家乡带来的茶叶，灵光一现，将茶叶与奶一并煮热后同饮，风味独特，香气浓郁，既解腻又驱寒，游牧民族饮用奶茶的风尚由此传开。

这个故事的真伪已无从考证，但其中透露出与奶茶相关的两点信息不容置疑。第一，在牧区与高寒地带，主要以牛、羊肉及奶制品为主，粮、菜为辅，这样的饮食结构中，奶茶可以调节消化、促进新陈代谢，还有保健和病理预防的功能；第二，游牧民族生活的地区劲风凛冽、冬季低温，极大考验着人体耐力，一杯奶茶不但能驱寒保暖、耐渴耐饿，茶碱中的咖啡因还能激发体力，利于游牧民族在人烟稀少的牧区长途跋涉。

所以不难理解，为什么奶茶在高纬度的牧区俨然成为一种超越了饮品的存在，是一日三餐不可或缺的一部分。

无论是蒙古奶茶、新疆奶茶，还是藏民的酥油茶，所饮用的茶底多是砖茶。砖茶起源于唐代太和年间，是以毛茶晒青、筛磨后，经过高温气压工艺制成砖形的块状茶。这种茶叶不易变质、方便携

>> 普洱茶是一类常见的砖茶 © Steve Evans

带，在丝绸之路上备受欢迎，几乎可以等同于货币。唐宋时期在边境地带进行大量的"茶马互市"，交换的大多是这种茶。

草原奶茶就是由砖茶混合鲜奶，再加盐熬煮而成。在大草原上，每日伴随朝阳升起的，是草原妈妈们支起锅架熬煮咸奶茶冒出的缕缕白烟。煮上一锅咸奶茶供全家人饮用，是草原妈妈们每天的头等大事。蒙古族人的早餐，通常一边喝奶茶一边吃炒米，剩余的茶暖在微火上以便随时取用；新疆高寒地带的牧民在出门前必须喝足奶茶，最好再携带一杯以配干粮；藏民每天光是早上就要喝好几杯酥油茶，在喝最后一杯时喜欢只喝一半，剩下的与磨碎的青稞粒一起冲泡食用。

就这样，茶从喜马拉雅山脉出发，在中国内陆形成饮茶风潮后，又传到西北游牧民族，成为高寒地区维持体力、调节饮食结构的重要饮品。

>> 拉萨市集上贩卖的酥油 © Carla Antonini

殖民文化的奶茶

草原奶茶多是咸奶茶，佐料以盐解腻调味；而随后的航海时代与殖民文化里，被加入糖的奶茶有了甜味，背后的历史却满怀苦涩。

大约是在 593 年，茶从中国被引入日本，对日本的生活礼仪与精神文化产生了深远影响。而直到 17 世纪初，大部分欧洲人都还不知道茶为何物。从史料记载来看，1610 年的阿姆斯特丹是茶初访欧洲的第一站；二十年后，茶叶到达了它的第二站法国；1657 年，才抵达英国。

绿茶比较娇嫩，漂洋过海的大多是中国的红茶。最开始，英国人喝茶并不添加牛奶，在类似于皇家交易所的咖啡馆里，茶像啤酒一样被事先泡好装在大木桶中，有客户点单时再从桶里舀出、加热后奉上。这时的茶饮品在英国传播速度很慢，一方面是因为昂贵的进口价格，另一方面是进口时将茶叶定位为"药物"。17 世纪 60 年代，茶叶的广告词是"一种质量上乘、被所有医生认可的中国饮品；中国称之为茶，其他国家称之为 Tay 或 Tee"。

茶叶抵达英国后的第三年，也就是 1660 年，英国国王查理二世登基，他来自葡萄牙的妻子——凯瑟琳公主的嫁妆里，就有一箱中国红茶。凯瑟琳公主引领了宫廷的下午茶风尚，也奠定了英式奶茶的喝法：中国和日本的清茶不太吸引欧洲人的口味，印度马萨拉茶在制作过程中放入大量肉桂、胡椒等香料，对他们来说也太过浓烈，而英国本地丰富的奶制品和从殖民贸易中获得的蔗糖，则成了茶水

▶▶ 印度奶茶 ⓒMiansari66

的最佳伴侣。

在做工考究的瓷器中取出茶叶泡制，再用银勺加入白砂糖轻轻搅拌，最后依据口味添入加热过的鲜奶，看茶水与牛奶之间的丝丝交融——英式下午茶的生活方式很快从宫廷流行到中产阶级。牛奶在何时添加，也成为衡量身份尊贵的尺度（主人越属于上流社会，牛奶越可能在最后加）。

到了 19 世纪 30 年代，奶茶已经成为英国普罗大众的日常饮品，原因是奶茶的基底由进口的中国红茶换成了殖民地的阿萨姆红茶。

"1824 年，英国军队将枪架在大象身上，慢腾腾地从加尔各答出发，去占领阿萨姆邦。"——《绿色黄金·茶叶帝国》

当英式下午茶成为席卷全国的风尚以后，从中国进口的红茶已远远不能满足国内需求，英国审视自己的殖民地，把目光投向了拥有广泛山坡砂石土壤、适宜茶树种植的阿萨姆（印度东北部的一个邦国），跃跃欲试要将其打造成世界茶叶中心。英属印度及附属地的人口大约为 11443 万，假设这些人和中国人一样都喝茶的话，那该是一个何其巨大的市场？印度奶茶的拉茶工艺就诞生于这一时期。奶和茶混合后，用一定的手法和力度，将液体在两个杯子间反复来回。经过充分的冲撞，奶与茶口感更加融合，茶色也越来越深。

没人征询阿萨姆人的意见，从 17 世纪到 20 世纪，阿萨姆大片国土被出卖给外国人，大片森林被数千亩绿色的茶林取代，其中的利益流到加尔各答和伦敦——成千上万的阿萨姆劳工奴隶处在底层，饱受霍乱痢疾、工资剥削以及高死亡率之苦；茶叶公司位于中上层，它们

❯❯ 从左到右分别为日本番茶、中国黄茶和乌龙茶、印度阿萨姆红茶 ©Haneburger

在伦敦和加尔各答都有代理人；而位于顶端的英国政府，是阿萨姆国土地和财产的所有者，也是将喝茶习俗传遍印度的决定者。

在英国殖民香港期间，英式下午茶的风尚也随之传到香港。新界一带的泥水工人延续了英国劳工的习惯，在下午3点左右时停歇片刻，用一杯奶茶提振精力、补充体能。受制于条件，他们用不起昂贵的上等锡兰红茶，只能以低廉的碎茶来泡煮，结果却发现碎茶更容易出汁、茶味更浓涩。他们依靠浓烈口味的奶茶，支撑在港口、工厂和矿井里的每一天。由此，也奠定了港式奶茶"重茶"味的基调。

港式奶茶因为方便快捷，很快从劳工层传递到了香港普通人家

港式奶茶　ⓒCyaloamin

和茶餐厅，又在岁月流转中沉淀为港式文化的一部分：曾经港口劳工奶茶里加入炼奶的做法被称为"茶走"（红茶加炼奶）。一杯正宗的港式奶茶，捞茶、冲茶、焗茶、撞茶、撞奶，每一步的操作都有技艺，也影响着奶茶的风味。香港城市中，留下了许多赫赫有名的奶茶老字号，据 2010 年香港特区政府商务及经济发展局的对外数据表明，"香港人每年饮用的奶茶多达 10 亿杯，每天要喝掉 270 万杯"。

现代商业中的奶茶

20 世纪 90 年代初期的中国城市，很多人第一次接触奶茶是从一杯"珍珠奶茶"开始的。来自宝岛台湾的"珍珠奶茶"的发明，将奶茶这种饮品迅速推向了内地市场。

台湾的茶叶种植业发展较晚，直到 1926 年才有国外茶种被引进。虽然起步晚，但台湾的茶市发展却很快。继承了荷式奶茶口味的台湾奶茶，伴随"亚洲四小龙"的经济腾飞也成为一门红火的生意。在繁华商业区和学校门口，遍布各式奶茶店或茶饮手推车。

激烈的竞争促进了创新。1983 年，一家名叫"春水堂"的饮品店开张，这便是后来珍珠奶茶的发明者。这家冷饮店先成功摇出了第一杯"泡沫红茶"，随后又突发奇想，在 1987 年，将台湾本地的一种薯粉粉圆加入奶茶里，还给这种奶茶起了个好听的名字叫作"珍珠奶茶"，一个闻名世界的奶茶品类就此诞生。

原本沿袭了荷兰奶茶的台湾奶茶，一遇到粉圆，奶茶不但可以喝，还可以嚼着吃，新奇的口感立即开辟了巨大的市场。"珍珠奶茶"奇特名称的营销卖点，恰逢自动封口机被发明的契机，由此带动了一波奶茶的外卖经济。

逛街时手捧一杯时髦的珍珠奶茶边走边喝，既止渴又饱腹，方便快捷。珍珠奶茶发展得如火如荼，从诞生到成为台湾岛第一饮品，仅仅用了半年时间，并迅速将喝珍珠奶茶的风潮蔓延至内地。为了更快的出品时间和更高的销售率，商家转而采用粉末冲泡，加上各式椰果、果酱的奶茶也开始出现。

曾经，奶茶是创业最容易上手的一种方式。五六平方米的摊位，不需要培训就可以营业。几元钱的珍珠粉可以煮成几千颗"珍珠"，少则售卖三四十杯；十几元 1 千克的奶精和果粉，更可以快速冲调出上百杯"奶茶"。在学校附近、夜市摊位、街头巷尾，这样的"奶茶铺"铺天盖地。巨大的消费市场、暴利、可复制的生意模式，种种因素让奶茶一路高歌猛进。根据互联网数据中心的统计，20 世纪80 年代，我国每人每年消费茶叶约 0.5 千克，短短十年后就翻了一倍，这其中奶茶消费所起到的作用不容忽视。

但在野蛮生长下，问题也随之而来。人们逐渐意识到用奶精、"茶粉"粉末冲泡，既没有奶也没有茶的"奶茶"与健康背道而驰。从 2005 年起，媒体报道中奶茶行业的负面消息接踵而来，先是报道奶茶中"奶精""橡胶珍珠""添加剂"的危害；接着是珍珠奶茶的发源地台湾爆出了"塑化剂"消息。人们对奶茶的消费热情一落千

>> 流行的奶茶品牌

丈，加之 2008 年金融危机影响，亚洲很多奶茶店都经营惨淡，不得不关门停业。

2010 年以后，奶茶又逐渐回归了奶和茶的本源；奶茶作为受年轻人欢迎的一种饮品，也开始消费升级。一些连锁的奶茶店都以纯奶甚至鲜奶作为原料，茶底是各种口味的茶包甚至使用上万元的萃茶机萃取香茶原液。有的奶茶店中西合璧，将意式咖啡卡布其诺奶泡技艺转化应用于奶茶中，创造出了奶盖茶。奶茶的甜味剂则采用了荆棘蜜、龙眼蜂蜜、风味糖浆等更为健康的产品。

从 2012 年起，奶茶的"转型升级"不仅体现于茶品，也直接展现在店铺的外观上。奶茶店不再是一个简陋的外卖窗口，动辄投资上百万元打造精致店面。如同咖啡馆一样，奶茶店也成为人们休憩、社交的优雅场所——咖啡进入中国已经 130 年了，而奶茶在国内兴起不过短短 20 年，消费量却是咖啡的五倍，如此看来，奶茶的未来仍旧不可估量。

奶茶种类知多少

　　百科上对于"奶茶"的定义是"一种奶与茶的混合饮品，在世界范围内广泛流行"。而世界范围内的奶茶，并没有统一的种类划分标准。按照奶茶的出品地，名声在外的奶茶有：台湾奶茶、港式奶茶、美式朱古力奶茶、南洋咖椰奶茶、印度奶茶、中国藏式酥油奶茶、中国内蒙古咸奶茶等。如果将不同的茶底和奶自由组合，那么红茶、绿茶、乌龙茶乃至各式花茶和水果茶都可以组成奶茶，再加上眼花缭乱的配料，奶茶的种类更是层出不穷：比如，加入咖啡的港式鸳鸯奶茶、富含花香味的茉香绿奶茶、薰衣草奶茶、桂花奶茶；有米谷之味的玄米绿奶茶、日式小麦草奶茶、英式胚芽奶茶；以及其他各具特色的韩国姜母奶茶、韩国参母奶茶、斯里兰卡奶茶、土耳其香辣奶茶、阿拉伯甜辣奶茶、摩洛哥奶茶、意式炭烧奶茶、荷兰普利奶茶，等等。

奶茶热量有多高

奶茶的热量有多高？想想它曾经作为游牧民族和码头工人补充体力的食物就可得知。如今的都市青年大部分时间都坐在电脑前，用于体力补充的奶茶对其来说实在是热量过剩了。

上海市消保委曾突击检查了 27 家奶茶铺的 51 件样品，调查结果表明：27 件正常甜度奶茶中，平均含糖量为每杯 34 克，最多的高达每杯 62 克。奶茶的糖分、脂肪、反式脂肪酸、咖啡因在检测中远远超过《中国居民膳食指南 2016》中规定的"每天糖的摄入量不超过 50 克，最好控制在 25 克以下"的标准。尤其是奶茶中的奶精，俗称植脂末，大都以糖、糖浆、食用氢化油、奶粉等为主要原料，是健康的隐藏杀手。调查中奶盖茶的样品平均脂肪含量达到 6.3 克 /100 毫升，热量也远远超标——奶茶虽然好喝，可不要贪杯哦。

巧克力，
有故事的食物

徐凯

词源学家对"巧克力"一词追根溯源,认为它来自阿兹特克语中的"Xocoatl"一词,该词指的是一种由可可豆酿制而成的苦涩饮料。

现在,人们用"巧克力"指代任何经由可可豆加工而成的食品。当然,它更常见的形式是一种固体物而不是饮料了。

归根结底,巧克力来自可可豆,可可豆则是可可树的果实。像很多食物的物种一样,可可树最早种植在美洲大陆,是近代西方人"发现"了新大陆后,才向全世界传播开来的。

哥伦布与可可擦肩而过

1502 年 5 月的某一天，哥伦布从西班牙加地斯港出发，进行他生平第四次，也是最后一次的大西洋探险。一个多月后，他发现了一整排绵延的山脉，后来人们才知道，那其实是今日的南美洪都拉斯。

6 月底，哥伦布将船队停泊在瓜纳哈群岛最东边的一个小岛上。一天，一艘 20 多人划的独木舟向他们驶来。船中央站着的显然是土著的首领，他一身奇装异服，头上插满了各种羽毛。首领登上哥伦布的船，命手下将货物搬上来：布料、武器、陶瓶，还有一袋奇怪的褐色豆子。很快，哥伦布就搞清楚这些印第安人想用这种豆子做物品交易的钱币。更令他吃惊的是，对方还将豆子磨成粉做成饮料请他喝。可是这东西又苦又辣，非常难喝。

❯❯ 在斐迪南国王和伊莎贝拉王后面前的听众，《克里斯托弗·哥伦布的返回》，
欧仁·德拉克罗瓦

随父亲探险的哥伦布之子斐迪南，曾观察到这种豆子的非凡身价：

在新西班牙洲（即今墨西哥），很多豆子被拿来当作钱币使用。
土著对待这些豆子非常郑重其事：在他们搬运物品上船时，我注意
到，几颗豆子掉到水里，大家都抢着去捞，好像掉的是他们的眼珠
子似的。

哥伦布对这种奇怪的褐色豆子并没有多加注意，在对国王的旅
行报告里只轻描淡写地说，土著人显示了当地的交易方式。这是可
可豆和西方人的第一次相遇，但是他们就这样擦肩而过了。

殖民者想用可可发财

真正把可可豆带到欧洲的，是西班牙贪婪的殖民者埃尔南·科尔特斯。

1519 年 4 月，埃尔南·科尔特斯率领船舰和军人在墨西哥东海岸登陆，入侵阿兹特克帝国。据历史记载，当时随行科尔特斯的军人不到一千人。然而当时的阿兹特克国王蒙特祖马二世，相信科尔特斯就是羽蛇神的再生，因为他的到来与预言中羽蛇神的归来时间是同一年。正是这种误解，使得科尔特斯很容易进入阿兹特克的首都特诺奇提特兰。科尔特斯和他的跟随者受到蒙特祖马像迎接皇族般的欢迎。国王赐予了他们无数的礼物，包括一个可可树种植园和一场专为他们准备的豪华宴会。

科尔特斯回报这一切的是用狡诈手段控制了特诺奇提特兰城，

X alrelolco.

❯❯ 迭戈·穆尼奥斯卡马戈著作《特拉斯卡拉的历史》(1585年)中的插图,
其中有埃尔南·科尔特斯

并把蒙特祖马二世监禁起来。这一切理所当然引起了阿兹特克人的反抗。于是,在阿兹特克人和西班牙人之间展开了一场长期的斗争。

当科尔特斯向着新大陆起程时,他最初的目标是找到传说中的黄金国——阿兹特克金矿。当无法找到梦寐以求的财富时,科尔特斯的注意力转到了可可豆上。与科尔特斯同时代的人曾提及:用100粒可可豆可以买到一个奴隶,用10粒可可豆就可以带个妓女回去过夜，4粒可可豆可以换一只兔子。科尔特斯很快就意识到了可可豆不管是作为食物，还是作为一种货币形式所具有的巨大的经济价值。科尔特斯想到他可以依靠种植可可树来赚钱。接下来几年，他通过在加勒比海周围建立可可树种植园，全力开发这种"液体黄金"的商业潜力。

种植可可树很便宜，因而有利可图，其很容易就暴富的前景吸引了许多西班牙殖民者。不久以后，西班牙人在墨西哥、厄瓜多尔、委内瑞拉、秘鲁及牙买加等地建立了种植园。可可豆的生产从此走向全世界，然而直到今天，这些最初的种植园仍盛产最好的可可豆品种。

巧克力有什么魔力？

科尔特斯从新大陆探险回来之后，他在给查理国王的报告里提到可可豆："一种像杏仁的豆子，土著将之磨成粉后出售。这种豆子很珍贵，在那里可以像钱币一般使用，在市集里购买日常必需品。当地人称这种豆子为可可。"

可可豆的主要用途是土著人制作称为"巧克力"的一种饮料。对于阿兹特克人而言，巧克力是聪慧之源、强力之源以及提高性能力之源泉。这种饮品被视为婚礼的必需品。据说统治者蒙特祖马每天喝五十大壶巧克力，且总是在进入他的女眷的闺房前喝上一杯补充体力。

巧克力总是与黄金相联系，很可能来自蒙特祖马二世用黄金酒杯饮用巧克力的习惯。喝完这种神圣的饮品后，他会把金子制作的酒杯抛入湖中。

>> 可可的三个主要品种：克里奥洛、特里尼塔里奥和福拉斯特罗 © Tamorlan

　　巧克力一直被认为是有魔力的物质，是来自神灵的礼物以及生命和活力的源泉。新大陆探险家们的著作为我们提供了很多描述，提到许多与可可豆和巧克力饮料有关的奇怪或者野蛮的仪式和庆典。

　　在巧克力成熟的不同阶段都有特定的仪式。为了向众神表示敬意，土著人总是举办种植节。在一项活动中，他们要求种植者禁欲13个晚上。第 14 个晚上他们可以回到妻子身边，接着就可以种植可可豆了。

　　另一个近乎血腥的种植典礼，需要在可可豆前进行秘密仪式。在这之前，要把可可豆种子放到小碗里。接着取从人身体的不同部位涌出的鲜血来涂擦可可豆。其他一些活动包括把"杀死的禽类的鲜血"洒到即将被播种的土地上。也有很多其他关于狂热的舞蹈、狂欢的庆典和血腥的祭祀传说。16世纪，意大利历史学家和旅行家吉罗拉莫·本佐尼记录道："节日期间他们通常是整个白天和半个晚上跳舞，其间只把巧克力作为食物。"

可可树种植已有三千年

可可树起源于美洲大陆史前奥尔梅克和玛雅的神秘地域。正是这些位于赤道附近的古代中美洲地区，生长着其果实可以制作巧克力的可可树。

三千年前的奥尔梅克文明，是中美洲最古老的文明之一，位于今天墨西哥南部热带森林地区。现代语言学家尝试着复原古奥尔梅克词汇，他们发现古奥尔梅克词汇中有"可可"这个单词。这一发现使很多人感到惊奇。宾夕法尼亚大学的人类学家宣布，在从洪都拉斯出土的瓷器上发现了可可豆残渣的遗迹，其年代之久远可追溯至公元前 1400 年。

大约在公元 4 世纪，奥尔梅克文明消失后的几个世纪，玛雅文明已经在今墨西哥南部的大片地区发展起来。玛雅人称可可树为"cacahuaquchtl"，意为"树"。这是因为在玛雅人看来，没有其他树

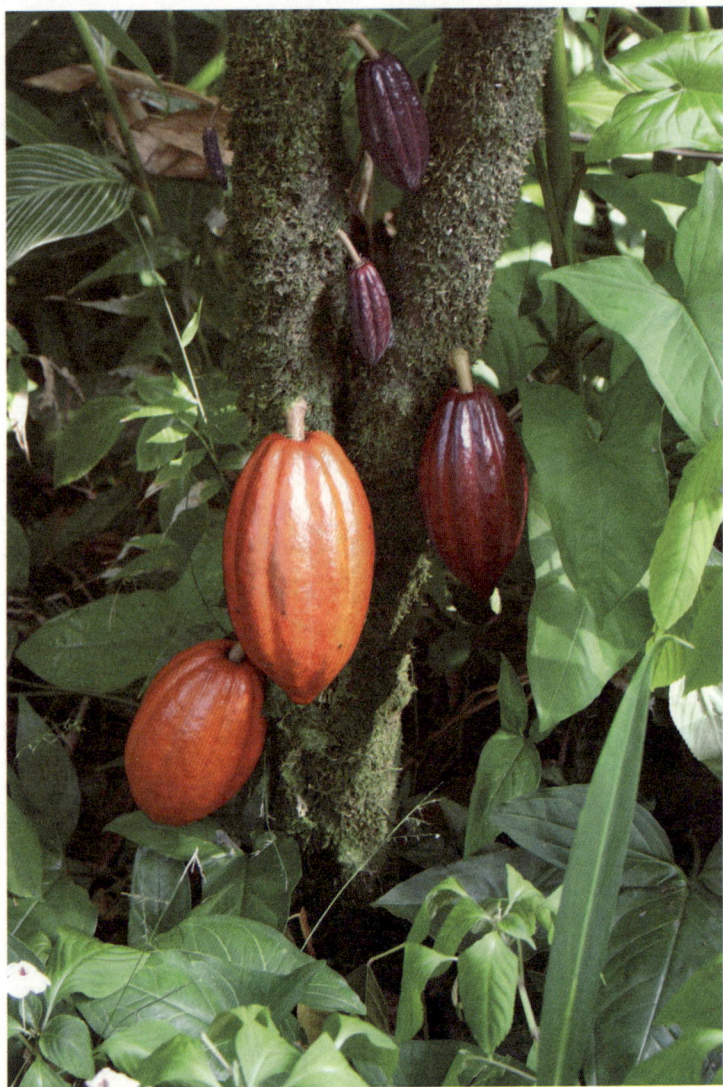

>> 一棵结有不同成熟度果实的可可树 © Medicaster

木值得起名字。他们相信可可树属于天神，因此树干中长出的果实是天神赐予人类的礼物。

玛雅人是从可可豆中提取苦味饮料的先行者。这种饮料在当时被认为是一种奢侈品，只有王公贵族才能享用，并且多用于正式的宗教礼仪庆典。在他们的书籍中，玛雅人描述了多种制作饮料的方法，从加入玉米面变浓的粥到适于饮用的各种更稀的混合物。从一幅早期的图画可以看出，茶褐色液体从一个容器倒入另一个容器，从而产生泡沫。作为饮料的调味品，最受欢迎的是辣椒。

大约公元900年玛雅王朝神秘灭亡后，先是有才华的且文明程度很高的托尔特克人，紧接着是来自墨西哥的阿兹特克人定居在以前玛雅人的领土上。玛雅人对于可可的崇拜也被他们继承下来。

修女想到在可可里加糖

西班牙殖民者竭力保守种植和制作可可豆的秘密，理由十分充分——在把可可豆装船运到欧洲前，在拉丁美洲加工可可豆使他们获得了巨额利润。然而，殖民者不可能永久地保守他们拥有的秘密。1580年，第一个巧克力加工工厂在西班牙本土建立。从那时起，巧克力开始风靡其他欧洲国家，继而这些国家也陆续建立了自己的种植园、商业路线和加工设备。

17世纪初期，荷兰人把可可树移植到他们在爪哇及苏门答腊岛的东印度几个州。可可树便由此流传到了菲律宾群岛、新几内亚岛、萨摩亚群岛和印度尼西亚。

可可树的种植区域被限定在赤道南北纬20度之间、海拔700米以下的地区。可可树十分娇嫩和敏感，不能生长在太高、太冷或太干的地区，必须防风、防暴晒。按习性，可可树需要高大的能提供

» 雷蒙多·马达佐（1841—1920）油画《热可可》

树荫的树来遮挡，就像它在天然热带雨林的生活环境。

　　早期的巧克力，选择的调味料很可能是辣椒、多香果粉、丁香、香草、某种黑胡椒粉、各种各样的花瓣、坚果等。糖是直到很久以后才成为被选择的调味品的。有一个关于瓦哈卡的修女的故事：瓦哈卡是阿兹特克的一个城镇，一直被西班牙人占领到 1522 年。考虑到西班牙人喜好甜食，修女们发明了新的食谱。她们加入糖以及肉桂和大茴香等甜的调味料，从而使阿兹特克人的苦饮料开始向今天我们所熟知的美味饮品变化。

　　巧克力店、巧克力作坊开始流行起来。当时，下午去饮用一杯芬芳的充满泡沫的饮品，并用炸面包片蘸食成为一种时尚。如今，饮用巧克力的习惯在西班牙仍然保持着，那里仍有很多巧克力店。

荷兰人的发明促成了固体巧克力

在早期，巧克力是一种极其油腻的饮料。其中富含脂肪的物质称为可可脂，它是浮在饮料表面的一层压抑食欲的物质。制造者通过加入淀粉等吸收油脂，从而在一定程度上克服了这一难题——这一过程就像阿兹特克人加入磨细的玉米粉一样。

在寻找分离可可脂方法的过程中，制造者也经历了很多次失败。在多年的反复试验之后，1828 年他们终于迎来了重大的突破。一位名叫范·霍腾的荷兰化学家发明了一种新式的、极其有效的水力研磨机并获得了专利。他的机器可以榨取"流体"中约 50% 的可可脂，然后把剩下的成分研磨成粉，并在其中添加碱盐以减轻苦涩味道。他的产品被称为"荷兰可可粉"，由此很快诞生了固体巧克力。

第一条现代巧克力棒的产生应归功于约瑟夫·弗赖伊。1847 年，弗赖伊发现，通过往荷兰可可粉中重新添加熔化的可可脂，能够做

>> 吉百利 1891 年可可粉广告

出可塑形的糊状巧克力。

　　到了 1868 年，一家名为"吉百利"的小公司开始在英国出售盒装巧克力糖果。几年以后，另一个叫"雀巢"的公司，开发出的牛奶巧克力面市了。

　　在 20 世纪，"巧克力"一词的范围扩展到一系列人们买得起的巧克力糖果，这些糖果中添加的糖和添加剂比可可豆成分更多。

　　食用巧克力成为一种流行在社会精英阶层的备受欢迎的食物。同时，可可也走向大众。

万 物 说

情人节送巧克力是谁想到的主意？

美国纽约精神研究所的专家认为，热恋中的情人大脑中被一种叫作苯乙胺的物质所覆盖，从而产生美好的情绪，而含有苯乙胺的巧克力能促使美好情绪的增长。因此，巧克力成了热恋中少男少女的"爱的粮食"，并且还以互赠巧克力表达爱意。

而第一个提倡在情人节送巧克力的，则是一个俄国巧克力商人。

1917 年，俄国爆发革命，俄罗斯商人费奥多尔·莫洛佐夫偕家人逃往哈尔滨。后来他又辗转搬了几次家，最后跑到日本的神户落脚。20 世纪初的日本正处在快速西化的时期。莫洛佐夫看准了民众对西方生活的向往，开了一家以巧克力

» 歌帝梵巧克力

为主的西式点心店。

1926 年，莫洛佐夫糖果工厂开张了。1936 年 2 月 12 日，在情人节的前两天，莫洛佐夫糖果公司在一个英语读物上刊登广告："将莫洛佐夫的精美盒装巧克力作为情人节礼物，送给你的爱侣。"这是世界上第一张情人节巧克力广告。

这个广告在当时虽然不起眼，日后却产生了巨大的影响——现在东亚的中国、韩国、日本都会在情人节送巧克力，日本人在 3 月 14 日白色情人节送糖果，其实也是这个思路的延续，都是为了卖东西硬生生制造出来的"礼俗"。

哪位中国人喝了第一杯巧克力？

据中国第一历史档案馆的清朝档案记载，康熙四十四年，巧克力进入中国。那么第一杯巧克力让谁喝了呢？

话说，自从在康熙三十二年，康熙皇帝被传教士送过来的金鸡纳霜治好了疟疾，他对西洋药就充满了兴趣。每有洋人来华，他都要接见一番。1705 年，罗马教皇十一世派遣使节多罗到中国传教。利用皇帝接见的机会，多罗向康熙皇帝献上一些西方的奇珍，其中一个精美的小锡盒里面装着巧克力。

武英殿总监赫世亨模仿西方人的吃法，让工匠打制了一套白银器皿，还用黄杨木特制了用于搅拌的签子。他把巧克力放入特种的柳条匣，连同自己的奏折一同呈上。康熙皇帝将呈上的用具、巧克力和奏折一一看过之后，即命下人当即调制。只见下人小心翼翼地将巧克力放入银罐子里，倒入烧开的玉泉水，加上糖，稍适搅拌，又倒进一个双耳玉龙杯。顿时，一股奇异的香味儿弥漫了整个房间。

康熙皇帝拿起杯子看到里面的黑汤，不觉皱起眉头。他喝了两口说道："原来洋人每天就喝这东西，哪里有我们的龙井茶好喝！"康熙皇帝拿起赫世亨的奏折看了看，随即提笔批示道："言味甜苦属热，但未写有何效益、治何病，殊未尽善，着再询问。"

过了几天，赫世亨再次奏报："巧克力并非药物，在阿美利加地方用之如茶，一日饮一次或两次。老者、胃虚者、腹有寒气者、泻肚者、胃结食者，均可饮用，助胃消食，大有裨益。"康熙皇帝这才开始经常饮用。

在当时，即使在西方，巧克力也是价格昂贵的食品，普通人根本别想问津。

（本文写作参考麦克法顿著《巧克力全书》、谢忠道著《巧克力千年传奇》等，特此致谢）

炸鱼薯条，小食物背后的大历史

张慧

堪称英国"国民菜肴"的炸鱼薯条，在全英境内门店遍布，达上万家，数量是麦当劳的八倍。一战时英国士兵间曾经流行以"炸鱼""薯条"作为接头暗号，辨别敌我。在 2010 年"英国十大特色"的全国调查中，炸鱼薯条以 73% 的得票率领先"女王"和"披头士"，成为英国文化符号。

　　如果说炸鱼薯条打上了深深的"英伦"烙印，那么这个烙印来自工业革命时期：在机器高速运转与城市急剧扩张的过程中，新的生活方式带来了新的食物口味。

为什么是炸鱼？

其实英国人不是很爱吃鱼。同样是岛国，英国比日本对鱼肉的热情要低得多。虽然有着长达 11450 千米的漫长海岸线，以及占据优良渔港如布里克瑟姆带来的欧洲第一鱼类捕捞量，但直到维多利亚时代之前的英国饮食文化里，鱼肉都不是主要的肉食来源，甚至是比牛羊肉低一等的食材。莎士比亚时期，也曾广泛认为鱼肉"营养不良"，多吃无益。在莎翁的名著《亨利四世》中就有："这种不苟言笑的孩子从来不会有什么出息……他们平常吃的无非是些鱼类，所以他们都害着一种贫血症。"

直到今天，英国的人均鱼肉摄入量仍远远低于日本。东南部宽阔平原的肥沃耕地与温带海洋性气候吹拂过的优良牧场，都为英国本土的畜牧养殖提供了充足的余地，也给英国人的餐桌带来了更多的选择。

>> 炸鱼薯条 © Hal 0005

　　不过，食物的选择很多时候并不出于个人口味。过去的时间里，地理与宗教为人们做出过选择；在进入现代社会以后，科技发展与社会形态演变交织出的路径，又将人们的口味选择带往新的方向。

　　比如18世纪拖网渔船的发明，使得英国海上大捕捞的渔业产量飙升，鱼类这种廉价的食材首先喂饱了沿海地区民众的肚子。到了19世纪英国铁路发展狂飙猛进的时代，铁皮蒸汽车穿过英格兰的宁静乡间，将新鲜鱼肉运输到全国范围，尤其是人口爆发式增长的新兴城市，那里有数以万计被工业化浪潮冲击着进入工厂的劳工阶级。对他们来说，新鲜又便宜的鱼肉是其补充蛋白质性价比最高的选择——或者说，是铁路开启的新纪元，是城市和人口的博弈为他们做出的选择。

但是从"鱼"到"炸鱼"的选择，其实来自另一拨人。英国传统的鱼肉烹调法无外乎"煮、烤、煎、炸"，其中著名的黑暗料理"仰望星空派"即是将数条整鱼露出头部，尾部排成一圈塞进馅饼里烘烤。

而将去掉头尾的整块鱼排以面粉裹入、继而油炸的方式，来自英国以外的犹太人。20世纪开始的几年，东欧的犹太移民为了避免迫害来到英国。在投奔异国他乡的过程中，财物也许遗失，但吃惯的食物味道却一有机会就要寻回：腌黄瓜、甜菜根、鲱鱼、熏鲑鱼——以及炸鱼。炸鱼是犹太人的传统食物，在不能做饭的安息日，周五中午提前做好便于保存的炸鱼是犹太人的习俗。最初的炸鱼做法是在鱼身裹上面包糠，以后逐渐开始用蘸了苏打、啤酒或者"家族秘方"的面糊取代，这样的制作相对简易，并且鱼肉得以保持完整。

那么炸鱼是如何从最初简陋的移民餐，变成英国名声最响亮的国民美食？这就绕不过炸鱼的"伴侣"——薯条了。

为什么是薯条？

　　无独有偶，薯条的原材料——土豆，从 1539 年被西班牙人在秘鲁发现并带回欧洲，到战胜面包和燕麦成为英国人的主食，也差不多花了两三百年。正如鱼类在 18 世纪到 19 世纪日益上升的捕捞量和所提供的优质蛋白养活了膨胀的人口，土豆这种茄科植物在英格兰岛上大规模种植成功，并且同样能以较多的热量支撑更多人口的生存。尤其在 18 世纪中叶欧洲小冰期，传统作物产量萎缩时，土豆依然一枝独秀地扛起了喂饱人类的大旗。难怪恩格斯也对土豆饱含赞美，称其"对于工业革命的重要性如同铁一样"。今天的英国已是土豆产销大国，一年产销土豆达到 250 万吨，其中四分之一的形式是以薯条的方式被消耗享用掉的。

　　历史上是哪位天才发明了薯条这种风靡全球的小食已无从得知，不过可以确定的是，同样是在维多利亚时期，同样是工业革命浪潮下，越来越多的人离开田地开始在工厂干活，由此也逐渐养成在家以外的地方完成一日三餐的饮食习惯。一天 14 小时、一周 6 天的流水线高强度工作，工人们急切需要方便快捷、高热量的食物来维持体力，高产高热量又物美价廉的土豆无疑是最合适的粮食。依据英国 BBC 公司的统计，在 1881 年，英国每周人均土豆消耗量是 6 千克。可以想象，城市的工厂工人在烹饪工具、燃料和时间都非常有限的情况下，短暂的休息时间里会涌向工厂门口或街边的临时摊位，那里已经摆出了简易制作的土豆制品，要么煮、要么烤、

≫ 炸薯条 © Hayford Peirce

要么烘。工业革命重塑了英国人的餐桌。

到了 19 世纪六七十年代，以油炸方式烹饪土豆条的摊位，在大街小巷的外带食品中胜出，也许是油炸的食物更能带来舌尖的满足感，同时维持更长时间的热量供给。按照英国《牛津英语辞典》的记载，"薯条"（chips）这一词最早出现在查尔斯·狄更斯的《双城记》里："将薯条入油、充分炸透。"不过炸鱼薯条里的薯条算是英式薯条，与美式快餐里的薯条"French fries"略有不同：后者多是以冰冻的土豆去皮后由机器切成长短一致、更为细条的形状烹炸，而炸鱼薯条里的 chips 则是将土豆洗净后不去皮而随意切成更为厚实的条形，土豆皮衣入油炸出的焦脆，对于英国人来说也是一种乐趣。

今天的薯条已经在快餐界占有了重要的一席之地，不过英国的薯条也曾面临式微，因为它的竞争对手炸鱼的受欢迎程度也毫不示弱。就在工厂门口的薯条摊位摆出后不久，犹太移民也摆出了自己的炸鱼摊。

炸鱼薯条"手牵手"

　　两种食物终于碰面了：一个是外来移民简陋的安息日餐，一个是涌进城市产业工人填补热量的快食，由于在食材来源和烹饪方式上的优势，都是劳工阶级的食物选择。这两种摊位一开始互争客源，针锋相对，不久，头脑灵活的犹太人就醒悟过来：为什么不把两者合二为一来卖呢？在这之后，由于工厂食堂的设立和普及，以及餐饮业"登堂入室"的趋势，街头小吃的规模开始慢慢萎缩，炸鱼薯条摊变成了炸鱼薯条店。

　　依旧是查尔斯·狄更斯，在他的另外一本书《雾都孤儿》中，描绘了维多利亚时代东伦敦街区出现的早期炸鱼薯条："在那脏乱的店里出售的是，许多大小和图案各异的丝质手帕，尽管 Fled 店很小，它依旧囊括了理发店、咖啡店、啤酒店和炸鱼薯条店。"

　　而现实中英国第一家炸鱼薯条店的经营者约瑟夫·马林是个罗

马尼亚犹太人，1860 年他在伦敦 Old Ford 街拥有一家叫作 Marlin's 的店。据说曾经伦敦一度闹了鱼荒，于是那段时间里店里改卖炸薯条，生意竟然也不错。所以当鱼荒危机解除，炸鱼回归的时候，店里的薯条摊位依然保留，还加载了炸鱼薯条套餐，鼓励人们将炸鱼薯条一起购买。顾客对炸鱼薯条的反应热烈。生意火爆时，Marlin's 店的队伍可以排到将近 1 千米长。这两种食材在英国一拍即合，英国的鱼薯生意从 20 世纪起飞速发展，在 1910 年英国国土上有超过 2.5 万家"鱼薯店"，到了 1920 年，店面数量涨到了 3.5 万家。直到今天，在英国有将近一半的鱼是就着薯条吃掉的。

炸鱼薯条对英国人来说是件大事。曾经以油墨报纸包裹的包装，早已被更环保的纸餐盒替代，简陋油锅支起的摊位也已变身成连锁或规范的明亮店堂。

早在1913年，英国炸鱼薯条的从业者就成立了英国炸鱼联合会，算起来也是个百年老店。1988 年，英国又设立了"国家炸鱼薯条奖"，获奖的炸鱼薯条店要历经全国范围内的匿名评委海选、全国二十强、全国十强，以及最终全国直播的前三名总决赛，堪称"英国炸鱼薯条界的小金人"。在 1952 年，一家名为哈里·拉姆斯登（Harry Ramsden）的店，还因为在一天之内销售出一万份炸鱼薯条而载入了吉尼斯世界纪录。

早期的鱼薯店在鱼类上别无选择，只能买每天早上最先到达港口的鱼。归功于运输与冷链技术的飞速进步，今天英国境内鱼薯店里的炸鱼有八成以上是鳕鱼或黑线鳕，这其中也有炸鱼薯条吃法的

>> 哈里·拉姆斯登炸鱼薯条店

"南北之争"：从英国南部到中部，炸鱼用的鱼排都是鳕鱼；过了中部地区往北，就是黑线鳕挑大梁。此外，南部的炸鱼用油偏向口味清淡的植物油；而北部如约克郡一带，炸鱼必须经过牛油"历练"，口感才算正宗。

　　在英国 2003 年的一项法案里规定：店家不得以"炸鱼薯条"这种过于宽泛的名字作为菜名，而必须明确是哪种鱼，比如"鳕鱼薯条"或"黑线鳕薯条"。毕竟每种鱼的口味和价格都不同，得让消费者吃个明白。

法式薯条是比利时人最早发明的

英国人称炸鱼薯条里的薯条为 chips，一般连皮切粗条烹饪；而将美式肯德基或麦当劳里那种去皮后更细长的薯条称为 "French fries"，翻译过来就是 "法国薯条"。不过虽然名叫法国薯条，但公认最早的发明者却是比利时人。在比利时记者 Jo Gérard 的调查中，一本比利时南部某家庭内部记录册中提到薯条最早的制作记录：在 1680 年（荷兰统治时期），当地人就开始使用油炸土豆条这种方法来烹饪了。

另有一种说法是，在比利时南部默兹河谷沿岸生活的居民创造了薯条。因其习惯捕捞一种在荷兰、比利时和卢森堡水域生长的细长形小鱼，以整个油炸的方式烹饪入食。而在18 世纪欧洲小冰期时，封冻的河面也封冻了小鱼的来源。用

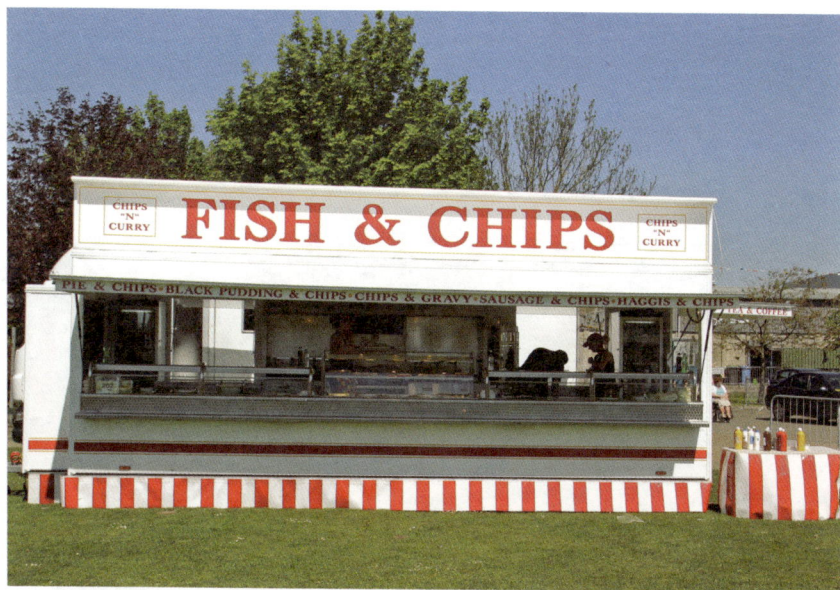

>> 炸鱼薯条的移动餐车 © Stefan Schäfer, Lich

以果腹的土豆在当地人的灵机一动下被切成细长的条鱼形状，再入锅油炸，薯条就这样诞生了，这样看来，薯条从最开始就跟炸鱼有不解之缘。

炸鱼薯条是二战时的"功勋食品"

二战时，英国的食物有三分之二以上依靠进口，由于海上补给线遭到德军袭击，粮食紧缺，英国政府对于国民实行配给制，但这个配给清单里并没有包含"炸鱼薯条"。作为英国首相温斯顿·丘吉尔口中的"好伙伴"，英国政府明白炸鱼薯条是让民众填饱肚子最有效的食物，也是英国广大劳工阶级长久以来的"安慰剂"——不管是在一战还是二战时期，"炸鱼薯条"总是保证供给。

政府鼓励英国家庭自己种植自给自足、容易收获的土豆；而在鱼类的供给上，英国一半渔民在养育国家，一半在保障水域安全。由于希特勒部队在英国周围水域布置了许多致命的水雷，英国政府号召大量渔民把水雷找出来（格林姆斯比成了英国最重要的扫雷地区）。扫雷的方式是采用专门的扫雷舰，舰上有种锯齿形的金属扫线，当它靠近水雷时，会切断挂着水雷的金属线，水雷迅速浮出水面，被炮火击中后再沉下去。

二战中有超过6万渔民被征召去扫雷，清扫了超过1.6万枚水雷，因此丧生的人达到1.4万多人，250多艘船只被击沉，换来的是安全的渔业捕捞海域。直到今天，一个由退役的拖网渔船打造成的博物馆，还专门讲述着这段往事。

"鳕鱼之战"促成200海里专属经济区

但英国人对炸鱼薯条的认真还远不止这些，为了炸鱼面团里雪白鲜嫩的鳕鱼排，在1944—1976年间，英国不惜多次发动海军进行"鳕鱼之战"，来捍卫他们吃炸鱼薯条的权利。

1944年是冰岛共和国刚刚成立的日子，对于这个新成立的国家来说，附近海域里丰富的鳕鱼捕捞量，是其赖以生存的主要资源（渔业资源一度占到冰岛出口资源的70%～80%），但早在15世纪，这里就是欧洲各国渔民丰收

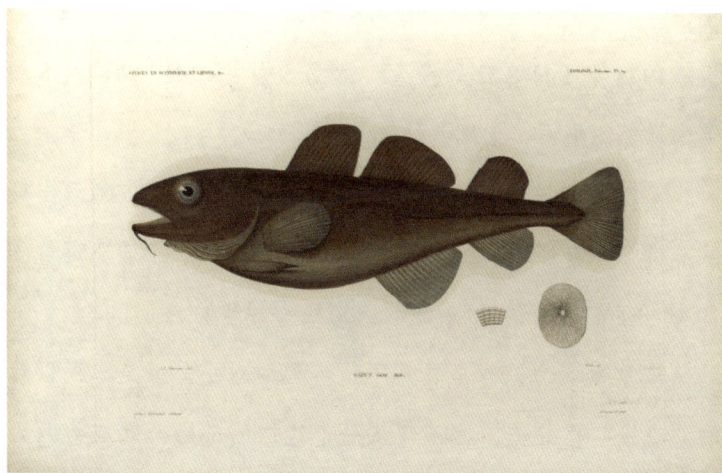

» 格陵兰鳕

的狂欢地，英国人在其中分到的"蛋糕"数一数二。1893 年时，统治冰岛的丹麦人就曾向英国政府提出索赔，认为英国人发明出的拖网渔船造成的过量捕捞，严重伤害了他们的渔业利益。从 20 世纪起，英国的拖网渔船每天浩浩荡荡在冰岛海域打捞。截至二战以前，英国人在冰岛水域的捕鱼量就已经达到他们在其他海域捕鱼总量的两倍以上，1952 年的捕捞量更是达到了 142 万吨，大有掏空冰岛生存资本的趋势。英国和冰岛围绕"鳕鱼"的一系列争端就此展开。

二战之后，冰岛先后于 1958 年、1971 年和 1975 年，单方面宣布扩大禁渔区到 4 海里、12 海里，以至最后的 200 海里，并且针对英国渔民的拖网渔船，发明出见招拆招的割网机。1973 年 1 月 8 日那一天，冰岛人就一次性割断了 18 艘英国渔船的拖网，彻底惹恼了英国。

为了争夺民众的口粮、宝贵的渔业资源，双方都派出舰队开进了冰岛海域，英国最多一次曾派出包括 17 艘驱逐舰和 19 艘护卫舰在内的 50 艘战舰，海战一触即发。

论军事实力，冰岛自然不是英国的对手，但是二战以后的"冷战"格局中，冰岛却从一个边缘的岛国一跃成为两大世界体系的关键地带，而冰岛也巧借了这一点。在前两次的

> ▶▶ 冰岛 1 克朗硬币 © 91907966

"鳕鱼之战"中，冰岛屡屡以海域要求，威胁将退出北约加入苏联阵营；另一方面又给美国施压，扬言不解决冰岛海域问题就要关闭其在冰岛的军事基地。在北约和美国的施压下，英国只能默认了冰岛 12 海里的禁渔区权利。

第三次的"鳕鱼之战"胜利者依旧是冰岛，恰逢联合国海洋法公约制定会议期间，冰岛干脆利用"专属经济区"的概念，提出在离领海基线 200 海里的区域内，一个国家拥有对其渔业资源捕捞的自由。冰岛积极争取舆论环境的努力，得到了国际上大部分国家的同情与支持，最终《联合国海洋法公约》对专属经济区范围的规定就采用了"200 海里"的标准。

面包，舌尖上的活化石

艾栗斯

今天刷着手机在"网红"面包店前排起长队的人们也许难以相信，面包这种看似新潮的舶来品，究其历史竟然已经有七八千年。手捧松软香甜面包的人们可能也不会想到，使面粉蓬松柔软的"魔法"，最早来自古埃及。

古埃及——阴差阳错产生发酵面包

面包的出现几乎与农业文明曙光同步。因为带有坚硬外壳，收获后的小麦难以即时食用，必须去壳磨成面粉，制成小麦粥和薄饼聊以充饥。是谁突发奇想，将稍加研磨的麦粉加水拌成糊状，放在烤热的石板上制成薄饼？味道又如何？问题的答案已难觅其踪，只能从中东地区仍延续类似做法的烤饼上一做窥探，但毋庸置疑的是，这种未经发酵的烤饼即是面包的原型，在它诞生后差不多过了两千年，才被古巴比伦人带入埃及。

尼罗河水定期泛滥，掌握自然规律以后，埃及人却因此得到了肥沃耕地。肥沃耕地上生长出的小麦，不仅是尼罗河水的意外馈赠，也是农耕文明里丰收的象征——埃及丰饶女神伊西斯的头上即有一把小麦标志的装饰迎风招展。在埃及人手里，小麦面包经历了一次决定性的飞跃，从无发酵面包一举成为发酵面包，也奠定了今天面包的两大基本分类。而促成面包华丽转身的，却是一次遗忘之后，时间给予的惊喜。

用石头磨碎小麦外壳的工作相当艰巨，一次尽可能多磨面粉，多揉面饼，可以喂饱更多人。某次辛苦劳作后，一份多余的面饼被烹饪者遗忘在角落，暴露于尼罗河畔的高温下，与空气密切接触了一整天。没人注意到犄角旮旯里有个面团正在噗噗冒泡膨胀，独自迈向食物历史上的一个重大转折点。等到第二天再被想起时，面饼已经大了一号，火烤以后既有蓬松的口感更具谷物的香气，既更饱腹也更易消化。

彼时彼地的埃及人还不知道，这种神奇的变形源自面粉麸质与空气作用释放出的微生物：野生酵母——人类通过显微镜看到酵母菌的存在还要等到五千多年后的维多利亚时期。如尼罗河一样，埃及人同样把面包的新做法看作神的恩赐。就这样野生酵母侵入生面团，阴差阳错地产生了世界上第一个发酵面包。埃及人如法炮制将更多的面团暴露在空气中，更加娴熟地制作起发酵面包来。

同时，他们还发现面包烤制前的液体初筛后也可以用来填饱肚子，所以最早的啤酒又被称为"液体面包"。面包，啤酒，一个普通埃及人的主食就是以上两者。数千万建造古埃及金字塔的工人以面包为口粮，维持体力、应付繁重劳作。这样看来，说"金字塔是建造在数以万计的面包上"也不算夸大——威廉·基尔在《面包的历史》一书中就曾提道，"古埃及仆人一整年的工资报酬是 360 杯啤酒、900 个白面包、36000 个普通面包""法老外出时，会携带数万个面

❯❯ 帝王谷中埃及第二十王朝的拉美西斯三世墓穴雕刻展示的皇家面包作坊，面包形状多样，其中包括动物形状的面包

包供国王和随行者食用"。

　　埃及人无比珍惜神赐的面包，将其作为敬奉神明的供品，他们还发明了最早的烤炉。放在薄石头上隔火烤的方法从埃及时期开始变为送进烤炉，面包的式样、种类、口味也随之开始递增：圆形、立方形、麻花形、动物形……五十多种不同形状的面包让人眼花缭乱。面包制作在埃及成了一门手艺，面包也成就了除金字塔外埃及人的特征——留存的木乃伊中可以看出，古埃及人牙齿普遍欠佳，现代医学认为原因就在于他们吃了太多的面包，造成了磨损和糖分残留。当时的外族人也觉得埃及人吃了太多的面包，他们看着这为面包狂热的民族，将埃及人称为"（神选）吃面包的人"。

面包，舌尖上的活化石

古希腊、罗马——面包成为餐桌上的顶梁柱

伴随贸易往来，发酵面包由埃及传到希腊。与埃及人一样，希腊人认为其饮食的三大构成：谷物、橄榄油以及葡萄酒是众神赐予的三样礼物。其中雅典娜教会希腊人种植橄榄，葡萄酒来自酒神狄俄尼索斯，谷物则是女神德墨忒尔的馈赠，希腊的各类菜肴都以以上三者为基准，这也与只吃肉喝羊奶的游牧民族区分开来。

埃及人已经忘记了发酵面包的发明者，但是希腊历史上却浓墨重彩地记录了一位名叫忒亚里翁的雅典人，他出生于公元前5世纪左右，是商业面包房的首创者。如此掐指一算，今天我们在街角看到的面包店原来已有2500年的历史，比咖啡馆、理发店以及其他零售店的历史都要久远。

除了埃及人的小麦面包，在希腊人的面包房里还可以买到黑麦面包、谷物面包、白面包（精筛面粉制作）、未筛粗粉的全麦面包；

在面粉中添加橄榄油、猪油、葡萄酒、牛奶、蜂蜜、罂粟花、芝麻，以及干果、奶酪等辅材……各项排列组合下，面包制作方法已达七十多种。

对于面包的欣赏是一种朴素而知足的希腊式生活方式。在希腊的贵族宴会上，高高垒起的面包通常放在藤编的篮子里呈上，正如《荷马史诗·伊利亚特》中记载："帕特罗克罗斯从漂亮的篮里拿出面包，放在台子上，分给每一张餐桌。"

罗马人接过希腊人面包制作的接力棒，又额外添加了两个贡献：一是专注于技术改进的罗马面包师发现，酿造啤酒的酵母液可以被提取出来专门用在面包的发酵工序，使烤出的面包更加松软可口。直到中世纪晚期，欧洲人还在使用罗马时期的啤酒花酵母法制作发酵面包。

罗马人的另一个杰出贡献，是把"吃面包"变成了一项公共事务。现代人虽然有了厨房和家用烤箱，但大量的面包消费还是在面包店进行，这与古希腊罗马的情况如出一辙。相比希腊人，罗马人更是将城市里的面包坊利用到极致——早在公元前100年，罗马城的面包店就已经达到250家，店里的面包师经过职业培训，批量生产的面包不仅是罗马市民维系生命的能量来源、精神愉悦的抚慰，也是罗马公共生活的基础。古罗马市民习惯将磨粉、过筛、揉面、发酵、烘烤的烦琐工序交给专业的面包师，既免去了自己没有厨房和工具烹饪的尴尬，也省下大把时间用作广场的高谈阔论。有的面包师会在广场中设有公用的烤炉，将各地送来的面团在这里集中烤

» 一个女性在揉制面包，公元前 500—475，雅典国家
考古博物馆 © Marsyas

制，作为城市公共生活的基本福利成批出品并且免费配给罗马市民。

难怪古罗马人说自己文明的两大支柱是"面包和竞技"，背后其
实是罗马执政者的统治之道——以面包填饱市民的肚子平息矛盾，
以罗马场竞技吸引市民的精神转移注意力。免费的面包虽然没有维
持罗马帝国的永久统治，却开启了面包作为普罗大众餐桌上的顶梁
柱的地位，以及面包的欧洲传播之路。

为什么在国外烤面包，在中国则成了蒸馒头？

面包在欧洲作为主食已有上千年的历史，但它在中国的地位只能算作点心或小食。与古埃及人早早发明了面包不一样，中国是直到明朝万历年间，面包的制作技术才由传教士利马窦和汤若望传入。

麦子和石磨这两样东西都源于中亚，几乎同时出现。早在六千年前两河流域的人就将小麦磨成面粉，揉成薄饼后放在石板上烤；而当小麦传入中国时，烹饪的工具已经不是石器而是陶器甚至青铜。

在烹饪技术上，古代中国大量地使用蒸、煮这两种方式——稻米在火上烤会焦煳，烤炙法只是游牧民族的习惯，从来都不是农耕文明高度发达的华夏民族的饮食主流。可以

说，中国人很早就学会了隔水蒸熟食物的技艺，食材不直接接触火或水，而是用热气蒸熟。

东方烹饪的智慧将面粉带上了另外一条路，在小麦传来时也自然将面饼放入陶锅中蒸，这就成了蒸出来的馒头而非烤出来的面包。但在没有面包的东方岁月里，面粉并不孤独。馒头里加入五花八门的馅料如青葱、鲜肉、青菜、豆沙甚至糯米，就产出了各色嫡生：花卷、包子、烧卖。不发酵的面皮加入不同馅料就成了饺子、馄饨或汤圆。另有一团面

粉被切片或拉伸以后直接与沸水接触，汤水间成就了全国各地的各种面条——在有关面团的美味上，中华料理显然更有想象力。

中世纪面包的多重"寄语"

蛮族入侵、古罗马时代结束，公元 5 世纪起，欧洲拉开了中世纪的序幕。兵荒马乱中，烦琐的面包制作工序几近奢侈，欧洲人多以燕麦粥和饼充饥。直到公元 6 世纪，乡间才

» 庞贝壁画上买面包的场景 ©WolfgangRieger

陆续有简陋的炉火被支起，面包开始在家庭中烹饪并成为主食。与古罗马时代相比，欧洲人采用的是一样的炉火（大部分时候更为简陋）、一样的酵母（啤酒花酵母极其珍贵）；不一样的是面包的供给关系：城市消亡了，变成零星散落的乡村，罗马城市公共基础的面包提供被乡间小作坊或家庭手工替代。负责面包粉的磨坊与烘烤面包的作坊常为一家，闲暇时面包作坊的烤炉以收费形式向家中无力搭起炉火的村民们开放。

　　不一样的还有罗马市民难以体会到的饥饿感。在水稻、玉米、小麦这三大谷物中，小麦的产量最低，而从 9 世纪起到 14 世纪，日益增长的欧洲人口又越来越依赖谷物，这就意味着中世纪的面包往往成分复杂。大麦、燕麦、黑麦、栗子以及其他谷物豆类，只要是能想到的，都会被拿来磨粉做成面包充饥，哪怕最终成品是坚硬无比、难以下咽的"黑面包"。黑面包这种粗粮面包可以长期储存，即使过期，也会被磨碎加入酱汤中增稠饱腹。而对于富裕家庭来说，无论现烤还是现买，吃的都是小麦制成的新鲜白面包。吃什么样的面包，就代表什么阶级。

　　由于关系到国计民生，面包师是中世纪最早诞生的职业

>> 《最后的晚餐》中的桌子上有很多小面包

之一，欧洲各国对于面包价格的管理也都非常严格。公元630年，法国达戈贝特一世出台了第一条控制面包价格的法令；1266年，英国的"面包与麦酒"法令里规定了每便士能买到的面包数量。缺斤少两、以次充好的面包师会受到严厉惩罚，轻则处以四五十倍的罚金，重则封闭炉门、终身禁入面包行业。

从中世纪起，面包不仅是一日三餐果腹之必需，更富有西方文化的象征意义。面包与宗教紧密联系，在《圣经》里提到的面包，近一半与神灵有关。如耶稣在最后的晚餐上说："面包是我的肉，葡萄酒是我的血。"因此在天主教的圣餐仪式中，面包必不可少。

1666 年，伦敦普丁大街上的一个面包作坊里，小伙计在临睡前忘记熄灭零星的炉火，火苗顺着风势蹿出炉门，酿成伦敦历史上最大一次火灾——三天三夜的大火使伦敦大约六分之一的建筑被烧毁，但伦敦也在余烬的原地进行彻底重建，成为欧洲金融城。又一次与面包有关的阴差阳错，将以英国为首的欧洲国家带入了新时期。

工业革命——面包在科技进步中波折发展

今天 80% 以上的面包都来自工厂机器生产，但人类历史上机器的轮轴刚开始运转时，却是面包历史上最不堪回首的一页。

维多利亚时期的人们迎来了工业革命的曙光，潮水般的人口涌进城市的工厂和街道，吃住都在狭窄的生活空间解决。过去那种耕种在农地，产出谷物自给自足烤制成面包的关系链条业已断裂。告别了田园牧歌式的面包坊经营，血汗工厂隔壁即是血汗面包作坊。

如果说中世纪穷人的黑面包难以下咽，那么维多利亚早期的面包则是有损健康。一磅重的面包在 1838 年相当于工人一天的工资，用脚投票的低购买力消费者与数量众多的面包坊间的恶意竞争，使得面包食品造假成风：过期面粉、土豆粉、豌豆粉，以及其他包括白垩粉甚至明矾都被掺杂在面包粉中——如今城市中产阶级推崇的健康粗粮谷物面包，在当时却是被鄙弃的穷人食物。著名医学杂志《柳叶刀》就记录了维多利亚时代消费者对于面包的需求："越白越好，越便宜越好"——白垩粉加入，为的是面包能吸收更多的水分以虚增重量；而明矾，则是为了使面包外观看起来更像高级的"白面包"。

伴随着大生产而来的不光有无序竞争，还有对新技术的恐惧。19世纪50年代，英国面包工人掀起了抵制机器进入面包坊的运动，法国科学家路易·巴斯德在古埃及人发明了发酵面包几千年以后，终于借助显微镜看清了面包里酵母菌的真身。但是巴斯德一派却认为，既然酵母属于一种活动真菌，那么也跟其他有害细菌一样，与广泛的疾病传播脱不开干系。一时间对于酵母"细菌"的恐慌让欧洲一度摒弃了发酵面包，因为酿酒同样经历发酵过程，所以禁酒令也随之流行。

恰逢在科学的显微镜下，又一种新物质被发现：二氧化碳这种气体可以融入水中，带有强烈工业感的苏打水由此诞

生。最早生产出的苏打水被广告商包装成有益健康的药品，这给了一家面包公司以灵感。他们尝试放弃酵母，将二氧化碳压进水里的技术应用到面粉里，制造出了不依靠酵母就能膨胀的气体面包。"充气面包"带着新时期满满的科技感，体积比原先更蓬松，也无须担心"酵母细菌"，然而看似完美的面包尝起来总像是缺失了什么——口感空洞，缺少酵母的香气。没过多久消费者的新鲜劲退去，昙花一现的"充气面包"就因缺少人情味而被抛弃。

好在从19世纪中后期起，科技的力量终于惠及面包坊。

1851 年，在英国伦敦举办的世界博览会吸引了 600 多万观众，怡泉公司凭着 40 分钟内可以生产 400 多个面包的机器，为参观者提供了 934691 份小圆面包。制作面包的机械一个个出现，宣布了现代烘焙业的诞生：1870 年，调粉机出现；1880 年，面包整形机被发明；1888 年，电烤炉代替了蒸汽烤炉……到了 19 世纪 80 年代，机器磨粉能达到石磨从未实现的精细程度。由于铁路运输兴起，面粉和糖的价格大幅下降，低价吃到货真价实的白面包或是糖、油丰富的花式面包已不是难事。不过随着食品价格的普遍下降，在众多的选择面前，欧洲人的面包消费却只有从前的四分之一，面包在欧洲独一无二的主食地位逐渐被土豆、肉类、玉米等瓜分，但"爱情还是面包"这样的俚语依然常常被人们引用，彰示着面包曾经的地位。

第三篇

自然的

使者

蝴蝶，大自然的舞姬

冯笑宇

在种类繁多的昆虫世界里，蝴蝶因其无与伦比的美学观赏价值，被喻为"会飞的鲜花"和"大自然的舞姬"。身姿娇俏、美丽的蝴蝶深受人们的喜爱，但由于生态环境的破坏和市场利益的扩张，蝴蝶种群多样性正遭受严重威胁。

比人类还古老的物种

在人类诞生以前，蝴蝶就在地球上活动了。蝴蝶从白垩纪起随着作为食物的显花植物而演进，并为之授粉，是昆虫演进中最后一类生物。目前人们发现的蝶类化石约有 40 种，其中在美国科罗拉多州发现的古蝶化石标本翅型最为完整，产于第三纪中新世，距今约 2500 万年，它和现代非洲的喙蝶科蝶类十分近似，被业界认为是古蝶孑遗的"活化石"。

蝴蝶广泛分布于世界各地，除了南极洲以外皆有分布，热带地区物种多样性最高，温带及寒带地区也有许多种类栖息。世上共有约 18500 种蝴蝶，新北界（包括格陵兰、加拿大、美国、墨西哥高地，中美洲及部分加勒比海群岛）有约 775 种，新热带界（是组成地球陆地表面的八个生物地理分布区之一。包括热带美洲大陆的热带陆地生态区和南美洲全部温带区）约 7700 种，古北界（是八个动物分

>> 普罗德里斯·珀尔塞福斯，弗洛里森化石床上的始新世晚期蝴蝶，1887 年
雕刻

区中最大的一个，分布在旧大陆北方，因此称为古北界）约 1575 种，
埃塞俄比亚界（是涵盖撒哈拉以南的非洲的动物地理分区）约 3650
种，东洋界（是涵盖南亚与东南亚的生物地理分区）及澳新界（是
一个岛屿为主的动物地理分区，包括了澳洲、新几内亚岛屿、东印
尼群岛、苏拉威西岛、龙目岛、松巴洼岛、松巴岛、佛罗勒斯岛及
帝汶岛等地）共约 4800 种。

我国现有蝶类约 1200 种，被喻为"蝴蝶王国"的宝岛台湾有
410 种蝴蝶，其中特有品种达 50 种以上；云南省产蝶种数已知 700
余种，其中特有品种达 90 余种。

作为生态系统中不可或缺的重要组成部分，蝴蝶对生境结构和植物组成的变化很敏感，从而被选为环境质量变化的指示生物。在近代科学研究上，蝴蝶还是遗传、进化、生物、地理、医药学、美学及仿生学研究的好材料。航天专家从蝴蝶翅上的鳞片排列中得到启发，研制出一种巧妙而灵敏的光镜，成功地解决了卫星在运行过程中温度相对恒定的问题。美国帝王斑蝶还被作为一种太空实验生物，被带入太空进行实验研究。我国药物学家发现一些蝴蝶含有抗癌活性物质，为研制新药奠定了基础。

蝴蝶之美从何而来

　　目前已知展翅最大的蝴蝶，是生活在新几内亚东部的亚历山大女皇鸟翼凤蝶，雌性翼展可达 36 厘米；最小的是阿富汗渺灰蝶，翼展只有 7 毫米。蝴蝶翅膀上绚丽的花纹和色彩，几乎是自然界最醒目艳丽的颜色。蝴蝶翅膀如此炫酷，奥秘就在于它的翅膀好比一双光影"魔术手"。

　　将一只孔雀蛱蝶放到光学显微镜下放大 100 倍时，可以看到这只蝴蝶翅膀上的美丽花纹，是由覆盖在无色半透明翅膜表面的鳞片一片片拼出来的；每片鳞片都有自己独特的颜色，各色鳞片像瓦片一样彼此重叠，拼凑出眼点、条纹和渐变色等图案。但在蝴蝶死亡后，色素会逐渐分解消失，这也是蝴蝶标本的颜色会慢慢不再艳丽的原因。

　　成就蝴蝶翅膀绚丽色彩的不仅仅是内含色素的鳞片，更离不开鳞片表面独特结构的功劳。当把显微镜放大到 5000 倍时可以发现，鳞片表面呈现出脊、沟和瓦片状的不平整微观结构。鳞片内的多层片状薄膜使光波发生干涉、衍射和散射，由此产生了比色素色更加绚丽的颜色。这些色彩还可因不同视距、视角等因素而变化，泛着金属般的光泽，称为彩虹色。

　　几乎没有蝴蝶不具有结构色，闪蝶和凤蝶科的蝴蝶都是著名的例子。蝴蝶翅膀上的鳞片不仅能使蝴蝶艳丽无比，还像是蝴蝶的一件雨衣，因为鳞片里含有丰富的脂肪，能把蝴蝶保护起来，所以即使下小雨蝴蝶也能飞行。

❯❯ 大蓝闪蝶 ©C T Johansson

从作茧自缚到破茧成蝶

从一条丑陋的毛毛虫变身五彩斑斓的蝴蝶，是一个奇妙的过程，学术上称为"变态"。那么毛毛虫是如何把自己变成蝴蝶的，它在蝶蛹中究竟发生了什么神奇的变化呢？

蝴蝶的一生要经过卵、幼虫、蛹和成虫四个发育阶段，蝶类周而复始形成一个生命圈的时间因品种不同而长短不一，短的数十天，长的近三年。蝶类幼虫咬破卵壳孵化后，一般直接啃食寄生的植物，大多数蝶类幼虫爱吃叶片。一般经过四到五次蜕皮，毛虫就开始"作茧自缚"了。

肉墩墩的毛虫究竟是怎样华丽变身成蝴蝶的呢？科学家发现，早在毛虫还在卵中发育时，它就长出了将会分化成蝴蝶眼睛、翅膀、腿等器官的多种细胞团，称"成虫盘"。毛虫成为蝶蛹后，开始分泌各种酶来消化溶解自己的全部组织，消化完成后的"成虫盘"迅速利用周围富含蛋白质的浆液来进行细胞分裂，分化出的细胞逐渐形成精致的翅膀、触角和腿，还有眼睛、生殖器等一只成年蝴蝶应具有的所有特征结构。从作茧自缚到破茧而出，一般要经过五至十天。

蝴蝶的寿命长短不一，长的可达十一个月，短的只有两三个星期。在这段时期内，雄蝶忙着寻觅雌蝶交尾，雌蝶找寻寄主产卵，因活动频繁，它们大量摄入花蜜等养分，以顺利完成传宗接代的神圣使命。蝴蝶求偶有一个"婚飞"过程，雌雄两只蝴蝶在花丛中翩翩起舞，情意绵绵。位居中国古代四大民间传说之首的"梁祝化蝶"故事，就是取蝴蝶成对飞舞象征美好爱情的意蕴。

>> 中国五代时期著名花鸟画家徐熙笔下的蝴蝶和紫藤

蝴蝶标本制作争议大

《红楼梦》中有一个著名的情景是"宝钗扑蝶"。扑蝶自古以来就是深受人们喜爱的一项户外活动。"儿童急走追黄蝶，飞入菜花无处寻"就是古代顽童扑蝶的生动写照。据《熙朝乐事》载，每年的二月十五日是宋代的花朝节，在东京汴梁，执扇扑蝶是女人过节的主要娱乐项目。直至当代，人们对扑蝶活动仍是热衷不已。但现今人们扑蝶不仅仅是为了娱乐，更多的是利用现代科技工艺制作珍贵的蝴蝶标本和蝴蝶画等艺术品。

当今蝴蝶资源开发利用早已市场化，仅蝴蝶标本的年成交额就高达一亿美元。我国出产的蝴蝶标本，以及用蝴蝶翅膀剪贴制作的山水、人物、花木和鸟兽造型的蝶翅画工艺品，都具有较高的观赏价值和收藏价值。我国台湾省半个世纪前就有了蝴蝶标本制作工场，年产标本数以百万枚，最高时曾达 1600 万枚，出口到欧美等国，成

Université de Rennes 1

Papillons
Région Australienne

Ornithoptera priamus coelestis
(Linn., 1758)
Répartition : Bougsuch occasna 05/03

Ornithoptera priamus
euphorion (Linn., 1758)
Répartition : Queensland 10/2000

Ornithoptera goliath atlas
(Rothschild., 1914) ♂
Répartition : Irian-Jaya Indon. 02/02

Ornithoptera goliath atlas
(Rothschild., 1914) ♀
Répartition : Irian-Jaya Indon. 02/02

Troides oblongomaculatus
papuensis (Goeze, 1779)
Répartition : Nouvelle Guinée 09/01

Graphium weiskei
(Ribbe, 1900)
Répartition : Nouvelle Guinée

Papilio blumei
(Boisduval, 1836) ♂
Répartition : Indonésie

» 凤蝶标本 © EdouardHue

蝴蝶，大自然的舞姬   · 181

为世界蝴蝶标本供应中心，而蝴蝶画工艺更是令人叹为观止。

尽管当今流行的蝴蝶标本、蝶翅画等工艺品色彩斑斓、制作精美，其中的濒危蝴蝶物种更是外观奇特，受到不少人的追捧，但扑蝶活动和蝴蝶标本工艺品的制作却存在较大争议。近年来，随着蝴蝶观赏、标本制作、喜庆放飞等关于蝴蝶的利用越来越广泛，利用规模也越来越大，使得养殖蝴蝶无法满足日益增长的市场需求，特别是一些珍稀蝴蝶。于是蝴蝶商人铤而走险，在野外捕捉珍稀蝴蝶，甚至是国家保护蝶种，无节制的大规模捕捉导致野外蝴蝶数量迅速下滑，甚至导致某些蝶种灭绝。

呈现一幅完美的蝴蝶标本和蝶翅画作，总共要经过回软、展翅、防蛀、防腐、干燥以及后期制作等三十余道手工工序，其中最饱受诟病的就是干燥程序。在这一过程中，首先要将蝴蝶杀死，然后将蝴蝶以烤箱烘干或阴干，制作蝶翅画的还需用剪刀剪下翅膀。尽管这类工艺品大部分采用的是普通且种群数量较大的蝴蝶品种，但环保人士仍积极呼吁："爱蝴蝶就要让它穿梭在树林花丛间，而不是将它捕捉制成标本镶在一个个相框里。"

由于近代生态环境破坏和市场利益驱动等人为因素，蝴蝶栖息地退化和碎片化问题越来越严重，这也成为蝴蝶种群多样性面临严重威胁的主要因素。尤其是近年来盛行的旅游开发，对蝴蝶生长、繁殖的生态环境带来一定程度的破坏。如 20 世纪 90 年代，湖南舜皇山旅游开发使得丰富的蝴蝶资源被外界发现，当地众多特有珍稀蝶类随之濒临灭绝。

目前，不少国家除了传统的建立自然保护区和确定蝴蝶重点保护名录，还纷纷建立蝴蝶园来探索蝴蝶资源的保护性开发和利用。如新加坡、马来西亚的蝴蝶园和美国、英国的育蝶场，不仅成功地繁育了大批珍稀蝴蝶品种，而且每年都吸引许多游客前去观光。我国云南大理的蝴蝶泉、西双版纳的三岔河蝴蝶公园，台湾的蝴蝶谷、海南亚龙湾的蝴蝶谷生态公园等，也已成为以蝴蝶观赏为特色的旅游胜地，蝴蝶生物多样性资源的开发利用逐渐步入良性发展轨道。

拟态界的高手

大自然的舞姬明艳妖娆、摇曳多姿，也是拟态界的高手。

88多涡蛱蝶，属于凤蝶科的一个物种，分布于南美洲，约有40个品种，因下层翅膀上的"8"字形图案而得名。曾被评选为世界上最美丽的蝴蝶之一。

红带袖蝶，属于凤蝶科的一个物种，世界著名的毒蝴蝶，主要分布在巴西一带，该物种已有数百万年的历史。由于其体表颜色很像当时葡萄牙国内邮差制服的颜色，故而又叫"邮差蝴蝶"。

猫头鹰环蝶，又名猫头鹰蝶，取名自后翅翅底大而仿真

» 猫头鹰环蝶 © Anne Valladares

的眼斑。属于猫头鹰环蝶属的一个物种，是一种热带雨林蝴蝶，体形较大。由于此蝶幼虫所寄生的植物是竹或凤梨科植物，所以被视为害虫。

枯叶蛱蝶，属鳞翅目蛱蝶科，是世界著名拟态的种类，自然伪装的典型例子。枯叶蛱蝶前翅顶角和后翅臀角向前后延伸，呈叶柄和叶尖形状，深褐色或紫褐色，有藏青光泽，翅中部有一暗黄色宽斜带，两侧分布有白点，两翅亚缘各有一条深色波线。翅反面呈枯叶色，静息时从前翅顶角到后翅臀角处有一条深褐色的横线，加上几条斜线，酷似叶脉。翅里间杂

有深浅不一的灰褐色斑，很像叶片上的病斑。当两翅并拢停息在树木枝条上时，很难与将要凋谢的阔叶树枯叶相区别。

宽纹黑脉绡蝶，又名玻璃翼蝶，属于蛱蝶科的一个物种，是一种热带蝴蝶。如果照料得当，圈养宽纹黑脉绡蝶的寿命至少可达到六周。透明的翅膀翼展在 5.6 ~ 6.1 厘米，为它们提供了有效的防御伪装；翅膀边缘并不透明，主要有红色、橙色和深褐色三种颜色；身体颜色暗淡。该蝶最大飞行速度可达到每小时 13 千米，可承受 40 倍于自身体重的重量，很难被捕食者发现。

老豹蛱蝶，蛱蝶科豹纹类蝴蝶的总称。大部分蝴蝶的进化动机都是为了隐藏自己，逃避攻击，但有时候它们也需要让自己成为关注焦点，比如在交配季节，蝴蝶就要通过表现自己来吸引异性的青睐，老豹蛱蝶就呈现性别二态性的特点。

蓝闪蝶，又名蓝摩尔福蝶，蛱蝶科闪蝶属中最大的一个物种，是一种热带蝴蝶。蓝色的翅膀十分绚丽，长约 15 厘米。成年雌蝶的翅膀上表面呈蓝色，下表面与树叶十分相似，呈现斑驳的棕色、灰色、黑色或红色。幼虫的毛会引起人类皮肤的不适。生活在中美洲和南美洲，包括巴西、委内瑞拉，是巴西的国蝶。其硕大的翅膀使它们能够快速地在天空翱翔，日夜活动，飞翔敏捷。

什么是蝴蝶效应

蝴蝶效应是指在一个动力系统中，初始条件下微小的变化能带动整个系统的长期的巨大的连锁反应。任何事物发展均存在定数与变数，事物在发展过程中其发展轨迹有规律可循，同时也存在不可测的"变数"，甚至还会适得其反，一个微小的变化能影响事物的发展，说明事物的发展具有复杂性。

美国气象学家爱德华·罗伦兹 1963 年在一篇论文中分析了这个效应。"一个气象学家提及，如果这个理论被证明正确，一只海鸥扇动翅膀足以永远改变天气变化。"在以后的演讲和论文中他用了更加有诗意的蝴蝶。对于这个效应最常见的阐述是："一只南美洲亚马孙河流域热带雨林中的蝴蝶，偶尔扇动几下翅膀，可以在两周以后引起美国得克萨斯州的一场龙卷风。"其原因就是蝴蝶扇动翅膀的运动，导致其身边的空气系统发生变化，并产生微弱的气流，而微弱气流的产生又会引起四周空气或其他系统产生相应的变化，由此引发一系列连锁反应，最终导致其他系统的极大变化。他称之为混沌学。当然，"蝴蝶效应"主要还是关于混沌学的一个比喻，比喻不起眼的一个小动作却能引起一连串的巨大反应。

法国人追蝴蝶丢了新大陆

二百多年以前，英法两大殖民主义强国派大军抢占当时还是一片新大陆的澳大利亚。英国派出弗林斯达船长领军，法国则派擅长带领三桅帆船队的航海家亚梅兰为主帅。相比之下，亚梅兰略胜一筹，他带领的法国军队率先驶入现今澳大利亚的维多利亚港。但亚梅兰登陆后正要安营扎寨之际，却被一只极其罕见珍贵的蝴蝶所吸引，对自然生态素来有研究的亚梅兰下令全军停止休整，跟他一起追踪蝴蝶，希望找到更多的珍贵蝶种。

当法军走入山谷远离海港的时候，弗林斯达率领英国海军登陆。他发现停靠在海边的法国军舰上空无一人，也不见岸上留下任何法国人的占领标记，甚至没有一兵一卒驻守。弗林斯达大喜过望，马上派兵把整个海港占领。而当亚梅兰心满意足地带着无数珍贵蝴蝶返回海港时，却惊讶地看到海港插满了英国旗帜。

夜蝴蝶挽救澳大利亚

在澳大利亚的昆士兰州，夜蝴蝶被视为"澳大利亚的救星"，人们特意建设了蝴蝶雕塑纪念碑和纪念馆。

原来，澳大利亚的昆士兰州曾于1860年从美国、墨西哥引进了两种仙人掌作为牧场四周的绿篱栅。可没有想到，生命力极强的仙人掌一遇到澳洲极为适宜的温度和肥沃的土壤，便飞速繁殖蔓延开来，仅仅20年时间，3000多万公顷的沃土就被"带刺的丛林"吞噬，并以每年50万公顷的惊人速度向外扩张。当地人想尽各种办法试图消灭仙人掌，却收效甚微。

正当人们陷入困境之时，一位昆虫学家发现阿根廷有一种在夜间活动的蝴蝶，专吃仙人掌，且胃口很大。于是，他将几千粒夜蝴蝶虫卵带回澳大利亚繁殖放养。很快，夜蝴蝶就成为仙人掌的致命克星，它们所到之处，成片的仙人掌被啃食、消灭。到了1935年，3000万公顷的土地又重新成为丰沃的农耕地和牧场。如今，澳大利亚虽仍可常见仙人掌的踪影，但夜蝴蝶绝不会给它们大肆繁殖的机会。

夜晚的飞蛾

蝴蝶和蛾最大的区别，就在于蝴蝶头部有一对棒状或锤状触角，蛾的触角却形状多样；蝴蝶看起来一般都很漂亮，颜色各异，而飞蛾颜色较少，身上绒毛多，看起来灰蒙蒙的；蝴蝶通常都是白天活动，而飞蛾则是晚上活动居多，所以晚上看到的大多是飞蛾。

青蛙，守望稻田『卜丰歉』

吴学军

"明月别枝惊鹊，清风半夜鸣蝉。稻花香里说丰年，听取蛙声一片。"夏日雨后群蛙在稻田中齐声喧嚷，热闹得就像田里开了锅。经过科学家对青蛙的研究，青蛙的繁盛与否和生态环境的好坏确实息息相关。

稻田是青蛙的理想生存地

自古以来，我国劳动人民就有"立夏听蛙，以卜丰歉"的风俗，诗人辛弃疾的诗里曾描绘通过群蛙的叫声预知未来的收成。确实，青蛙和稻米丰收息息相关。

自从有了水稻的人工栽培，稻田就成了青蛙生存繁殖的理想场所，春天，农民耕翻稻田，放水平整水田，以备下种或插秧。整好的水田，是青蛙最好的交配产卵之地，蝌蚪得以顺利成长而较少天敌。随着稻株一天天长大，吸引许多昆虫来吃稻叶，对于青蛙来说，这些昆虫正是它们可口的食物。而青蛙捕食这些昆虫，又保护了水稻的正常生长，直至结谷成熟。最终，青蛙和水稻在稻田这个特定的环境中共生互利。

青蛙是无尾目两栖纲的动物，最原始的青蛙在三叠纪早期开始进化，最早有跳跃动作的青蛙出现在侏罗纪。因为青蛙是以昆虫和

» 无尾目

其他无脊椎动物为主食，因此必须栖息于水边。成体基本无尾，卵一般产于水中，孵化成蝌蚪，用鳃呼吸，经过变态，成体主要用肺呼吸，但多数青蛙的皮肤也有呼吸功能。

无尾目是生物从水中走上陆地的第一步，比其他两栖纲生物要先进，虽然多数已经可以离开水生活，但繁殖仍然离不开水，卵需要在水中经过变态才能成长。因此不如爬行纲动物先进，爬行纲动物可以完全离开水生活。

而稻田这种人造湿地环境，对于需要在水陆两地经常"走动"的无尾目青蛙来说，实在是太理想了。

青蛙还是捕虫能手，可以说是农民的好帮手，是庄稼的保护神。青蛙不光吃蚊子、苍蝇，还大量捕食田间飞蛾、稻飞虱、棉红铃虫等农业害虫，每只青蛙一昼夜大约要吃 70 只害虫，守护着稻田。

"蛙鸣知雨水"和动物崇拜

青蛙喜欢在雨后"歌唱"，因为青蛙需要在雨水充沛的浅水中进行交配产卵，皮肤对空气的湿度很敏感，雨水越勤，青蛙叫得越欢。俗语说："天雷动，蛙声鸣。"寓意灵动的蛙能带来风调雨顺、五谷丰收。

据江西《上饶县志》记载："三月三日听蛙声，午前鸣，高田熟；午后鸣，低田熟。"青蛙提早在午前鸣，是因空气湿度高了，可能意味着即将降雨。午后鸣则不一定意味着降雨，因为每逢临近傍晚，不管是否下雨，青蛙都要因求偶而鸣。这在明朝李时珍所著《本草纲目》中也有提及："农人占其声之早晚大小以卜丰。"

农民感受到了青蛙感知雨水的能力，开始相信青蛙是主雨水、通天的神物，慢慢演变出了青蛙求雨的仪式。古代文献中有不少此类的记载。如《春秋繁露》记载"春旱求雨，取五虾蟆"。在中国

>> 阿尔伯塔大学脊椎动物古生物学实验室的青蛙化石 © Jeyradan

的考古中曾发现很多青蛙文物，如黄河流域仰韶文化和马家窑文化
中有不少蛙形彩陶纹饰，北京平谷刘家河遗址出土了商代蛙龟铜泡，
广西恭城发现有青铜时代的蛙蛇纹青铜尊，越人铜鼓中的青蛙就更
多了。这里面有些可能是动物崇拜，有些可能与图腾信仰有关，但
是无论出于什么原因，都与求雨和祈盼农业丰收相联系。

　　青蛙还是人类最为古老的动物崇拜之一。早在农耕文明之前的
森林文明时期，人类由于生育能力及婴儿成活率低，祈盼能像青蛙
一样产子多多、生生不息。内蒙古的阴山岩画、广西花山岩画都有
"蛙形人"图案，北美、阿尔及利亚以及澳大利亚等地也有大量的
"蛙形人"岩画。

　　在我国西南地区，原住民广泛崇拜青蛙，壮族至今还保留着过

青蛙，守望稻田"卜丰歉"

"青蛙节"的习俗。每逢正月末、二月初，居住在广西西北部红水河上游一带的壮族群众就欢度"青蛙节"。他们先进行埋青蛙的祭祀活动，接着唱青蛙歌、跳青蛙舞。舞者头戴各种鬼神、兽犬面具，半裸身子，面部、胳膊、大腿用蓝、黑、白三色颜料画出道道痕印，舞姿古朴、豪放。节日期间观者如云，站满高地山坡。当舞者舞至精彩处，观者纷纷应和，从早到晚，通宵达旦。

» 《刘海戏蟾图》，刘俊
（明代），中国美术馆藏

正在遭遇物种灭绝危机

　　然而现如今，别说城市，就是在农村的田间地头也很少听见大片青蛙的叫声，只能偶尔听到一两只青蛙孤独的歌唱。关于青蛙在全世界范围内迅速减少的研究一直没有中断，科学家认为原因比较复杂，主要是环境污染造成的，当然还包括气候变化、外来物种的入侵，人类工业化扩张造成青蛙栖息环境缩小等原因，现在很少能在森林和沼泽中见到青蛙了。

　　青蛙正在遭遇的生存危机，被称作"自恐龙灭绝时代之后最大的物种灭绝危机"。早在 20 世纪 70 年代末，人们首先发现一些两栖动物神秘灭绝。从那以后，两栖动物中已经有大约 100 个物种无缘无故地消失了。一些科学家提出，可能是某种真菌疾病随着气候变化和人类活动传播开来，毁灭了这些物种。科学家发现，两栖动物神秘灭绝的威胁来自一种名为蛙壶菌的真菌。这种后端生着一根尾形鞭毛的真菌，能附着于两栖动物身体的下部和腿部的皮肤，导致两栖动物窒息死亡。

气候变化、新疾病流行时，两栖动物是最先受到影响的。在我国，因蛙壶菌导致两栖动物大规模死亡的具体案例尚未被发现。尽管如此，蛙壶菌仍然引起了科学家们的高度关注。目前，已知的疾病载体——美国牛蛙已经进入我国，威胁着我国本地两栖动物的生态安全。

有研究发现，一种农用真菌抑制剂的化合物三苯基锡，其含量即使低于田间使用浓度，也可能导致青蛙发生畸变甚至死亡。三苯基锡主要用来对付甜菜和马铃薯体内的疾病，有时也用于洋葱、水稻等多种农作物。这不可避免地污染了水生生态环境，有的是直接污染水稻田，有的通过地表径流污染江河沟渠。

该种杀菌剂降解速度很慢，导致它在水中富集，从而对水生生物造成极大的毒害，特别是会损伤蝌蚪的中枢神经系统，致其发育滞缓，难于逃脱捕食者的攻击，从而导致一些地区青蛙数量急剧减少，乃至种群灭绝。另外，一些杀虫剂分解的污染物，也有可能严重破坏青蛙的生殖能力，这类杀虫剂分解的激素使一些雌性蛙雄性化，同时也会使另外一些种类的雄性蛙雌性化，最终导致它们不能生育。这些不易分解的激素分子，沉积在池塘湖泊底部的污泥中，容易被在底部生活的蝌蚪幼体吞入腹中，而且随着水体流动，造成全球威胁。

除了农田用的各种杀菌剂，酸雨也是导致两栖动物数量下降的罪魁祸首之一。事实上，几乎所有两栖动物的卵和幼体在酸碱度低于4.5的水中均不能生存，然而酸雨的酸碱度一般都在3.5，酸雨直接使水塘、溪流正常的酸碱度下降到足以致死青蛙的水平，这使得酸雨较多的一些区域，青蛙发生种群灭绝。

然而，对于更大区域甚至全球范围内青蛙数量下降负有不可推卸责任的也许是臭氧的减少。地球臭氧层变薄，紫外线辐射量上升，直接致使青蛙的卵无法孵化为幼体。青蛙是水陆两栖动物，它们一般被视为环境卫生的"晴雨表"或"指示器"。青蛙在发育时，其胚胎直接浸泡于水中，容易受到致畸物的影响。环保学家认为能致青蛙畸形的因素，也有可能使人类发生畸变。

>> 青蛙的生命周期

电子蛙眼定位目标

青蛙是近视眼，只有运动着的物体才能在它的眼中留下形象，所以青蛙擅长捕捉蚊子、苍蝇、稻虱等小飞虫。仿生学家洛克根据蛙眼的原理和结构，发明了电子蛙眼。

为了弄清楚为什么青蛙一定要等飞蛾起飞才发动攻击，仿生学家对青蛙进行了特殊的实验研究。原来，蛙眼视网膜的神经细胞分成五类，一类只对颜色起反应，另外四类只对运动目标的某个特征起反应，并能把分解出的特征信号输送到大脑视觉中枢——视顶盖。视顶盖上有四层神经细胞，第一层对运动目标的反差起反应；第二层能把目标的凸边抽取出来；第三层只看见目标的四周边缘；第四层则只管目标前缘的明暗变化。

» 青蛙头部特写镜头

　　这四层特征就好像在四张透明纸上画图，叠在一起，就是一个完整的图像。因此，在迅速飞动的各种形状的小动物里，青蛙可立即识别出它最喜欢吃的苍蝇和飞蛾，而对其他飞动着的东西和静止不动的景物都毫无反应。

　　在现代战争中，敌方可能发射导弹来攻击我方目标，这时我方可以发射反导弹截击对方的导弹，但敌方为了迷惑我方，有可能发射信号来扰乱我方雷达。在战场上，敌人的飞机、坦克、舰艇发射的真假导弹都处于快速运动之中，要克敌制胜，必须及时把真假导弹区别开来。将电子蛙眼和雷达相配合，就可以像青蛙一样，看运动的东西很敏锐，迅速地

跟踪飞行中的真目标，对静止的东西却视而不见。

巴拿马树蛙灭绝

2016 年 10 月，世界上最后一只莱伯氏非凡雨蛙，俗称巴拿马树蛙，在亚特兰大植物园中死去，它的离世也是物种灭绝危机的一个信号。

这只巴拿马树蛙被取名为"硬汉"，是 2005 年在由亚特兰大植物园和亚特兰大动物园共同组织的一次树蛙营救任务中被发现的。当致命的蛙壶菌入侵到巴拿马中部时，巴拿马树蛙是许多蛙类科学家争相去寻找的蛙种之一。被收养在亚特兰大植物园后，这只树蛙一直非常安静，直到2014年管理员听到了这只世界仅存的莱伯氏非凡雨蛙的叫声，并用手机录了下来。随后它的照片被投影到了圣彼得大教堂上，而且还放出了它的叫声，以便让全世界都能看到和听到它。但无论怎么保护，这只仅存的巴拿马树蛙还是遗憾地离开了。

青蛙能分辨自己的宝宝吗？

在小学课本上，我们都学过《小蝌蚪找妈妈》，因为长得不像，小蝌蚪找不到自己的妈妈，但它最后知道，青蛙就是自己的妈妈。小蝌蚪年幼"没见识"，那么，青蛙爸妈能认出自己的宝宝吗？

大部分青蛙是无法识别哪些是自己的宝宝的，不过有一些蛙可以做到，像非洲牛蛙，雄性会在一定程度上照顾后代。虽然不是每只蝌蚪都能"叫出名字"，但意识到这一群蝌蚪是自己的孩子还是没问题的。

还有些蛙亲自"带娃"，自己的宝宝肯定是认得出的。

如箭毒蛙有特殊的育幼行为，雌雄的交配常发生在栖生于倒木上的凤梨科植物附近，因为这些植物轮生的叶片可以构造出一个小"池塘"，为蛙卵提供发育场所。交配后雌蛙将卵产在积水处，卵一旦发育成蝌蚪，雌蛙便将蝌蚪从地面分别背到树上不同的有适量积水的凤梨科植物的"池塘"中。

因为蝌蚪是肉食性的，难免会自相残杀，并吃下未受精的卵，所以要尽快将蝌蚪们分开。因为有亲代的照顾，箭毒蛙的蝌蚪成活率很高，并且生得也少，一次就生一枚或者几枚卵，这样少的宝宝哪能认不出呢？

青蛙有毒吗？

很多青蛙的表面都有轻度毒性的蟾毒素，使它们并不受猎食者的欢迎。而大部分蟾蜍则有较大的制毒腺体，称作腮腺，主要位于两侧眼后的位置或身体的其他部位。这些腺体能分泌不同的毒素或黏液，使它们的皮肤变得滑溜而且并不可口。如果能产生即时的不快感觉，捕猎者多会终止捕猎行动。如果需时甚久才有效果，也可减少捕猎者于下一次再度捕猎的机会。

带有剧毒的青蛙多会披上鲜艳的外衣，以标示它们并不适合作为食物，这种策略称作警戒作用。它们身上的颜色多为鲜艳的红色、橙色或黄色配以黑色。一些物种的警告色长在腹部，如铃蟾属的物种。因此它们在遇到攻击时反而会将腹部朝上，并分泌毒液以赶退敌人。

　　有一些物种本身没有毒性，如红背异箭毒蛙，会模拟在其地域中有毒的物种的肤色以吓退猎食者。如无毒的网纹箭毒蛙有着鲜艳的颜色，假装成其有毒的同类。而类似的草莓箭毒蛙鲜艳的警戒色则表明它的皮肤上有毒素。

　　第一眼看青蛙时可能会认为它们缺乏防御能力，其细小的身体、缓慢的动作，缺乏尖刺、利爪及牙齿的外形往往令人疏于防范。事实上，它们有丰富的防卫机制去自我保护。不少蛙类都有良好的伪装能力，其与附近环境十分接近的肤色，令一动不动的它们易于隐藏于环境之中。遇到危险时，其惊人的弹跳力令它们迅速跳到水中，以避开猎食者的追捕。

紫蛙——1.3亿年没变样

　　在西印度生活着一种堪称活化石的动物——紫蛙，它们已经在地球上存活了 1.3 亿年之久，历经数百万年的进化，紫蛙几乎没有任何变化，直到 2003 年才被人发现。紫蛙之所以迟迟没被人发现，是因为它们生活于地下，只会在雨季时现身两周，因此被人戏称为"隐身青蛙"。

紫蛙呈亮紫色，看起来像一个饱满的李子，肥胖的身躯完全看不到腰的存在。紫蛙最显著特征是其尖尖的口鼻部，它们仅存于塞舌尔群岛。

▶▶ 紫蛙 ⓒKarthickbala

大熊猫是熊？
百年无定论

丁当

大熊猫被誉为中国的"国宝"，它黑白相间的毛色和憨态可掬的外表使其深受人们喜爱，在全世界亦有大量粉丝。1961年世界自然基金会成立时就以大猫熊为标志，大猫熊俨然成了濒危物种保护最重要的象征；同时，大猫熊也是中国在外交活动中的"友好大使"。

中国古代对大熊猫有多种称呼

"大熊猫"其实是近代西方人给起的名字。学过英语的人都知道，熊猫在英语中叫 Panda，英语中它还有一个名字叫 Cat Bear，中文译为猫熊，因为它的脸像猫，体似熊。当 1944 年 12 月大熊猫首次在重庆北碚的中国西部科学博物馆里展出时，展板说明文字的标题采用横书，名为"猫熊"。但当时汉字一般采用直书，从右往左读。这样一来，前来参观的群众凭习惯将横书的"猫熊"读成了"熊猫"，于是只好随俗，将错就错了。目前只有在我国台湾地区还叫"猫熊"。

而在中国古代历史上，对于熊猫的叫法有很多，比如貔貅（píxiū）、貘（mò）、白熊，等等，当地的藏族同胞叫它杜洞尕（gǎ），彝族同胞叫它峨曲。在史籍中，也有很多关于它的记载。

据我国古代博物学著作《山海经》记载，它很像熊，但毛色是黑白的，产于邛崃山严道县（今四川荥经县，迄今仍有熊猫分布）。

>> 大熊猫 © Aaron Logan

还说它吃的东西很特殊，专吃铜和铁。因此，把它称作食铁兽。

两千多年前的汉代初期，我国出现了一部解释词义的专著叫《尔雅》。这本书里对貘的解释是像熊，出产在四川，它的毛皮很厚，坐卧时垫上，可以防止湿气侵入人的躯体。

早在公元前 2 世纪，秦代曾遗留了一个古宫苑叫上林苑（今西安市西及周至、户县界），至汉初曾荒废，到汉武帝时又收为宫苑，周围有二百多里，苑内放了很多禽兽，供皇帝射猎。汉代文学家司马相如在《上林赋》中列举众多异兽时，貘也名列前茅。

从自然历史来看，早在三四百万年前，大熊猫曾生活在云南和广西等地的潮湿热带森林里。在四五十万年前，当人类还处于猿人时期时，它们曾得到过蓬勃的发展。在我国江南一带所发掘的化石数量之多，分布之广，是世界范围之内也少见的。可是自人类进入智人以后，从新石器时期开始，随着人类与生产的发展，生活领域不断向纵深伸延，大熊猫开始走下坡路，分布范围越来越狭窄，数量与日递减，人们都称它们为老寿星、活化石。它们现在大多生活在四川盆地西缘高山峡谷向青藏高原过渡的狭窄地带。

法国传教士在科学上首次发现大熊猫

虽然古代中国人很早就认识大熊猫，但是由于没有近代在西方发展起来的物种分类知识，因此很长一段时间都没有对大熊猫进行科学研究。

在科学上发现大熊猫，是19世纪由一位在中国传教的法国神父，同时也是一位博物学家——皮埃尔·阿曼·戴维来完成的。

戴维是法国比利牛斯山区的巴斯克人，生于1826年。他从小爱好动植物，长大后热衷于研究博物学，对神奇的东方文化尤其感兴趣。他二十二岁入拉撒路教会，1851年获授神职，二十六岁时向法国"圣方济会"提出到中国传教，但一直等到1862年才圆了到中国的梦。

戴维来到中国后，传教之余热衷于动植物考察。大熊猫不是他"发现"的第一个新物种，1865年1月，也就是清同治四年，戴维到北京南郊做动植物考察时，在皇帝专用的猎苑里见到了一种长相

>> 正在吃竹子的大熊猫 © Chi King

奇特的鹿——"四不像"，后来就被认定是一种新发现的麋鹿物种。

1869年3月，戴维辗转来到四川穆平（今宝兴县）东河邓池沟天主教堂，担任这里的第四代神甫（即神父）。

戴维在当年的日记中写道："1869年3月11日，在返回教堂途中，这条山谷中的主要土地占有者，一个姓李的人邀请我们到他家里去用茶点。在这个异教徒家里，我看到一张展开的那种著名的黑白熊皮，这张皮非常奇特。猎人告诉我，我很快就会见到这种动物，猎人们明天就出发去猎杀这种食肉动物。它可能成为科学上一个有趣的新种！"

在 1869 年 3 月 23 日的日记中，戴维写道："猎人在离开十天之后，今天回来了，他带给我一只年幼的白熊，捕到时是活的，为了携带方便，它被杀死了……他们以很高的价格把这个年幼的白熊卖给了我，它除了四肢、耳朵、眼睛周围为黑色外，其余全为白色。它的体色同我以前看到的成年个体毛皮的颜色是一样的，因此，这一定是熊属的一个新种。"戴维初步将它定名为"黑白熊"。

戴维将这个标本寄给巴黎自然博物馆主任米勒·爱德华。爱德华认真研究毛皮和骨骼后，在 1870 年发表的论文中指出："在外部形态上，它确实同熊非常相似，但它的骨骼特征和牙齿明显与熊不同，却与小熊猫和浣熊很相近，它肯定构成一个新属。"戴维收集的第一具大熊猫模式标本，至今还在法国巴黎自然博物馆珍藏着。

西方"熊猫热"带来了猎奇与猎杀

　　戴维发现新物种大熊猫的消息很快传播开来，西方国家也掀起了一股"熊猫热"。许多动物学家、探险家、狩猎家、旅行家纷纷进入中国，想捕捉到这种唯独中国才有的珍奇动物。而那时的中国积贫积弱，只能听任西方的一些猎奇者掠夺大熊猫这种宝贵的资源。

　　1891年至1894年间，俄国的波丹宁和贝雷佐夫斯基在四川的平武和松潘一带考察，收集到一张大熊猫皮。英国人、美国人、德国人也纷纷加入收集或猎杀大熊猫标本的竞赛。

　　美国最早到我国猎取大熊猫的是罗斯福总统的两个儿子——西奥多·罗斯福和克米特·罗斯福。1928年，他们先后经宝兴、康定、泸定转到越西、冕宁的冶勒乡，寻找到机会，两兄弟同时开枪猎杀了一只成年雌性大熊猫。此外，还得到另一张大熊猫皮一起带回美国。这些标本现存于芝加哥自然博物馆。

>> 露丝·伊丽莎白·哈克尼斯与苏琳

现代第一个把活体大熊猫带出中国的人，是美国一位叫露丝·哈克尼斯的女服装设计师。她的丈夫威廉·哈克尼斯是一位动物学家和探险家，新婚不久便进入中国寻觅大熊猫，尚未进入大熊猫产区即病逝于上海。哈克尼斯夫人"继承丈夫遗志"，通过艰苦的寻找终于在夹金山海拔约2000米的山林竹丛中，发现一只体重不到1.5千克，出生约30天的大熊猫幼仔。露丝给它取名为"苏琳"。在朋友的帮助下，露丝花了2美元，用柳条筐装着"苏琳"，海关登记上写着"随身携带哈巴狗一只"，登上麦金莱总统号海轮，混出了中国。

1936年圣诞节前夜，"苏琳"到达旧金山，纽约探险家俱乐部为它举行了盛大的欢迎会。1937年春，"苏琳"在芝加哥动物园展出，第一天观众即达4万多人。

据统计，1869年至1946年间，国外有200多人次前来中国大熊猫分布区调查、收集、捕捉大熊猫。仅1936年至1946年的十年间，从中国运出的活体大熊猫计有16只，另外至少有70具大熊猫标本进入外国的博物馆。

大熊猫物种分类争论了一百多年

　　1869 年，法国传教士戴维最早获得大熊猫标本以后，把它视作熊科成员并命名为黑白熊。次年，巴黎自然博物馆主任米勒·爱德华重新研究了这个标本的牙齿和骨骼后，得出了一个新的结论，认为它们只是在形态上与熊相似，而在结构上与小熊猫和浣熊相同。因此认为它们不是黑白熊，而是浣熊科的一种。

　　20 世纪 80 年代中期，西方学者奥巴林根据大熊猫、小熊猫、浣熊和几种熊的蛋白质及 DNA 序列比较，认为浣熊是从熊科的共同祖先第一次分离出来的类群。之后不久，他又将小熊猫从浣熊科主支中分出，同时认为大熊猫更接近熊而远离浣熊。因此，迄今多数西方学者认为，大熊猫起源于熊类，将其归入熊科。

　　我国一些学者根据血清免疫学比较，用大熊猫、黑熊、马来熊、小熊猫、狗、猫等的血清做免疫实验，或进一步做免疫扩散和微量

>> 大熊猫宝宝 © Joshua Doubek

免疫电泳实验，分离出免疫距离，也认为大熊猫应并入熊科。另有学者对大熊猫、小熊猫、马来熊、浣熊等做了分子生物学的分析，结果也主张将大熊猫划入熊科。

1980 年，西方学者武斯特·希尔等通过对大熊猫、杂交熊和其他食肉动物染色体的研究，认为大熊猫与熊几乎没有同源的染色体臂，与小熊猫、浣熊的相似程度也很低。故应将大熊猫另立一科。

有人认为，从行为生态学上看，大熊猫的生态位狭窄，食物单一，而熊类生活领域和食物都很广阔。大熊猫不冬眠，粪便形态特殊，交配方式也与熊类不同，发情时间在春季，为单发情，并发出特殊的咩叫声和哼声；而熊发情多在夏季，属多发情，发情期常发

》 世界自然基金会香港分会中环办事处

出吼叫声。

1993 年，我国学者黄万波通过对大熊猫、小熊猫及熊类化石和现在种的材料进行综合分析，用电子显微镜扫描技术对大熊猫、小熊猫及熊类的颅骨、下颌骨的形态及牙齿结构进行比较研究，认为大熊猫与始熊猫的原始特征不同于熊科成员，应独立为大熊猫科。

虽然大熊猫的科学发现已经有一百多年了，但大熊猫的物种分类，仍然没有定论。

友好使者——最著名的国礼

早在唐代武则天时期，大熊猫就曾作为国礼赠送给邻邦日本。

据日本《皇家年鉴》记载，公元 685 年 10 月 22 日，武则天执政初期，唐朝女皇武则天将一对活的白熊（现在不少产大熊猫的地区仍沿用白熊这个名字）和七十张皮作为大唐国礼，送给日本天武天皇。这是大熊猫作为友好使者第一次出国。

1941 年，当时的中国政府以蒋介石夫人宋美龄的名义，送给美国一对熊猫，名叫"潘弟"和"潘达"。当时由于正处第二次世界大战时期，两只熊猫历经周折才于年底进驻纽约动物园。

从 1957 年开始，大熊猫成为友好使者，我国以国礼形式首先送给了苏联一只雌性大熊猫"平平"，1959 年又送了一只雄性大熊猫"安安"到莫斯科。1965—1980 年间，我国还向朝鲜先后送去"三星""丹丹"和"林林"等五只大熊猫。

>> 美香与七个月大的儿子泰山一起在华盛顿特区的史密森尼国家动物公园玩耍
© Shealah Craighead

　　1972 年以后，大熊猫作为国礼，更成为我国派往美国等更多国家的友好使者。1972 年 4 月，送给美国一对大熊猫"玲玲"和"兴兴"，饲养在华盛顿国家动物园。1972 年 10 月，送给日本一对大熊猫"兰兰"与"康康"。1973 年 12 月，送给法国两只雄性大熊猫"燕燕"和"黎黎"，它们在巴黎动物园饲养展出。1974 年 4 月送给英国一对大熊猫，雄性叫"佳佳"，雌性名"晶晶"，由伦敦动物园展出。1975 年 9 月送给墨西哥一对熊猫，雄性叫"贝贝"，雌性叫"迎迎"。1978 年 9 月送给西班牙一对大熊猫，雄性名"强强"，雌性叫"绍绍"。1980 年 11 月送给西德一对大熊猫，雄性叫"宝宝"，雌性叫"天天"。

　　1957 年至 1982 年间，先后有 24 只大熊猫被赠往 9 个国家。另

>> 团团和圆圆

有许多国家纷纷提出希望中国赠送大熊猫的请求。

20世纪80年代初，大熊猫面临的严峻形势使我国政府不得不冷静思考对大熊猫这一珍稀物种的保护对策。当时，大熊猫的野外种群仅有千余只，并正面临着一场生死考验——其主要分布区岷山、邛崃山一带箭竹大面积开花，大批大熊猫饿死荒野；而圈养种群，全国只有北京动物园一家饲养有大熊猫，人工繁育只成活过一只，人工种群数量太少，连自我维持都很困难。

鉴于这种情况，1979年，林业部等联合向国务院提交了《关于大熊猫不宜出国展出的报告》，并很快得到国务院的同意。为进一步加强大熊猫保护工作，杜绝因大熊猫出国而从野外捕捉大熊猫，

1980 年国务院又发出《关于重申大熊猫不宜出国展出的通知》，明确规定了大熊猫出国必须经由国务院批准。至此，结束了中国将大熊猫作为国礼赠送国外的历史。

（本文写作参考赵学敏主编《大熊猫：人类共有的自然遗产》，黄万波、魏光飚编著《大熊猫的起源》，胡锦矗著《大熊猫的生活奥秘》等，特此致谢）

各美其美

——四川大熊猫 vs 秦岭大熊猫哪个最美?

野生大熊猫目前仅分布在我国中西部的秦岭、岷山、邛崃山、大相岭、小相岭以及凉山等隔离的六大山系。

最新的研究结果表明:秦岭与岷山和邛崃山系之间的分隔时间约 12000 年;岷山和邛崃山系与大相岭山系之间的分隔时间 3700 年至 3900 年,而与小相岭和凉山山系之间的分隔时间约 5000 年;凉山山系与大相岭山系之间的分隔时间约 4800 年,但与小相岭山系之间的分隔时间则约 2200 年。

各山系之间的大熊猫经过千百年的隔离之后,其种群是

否产生了分化？

　　2003 年，我国学者利用分子生物学技术，构建了大熊猫山系的进化树。结果表明，秦岭的大熊猫与岷山、邛崃山、大相岭、小相岭以及凉山的大熊猫之间的差异是极显著的，完全可以将秦岭的大熊猫划分为一个亚种。而四川邛崃山和

<< 四川卧龙国家级自然保护区内一只 7 个月大的大熊猫幼崽

岷山（包括甘肃境内）山系的大熊猫，虽与凉山、大相岭和小相岭山系的大熊猫之间具有一定的差异，但尚未达到"显著差异"的程度，故在分子水平上，四川与甘肃的大熊猫只属于一个亚种。

在外观上，秦岭大熊猫与四川、甘肃大熊猫之间的差异，已达到了亚种的差异水平。其中，秦岭大熊猫的头较小，头形呈"圆形"，外观上看好似家猫或者老虎的头形。而四川和甘肃的大熊猫则是头较大，为"熊形脸"，外观上极像黑熊或者北极熊的头形。

在毛色上，秦岭大熊猫的胸部呈深棕色，腹部有90.5%的个体为棕色，9.5%的个体具棕色毛尖和白色毛干。与之相比，四川（包括甘肃）大熊猫的胸部为黑色，腹部94.2%的个体呈白色，5.8%的个体有黑色毛尖和白色毛干。

从外观颜色和体型来看，无论是秦岭的大熊猫，还是四川与甘肃的大熊猫，都各有特色。要说"哪里的大熊猫最美"，可能不同的人会有不同的答案。只能说是萝卜青菜，各有所爱了。

狗从哪里来？

至今仍是谜

凌光

张田堪

早在 2015 年年底，《科学》杂志在预测 2016 年重要科学突破时，就把弄清狗的起源和进化之谜列入其中。当时他们的另一项预测是，发现引力波。

发现引力波的预言在 2016 年如期实现了。然而狗的起源和进化之谜弄清了吗？似乎并没有。

可见，这件事，真的很难。

如果要在这个星球上选出一位人类最好的朋友，狗的得票率恐怕最高。和猫不同，狗不但是人类最好的朋友，它同时也为人类做出了十分重要的贡献。这从一句成语就可以得到印证——犬马之劳。

正因为狗是如此重要，人们对弄清这位朋友的来历也十分好奇。然而，人们对其他家畜，比如鸡、马、羊之类的来历已经知道得八九不离十，但狗的来历却仍然是扑朔迷离。

大致确定狗的祖先是灰狼

　　家犬与狼、狐狸、豺和野生猎狗等相似的动物属于同一科。它们共同的名字叫犬科。真正的犬科动物首次出现在 500 万至 700 万年前，它们开始用四个脚趾行走（第五个脚趾逐渐退化成了残留趾），并且趾间比较紧靠，这种构造很适合捕猎。

　　从达尔文的时代起，人们就对家犬的驯化起源问题争论不休。在这个问题上达尔文比较悲观，他认为"大多数家养动物的起源，也许会永远暧昧不明"。狗的多样性如此明显，达尔文倾向于认为狗的祖先很可能是豺，因为豺的多样性也十分明显。

　　没有任何一种家养动物其外形和性情上的多样性达到狗那样的夸张，想想凶猛的藏獒和温顺的哈巴狗之间的巨大差别，而它们居然是同一个物种，这实在让人难以置信。以至于在很长一段时间里，人们认为狗一定起源于数种犬科动物。

>> 出自中国的守护犬雕塑，公元 4 世纪，布鲁克林博物馆藏 © Anonymous

达尔文的《物种起源》出版大约一百年后，沃森和克里克发现了 DNA 的双螺旋结构，从而最终确立了 DNA 就是寻觅已久的遗传物质。有了 DNA，寻究物种的起源就有了新的更可靠的方法。

1997 年，加州大学洛杉矶分校的科学家率先使用线粒体 DNA 来追溯狗的祖先，他们将来自世界各地 140 只不同种类的狗、162 只灰狼、5 只北美小狼和 12 只豺的线粒体 DNA 进行相互比对。研究显示，狗与灰狼的亲缘关系最近，这意味着，狗最可能来自人类对灰狼的驯化。

2003 年，美国西雅图的弗雷德·赫奇逊癌症研究中心的研究人

员在美国《科学》杂志上报告说，他们分析了 85 个品种 414 只纯种
狗的基因，将它们相互比较并与狼的基因比较，得出了一些结果。
在某个特定品种的狗之间，基因的相似度很高，而不同品种的狗基
因存在一定差异。这种差异就像不同种族的人与人之间的差异一样。
尽管所有狗的 99% 的基因是相同的，但剩下 1% 的基因差异却决定
了狗的品种。

是一次驯化，还是多次驯化？

　　接下来一个有意思的问题是，狗是在某一个地方被人类一次性驯化，然后向世界各地传播的，还是在不同的地方被独立驯化的？

　　20世纪90年代，美国加利福尼亚大学的查尔斯·维拉等，把67个品种的狗的线粒体DNA与狼、小狼和豺狼的线粒体DNA做了比较，结果发现，从狗追溯到狼至少有四种分别独立的遗传线索。从这一结果得出的推论是，狗至少分别被四种有效的方式饲养过。因此他们认为，世界范围内的家犬是不同时间、不同地点发生的驯化事件，而且家犬驯化后仍然和狼有基因交流。

　　根据考古学的成果，世界上最早出土的家犬化石是在中国东北吉林榆树市的周家油坊，距今2.6万到1万年。在西方，最早的家犬化石证据出土于德国，是一个1.4万年前家犬的下颌骨化石。另外一个较早的化石证据来源于中东，是出土于以色列的北部，距今

>> 阿拉斯加雪橇犬 © Richard Bartz

大约 1.2 万年前的一个小型犬科动物骨架化石。

　　而根据家犬 DNA 序列与狼的 DNA 的差异，维拉等认为人类饲养狗应当是在 1.35 万年前——毫无疑问狗是人类最早驯化的动物。

　　然而，如果狗在多个彼此相距遥远的地方被独立驯化，那么美洲新大陆的本地狗最具有这种可能性。在 1 万多年前，人类跨过当时冰冻的白令海峡到达美洲，后来冰期结束，白令海峡恢复原貌再次成为一片汪洋，到达美洲的人类后裔与其他大陆上的人彼此隔绝

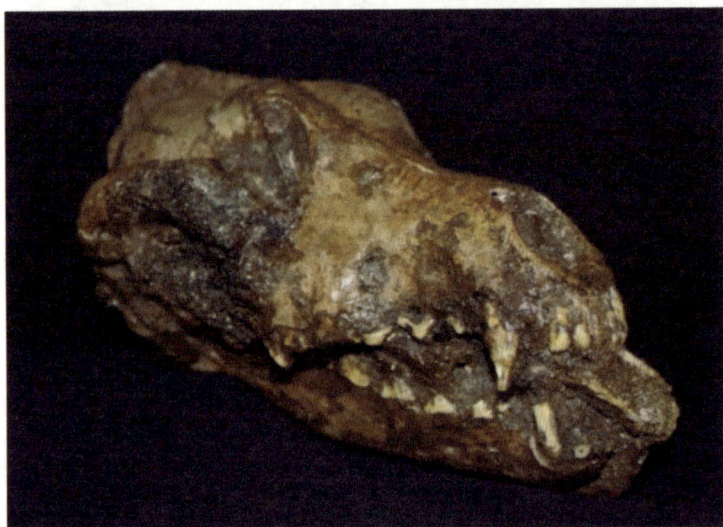

➤➤ 首批驯化犬化石

数千年，直到哥伦布再次发现美洲。

欧洲人殖民美洲的时候，带去了他们自己的狗，欧洲人的狗和美洲本地狗之间可能无法避免地发生了混血。幸运的是，考古发掘给我们提供了足够多的美洲狗遗骨。加州大学洛杉矶分校的研究人员想办法收集了 48 只狗的遗骨，这些遗骨来自现今的玻利维亚、墨西哥、秘鲁以及阿拉斯加，它们生存的年代均早于欧洲移民到达的时间，是毫无疑问的美洲本地狗。

与世界各地的 140 只（67 种）狗以及来自世界大约 30 个地方的 259 只狼的 DNA 对比后，研究人员发现，这些古老的狗与现代狗极其相似，而与狼则有所不同。尤其引起关注的是，阿拉斯加的古代狗更像现代狗而不是本地的狼。这项研究显示，古人是带着已经驯化的狗一道跨越白令海峡的。

» 冈纳·卡森和著名的雪橇犬巴尔托，巴尔托是 "1925 年运送血清到诺姆" 行动最后一支接力队的领头狗 © Brown Brothers

学术界关于狗的起源争议大

东亚起源说。在 2002 年《科学》杂志上，由中国科学院昆明动物研究所与瑞典皇家技术研究院发出的一篇共同报道，在国内外学术界和舆论界引起较大反响。

研究人员采用网络法，通过对包含品种犬在内的家犬数据的遗传结构分析，提出了世界范围内的家犬都来源于一个共同的群体。他们在对家犬起源时间进行了估测后认为，家犬东亚起源的时间为 1.5 万年前或 4 万年前，驯化地点是在东亚的某一地区。原因是，来自东亚地区的家犬群体具有最高的遗传多样性。就像在现代人类起源的研究中，来自起源地——非洲的人群持有最高的遗传多样性一样，也可以据此推断家犬的起源地为东亚。

此后，中科院昆明动物研究所的研究人员继续进行这个研究。据《北京日报》的一篇报道，张亚平院士领导的团队收集了采自世

➤ 萨尔罗斯狼犬携带的灰狼 DNA 比其他任何犬种都多 ⓒ Elżbieta Wojtko Orinek7

界各地的 12 只灰狼、27 只土狗（未经历品种化的家犬群体）和 19 只不同品种犬的样品，利用二代基因测序技术对这些样品进行了全基因组测序。基于分析的结果，研究人员推断，大约从 3.3 万年前开始，东亚南部地区的一些灰狼可能由于被人类居住地周围的食物残余等所吸引，逐渐与其他灰狼群体分离，而与人类慢慢地相互靠近（拾荒者假说）。家犬在这一地区与人类共同生活了上万年之后，于1.5万年前开始向西迁徙。在到达中东地区后，家犬又从这一地区向非洲和欧洲等地辐射扩散，并在1万年前左右到达欧洲地区。

研究还发现，这些迁徙出亚洲的家犬群体中的一个支系又向东迁移。在1万年前左右，这一迁回东亚的家犬群体，在中国北部与东亚家犬群体杂交形成了一系列混合群体。这些混合群体和一些从西部迁回的没有发生混合的群体，又随人类多次迁往美洲地区。

遗憾的是，这个研究结论目前还缺乏考古学发现的支持。目前已发掘的比较古老的家犬化石都不是在东亚南部地区发现的。不过研究人员表示，考虑到考古学研究手段的一些局限性，这一现象也并不让人意外。

欧洲起源说。2013年11月15日，美国《科学》杂志发表了芬兰图尔库大学奥拉夫·塞尔曼研究团队的文章，作者的结论是，狗是在1.88万年至3.21万年前在欧洲驯化的。当时狼与欧洲狩猎者接触，并分享狩猎者给它们的食物，由此欧洲人教会了狼如何坐下、取物、翻滚，并帮助人类狩猎，从而让狼变成了狗。

研究人员从阿根廷、比利时、德国、俄罗斯、瑞士和美国收集了18种犬科动物的化石并提取了线粒体DNA，这些动物化石最早可追溯至3.6万年前，其中有2008年10月比利时皇家科学院的古生物学家在古耶特洞穴发现的距今3.17万年的狗头盖骨化石。

在把这18种犬科动物的线粒体DNA序列与来自49只现代狼和77只现代犬的线粒体DNA序列进行对比后，塞尔曼等人建构了一个线粒体 DNA 遗传树来揭示它们之间的关系。在分析了这个遗传树的全部信息后，研究人员认为几乎所有现代犬都与古欧洲犬科动物有更密切的亲缘关系，但与中国或东亚的狼关系并不密切。这一遗传树还确定了四个现代犬进化分支，并确认欧洲是狗驯化的主要中心。

不过，这个研究只是检测了狼和狗的线粒体 DNA，并没有进行细胞核 DNA 的测序和比对，也没有进行 Y 染色体 DNA 的测序和比对，同时研究人员没有比对来自中东或中国的狼和狗的 DNA，因此，他们的研究从严格意义上来说并不全面，因此缺少足够的说服力。

中东起源说。在塞尔曼团队的研究结果发表之前，瑞典乌普萨拉大学的林德布拉德·托赫团队在 2013 年 3 月 21 日英国《自然》杂志发表的一篇文章却认定，狗起源于中东。他们采用的是对狗和狼全基因组测序的方法，而且比较了狼和狗参与食物消化的基因。狼是食肉动物，而狗是杂食动物，因此从狼演化到狗的一个关键是，狗应该逐渐产生和拥有消化淀粉食物（碳水化合物）的基因。

从消化淀粉的基因突变可以看到，现代狗的祖先是在食用富含淀粉的饮食中演变的，相较于以肉为食的狼，这是早期狗驯化过程中的关键步骤。在长达几个世纪食用人类给予的富含淀粉的食品后，狗终于具备了消化淀粉食物的基因。因此，这一研究支持"狗是被早期人类定居点的剩饭剩菜吸引过来的狼进化而来"的观点。

人类的淀粉类食物当然是因为在农业发展和发达之后，人类能大量享用麦类和谷类食物才能分给狼一杯羹。由此推论，在大约

1万年前中东地区农业起源时，狼开始在人类聚居地和垃圾堆附近游荡，从而出现了犬类的驯化。不过，中东不是一个严格的地理范畴，它几乎涵盖整个西亚，并包含部分北非地区。但是，从中东地区当时最早的人类定居点杰里科城发现迄今最早的人工小麦可以推论，狗起源于中东（西亚）。

然而，这个观点的弱点在于，狗的化石出现的时间与农业革命的时间不符。狗的驯化在农业革命之前很早就发生了。这并不符合该研究提出的人们在农业革命之时和之后用淀粉类食物喂养野狼才将其驯化为狗的结论。

或许，狗的驯化过程远比人们认识到的复杂得多，现在的人们只是管中窥豹。

万 物 说

世界犬种智商排行 TOP3

　　世界犬种智商排行是据加拿大不列颠哥伦比亚大学心理学教授斯坦利·科伦结合 208 位各地育犬专家、63 名小型动物兽医师和 14 名研究警卫犬与护卫狗的专家，对各种名犬种进行深入观察与研究，并对犬只的工作服从性和智商进行的排名。

　　其中排名前三的犬种的特点是：大部分听到新指令五次，就会了解其含义并轻易记住；主人下达指令时，它们遵守的概率高于 95%；此外，即使主人位于远处，它们也会在听到指令后几秒钟内就有反应。即使训练它们的人经验不足，它们也可以学习得很好。

1. 边境牧羊犬

边境牧羊犬原产于苏格兰边境，具强烈的牧羊本能，天性聪颖、善于察言观色，能确实明白主人的指示，可借由眼神的注视而驱动羊群移动或转弯，被当成牧羊犬已有多年的历史。其忠心程度可以用如影随形来形容。接飞盘是它的"专利"。

» 边境牧羊犬 © Rocbag

2. 贵宾 / 泰迪

贵宾犬也称"贵妇犬"，属于非常聪明且喜欢狩猎的犬种，据猜测贵妇犬起源于德国，然而许多年以来，它一直被认为是法国的国犬，贵宾犬分为标准犬、迷你犬、玩具犬三种。它们之间的区别只是在于体形的大小不同。我们所说的"泰迪"，其实就是贵宾。耍心机它第一。

3. 德国牧羊犬

德国牧羊犬原产德国，于1880年此犬已经在德国各地固定下来，并作为牧羊犬使用。第一次世界大战期间被德军募集，作为军犬随军。因为体形高大，外观威猛，并且具备极强的工作能力，因此在全世界范围以警犬、搜救犬、导盲犬、牧羊犬、观赏犬以及家养宠物犬等身份活跃。它就是传说中的大狼狗。

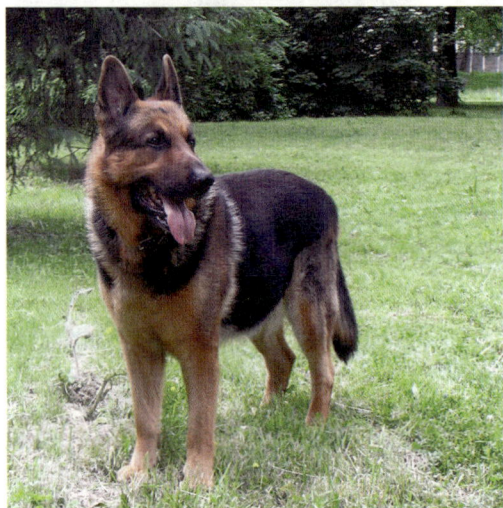

>> 德国牧羊犬 © Akse107

蝉，盛夏的『潜伏者』

郭梅

夏日炎炎，树叶如冠，蝉鸣阵阵。不少人对蝉厌恶至极：外形丑陋，聒噪不已。殊不知，没有蝉鸣的夏天是不完整的。一只蝉从幼虫羽化而来，需要在地下蛰伏几年甚至十几年，才能破土而出飞上高枝，寿命也只有一夏而已。

无蝉不夏天

"池塘边的榕树上，知了在声声叫着夏天……"这句耳熟能详的歌词勾起了很多人童年的回忆，歌词中提及的"知了声"，相信也是人们记忆中夏天的组成部分之一。

蝉属于半翅目蝉科，全世界已知约 3000 种，我国有 200 种左右，它们在自然界出现的时间长短不一。最常见的蚱蝉，是蝉科昆虫的代表种，俗称"知了"。其幼虫期又被称为"知了猴""结了龟"或"蝉龟"等，为半翅目蝉科体形最大的。

"居高声自远，非是借秋风。"蝉鸣是炎热夏季的背景音，自古以来就以"洪亮"而闻名。昆虫学家发现，雄蝉腹部下方有一对白色的半圆形音箱盖，腹部里有鼓膜、发音肌、褶膜和镜膜，还有一个空壳的共鸣室。当它"唱歌"时，先收缩发音肌，使富有弹性的鼓膜尽量往里拉，然后发音肌迅速松弛下来，鼓膜恢复原状。就这

>> 中生代化石蝉的前翼，澳大利亚

样，发音肌在收缩与扩张之间，鼓膜随之凹凸，这种连续不断的机械运动最后就会产生声波振动。当声波传到腹部的褶膜和镜膜时，通过发音肌收缩的快慢调节鼓膜发出音调的短长。当声波与空气一起通过共鸣室时，声音就被放大。这时，音箱盖也会随着声波振动而抑扬顿挫。

在人类听来没什么变化的叫声，在蝉的世界里却有三种意思表达：集合、求偶和受到惊吓。有人测试过，每只雄蝉在寻求配偶时发出的鸣叫声，高达 80 ～ 100 分贝，这相当于一个运转着的汽车发动机或剪草机的噪声。虽然聒噪得令人心烦，但人类对这种噪声毫无办法。美国昆虫学家克雷格·吉布斯曾笑言："这是雄蝉寻找伴侣时发出的呐喊，人类耳中的噪声，在它们听来却是爱的呼唤。"

并不是所有的蝉发出的都是"知了知了"的声音，像北美蝉的

声音为有节奏的嘀嗒声或呜呜声，好似鸟儿在歌唱一样。每当蝉在树枝上引吭高歌时，它那尖细的口器就会刺入树皮吮吸树汁，两不

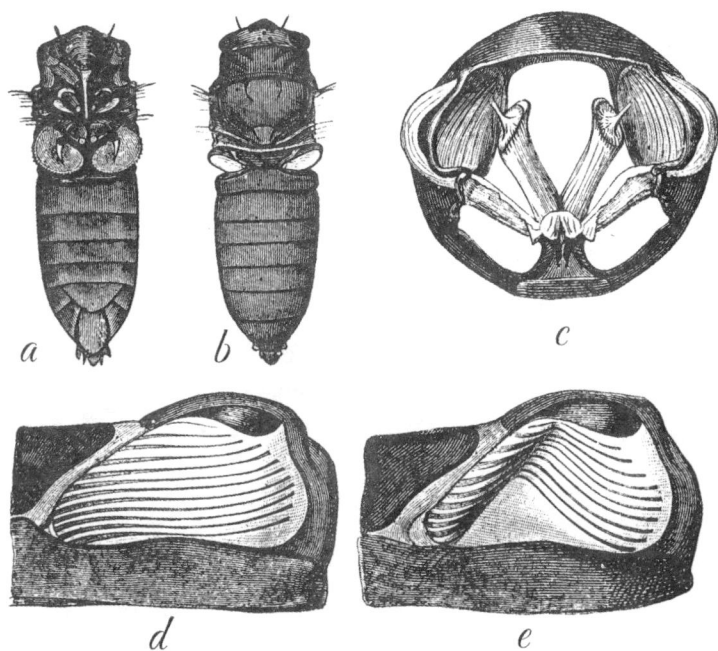

» 发声器官和肌肉组织：
   a- 从下面看的雄蝉，上面显示着音乐器官的盖板
   b- 从上方显示（鼓），自然大小
   c- 显示振动的肌肉的部分（放大）
   d- 静止状态
   e- 被激振（如蝉鸣时），放大得更大
   摘自《不列颠百科全书》，1911

耽误。

　　夏天，雌蝉产卵后一周内即死去。靠吸食树根汁液吸取营养的卵，一个月左右就会孵化成幼虫，它们起初会待在树枝上，但秋风吹过便落到地面上，然后就会本能地寻找柔软的土壤往下钻，一直钻到树根边，以刺吸式口器吸食树根液汁度日。每当春暖花开时，幼虫即向上移动，吸食植物根的汁液；冬天到来后，它们便又钻入土壤深层，以此避寒。如此往复，它们要在黑漆漆的洞穴中经过漫长的若虫期，一般会存活几年以上，有的种类甚至可活十几年，可谓是昆虫中的"寿星"。

　　虽然它们很少在阳光下生活，几乎一生都"潜伏"在黑暗的地下，但它们又具有很强的趋光性，傍晚时分在树旁燃起火堆，同时敲击树干，蝉就会出现在火旁，很多捕蝉人会利用这一特性将其活捉。

两大谜团至今无解

蝉爱"唱歌"，那它能听到自己的歌声吗？貌似简单，但至今无解。

早在一百多年前，法国著名昆虫学家法布尔在《昆虫记》中说"蝉是个'聋子'"，甚至直至 20 世纪 80 年代的小学语文教科书《蝉》一文中也沿用了这个说法。为了验证此观点，法布尔曾做过一次实验，他在树下打响了土枪，声似霹雳，可是树上的蝉丝毫未动，照样唱个不停。但近些年来，许多昆虫学家提出质疑，他们解剖后发现，蝉两侧腹室的外缘各有一个凸起的听囊，腔内约有 1500 个听觉单元。当外界声波刺激听膜振动时，听神经细胞产生兴奋，其神经冲动沿听神经传入大脑的听觉中枢，产生相应的听感觉。雌蝉的听膜虽比同种雄蝉小，但听脊却明显更大，这比听膜对声音的敏感性更高，因此证明雄蝉并不是"聋子"，只不过听觉不如雌蝉罢了。

➤➤ 于 2015 年拍摄的第 23 群蝉 © Fredlyfish4

但随后科学家在研究中发现，雄蝉的褶膜、镜膜和腹腔膜既是接受声波的听膜，又是鸣声的辐射膜，相当于老式的收录机，不能同时使用收、录两种功能。也就是说，雄蝉是"半聋"，即静止时能听到声音，鸣叫时却是什么也听不到。但由此又有新疑问出现，因为蝉具有群鸣的习性，大家一起叫、一起停，节奏十分整齐，显然它们是需要听到同伴的声音后才能参加"合唱"，这样一来，说雄蝉不能同时使用"收、录两种功能"就不可理解了，有待科学家进一步证实。

雌蝉一定是"哑巴"吗？这也是难以解释的第二个谜。大多数观点是，雌蝉身体的乐器构造不完全，不能发声。但如果是这样的话，雄蝉又听不到自己的鸣叫，如何能吸引远处的雌蝉呢？因此有科学家认为，雄蝉"歌唱"时能召唤到方圆一千多米内的异性，当它们的距离飞近后，雄蝉不断发出特有的低音量"求爱声"，与此同时，雌蝉也会低声回应，才能"恋爱"成功，只不过这种低音是人类无法捕捉的。但蝉们是否真是这样"喃喃低语"呢？尚不得而知。

最长能在地下"潜伏"17年

"四年黑暗的苦工，一月日光中的享乐，这就是蝉的生活。"法布尔这样描述蝉的一生。

的确，蝉算得上昆虫界的传奇，尤其是美国东部地区出现的"周期蝉"。它们在若虫时期就在地下几尺深的地方"潜伏"，靠吮吸树根汁液为生，13年或者17年之后，当地面温度达到18摄氏度以上，数以亿计的蝉就像听到了集结号一样，陆续破土而出，爬上树蜕皮鸣叫，开始求偶繁殖。一个月的繁衍期过后，这些蝉便逐渐死去，而后代会继续蛰伏于地下，等待下一个轮回。绝大多数的昆虫只有一年或更短的生命，大部分蝉生命为3～9年，而这种蝉的生命长度是13年或者17年，绝对算得上是昆虫界的异类。

美国康涅狄格农业实验所昆虫学家梅尔从1979年开始到2013年，三度研究"十七年蝉"。他介绍，2030年将会再次出现新一拨蝉，

>> 一个十七年雌性周期性蝉，将产卵器与产卵器插入苹果树枝的下表面，罗伯特·埃文斯·斯诺德格拉斯，1930 年

到时他已经八十一岁了。难怪有人说，在美国可以用"周期蝉"来为自己的生命计时，它的每一次造访基本契合了人从青年、壮年到老年的人生轨迹。

现存的"周期蝉"族群分布于美国 15 个州，每个群"造访"时间只是内部同步，群之间是相互错开的。从 2012 年到 2017 年，每年都有一种"十七年蝉"出现。2013 年夏，北卡罗来纳州就遭到过一次"十七年蝉"的造访，当地居民的房子上和院子里到处是这种黑乎乎的家伙，人们出门不得不打伞躲避一阵阵的"蝉雨"。科学家称，他们并不知道到底有多少"潜伏者"，粗略估计大概有上亿只蝉随时会瞪着鼓鼓的红眼睛从地下爬上来。虽然听起来像恐怖电影里演的生物入侵，

>> 周期蝉 © Bruce Marlin

但它们是无害的，既不伤人又不会破坏其他生物，顶多就是遭到它们吸食的植物会变得比正常状况略微稀疏单薄，一般不会枯萎死去。

别看"十七年蝉"每次都是"蝉海出行"，其实它们很脆弱，因为飞行速度慢，天敌非常多，数量庞大是它们幸存的关键因素，据说雌蝉一次产卵可达上千个。在漫长的地下生活中，幼虫利用粪便建造防水房间，可以保证自己不被大水冲走。尽管如此，还是有大约98%的蝉在出土孵化前已被毁灭，为土壤提供大量的氮元素。过去"十七年蝉"入侵时，每英亩地面数量可达150万只，正因如此，鸟类才不可能全部将其吃光，幸存者得以继续繁殖。

这些昆虫为什么会遵循固定的时间规律？在2012年出版的一期

《美国博物学家》杂志上，美国两位科学家发表了一篇文章讨论"周期蝉"的蛰伏时间，他们调取了1966—2010年北美所有鸟类的种群统计表，选择其中15种可以被称为"周期蝉"天敌的鸟类，制作了一张鸟类随年份变化的种群数量曲线，发现这个变化和"周期蝉"的生命周期几乎完全重合。也就是说，"十七年蝉"附近的鸟类种群数量变化正好也是17年，在蝉出土的当年，鸟类种群数量达到最低点，然后迅速增加，等下一个17年到来时再度达到最低。可以理解为，蝉17年的地下蛰伏不过是一种躲避天敌保证自身繁衍的应对之策。但为什么会产生这种现象，两位科学家尚未有定论，只是提出一种假说，即大量"周期蝉"出土时给周围土壤组成带来巨变，从而影响到整个生态系统的构成，最终导致鸟类种群数量同时产生了骤降。

日本京都大学的研究人员对七个"周期蝉"种进行了RNA测序，有证据表明，每组"十七年蝉"与其最近的近亲"十三年蝉"都发生过杂交。尽管如此，在长达20万年的时间里，这些蝉依然维持了各自不同的生命周期，研究人员无法给出精确的遗传学解释。未来还将对它们做进一步的全基因组测序，以了解其演化过程中如何维持不同的生命周期。

除了美国，世界其他地方还未发现"周期蝉"的存在。事实上，早在美国大陆有人定居开始，人们对蝉就有过记录，但直至今天，这种据称是地球上数量最为庞大的昆虫仍是谜一样的存在，为什么它能在地下生活那么久，是如何精准计算出土时间的，为什么会选择这一地区蛰伏……这些疑问都有待科学家来破解。

尚蝉习俗自古有之

虽然多数现代人对蝉并无好感，但在中国文化中它是一个重要的角色。

20世纪80年代，考古人员发掘了辽宁东沟后洼遗址，属于新石器时代的22件石雕人像和动物像穿越了约六千年的时光走进现代社会，其中就有一件滑石雕刻蝉形坠，中有穿孔，应是人随身佩带的坠饰，这是我国发现得最早的蝉形石雕。考古人员认为，在早期恶劣的生存环境下，这些小雕饰不仅用于审美，更多的可能是寄托了先民的崇拜。

不仅如此，考古人员在多地发现的新石器时代、商周时代墓葬中，蝉形石雕、玉雕不在少数。尤其是商代中期至西周初期的青铜器上，蝉纹形象广泛用于鼎、爵等祭祀所用容器中，且特征明显：大目，近似长三角形的体形，腹有横状条纹，有的有足，有的近似

》 齐白石笔下的蝉

于蛹。江西新干大洋洲商墓中，曾出土了一件长约70厘米的条形青铜大刀，两面近脊处分饰11组首尾相接的蝉纹，十分罕见。琮是上古时代玉制礼器中最重要的一种，出土量不多，一般出自大型祭坛或权贵墓葬。在著名的殷墟妇好墓中，共出土14件玉琮与琮形器，其中一半雕有形象生动的蝉纹。这都说明先民已形成了对蝉的崇信与希冀，而这多与其"死而复生"的寓意有关。

不仅如此，蝉还入诗入画，是文人墨客笔下的常客。

《诗经》和《楚辞》是我国古代诗歌的两大源头，其貌不扬的蝉却早早地"小露锋芒"。《诗经·七月》中有"四月秀葽，五月鸣蜩"；《楚辞·招隐士》中也有写蝉，尽管只是纯粹的写物，并没有寄托情感或运用修辞效果。而晋人郭璞的《蝉赞》大约是最早颂扬蝉清洁的咏蝉诗之一，"虫之清洁，可贵惟蝉，潜蜕弃秽，饮露恒鲜"。此后的诗文大多以此为宗，树立了蝉出污不染、饮露不食的高贵姿态，因而古人对它特别偏爱，蝉也成为许多文人士大夫自诩的人格象征。汉魏后，咏蝉的诗词增多，像曹植的《蝉赋》以写蝉来感叹身世，就是其中的名篇；而到了唐代则达到了顶峰，出现了"咏蝉三绝"，即虞世南的《蝉》、骆宾王的《在狱咏蝉》以及李商隐的《蝉》，托物言志，这里的蝉已经超越了昆虫本身，作者为其赋予了人类高尚的灵魂。与"咏德"相比，"咏声"的作品更是不少，如白居易《答梦得闻蝉见寄》："人貌非前日，蝉声似去年。"贾岛的《风蝉》："风蝉旦夕鸣，伴叶送新声。"在思想内容上侧重惜时光、痛别离、苦远游、感身世等几类，更为丰富多彩。

蝉，盛夏的"潜伏者"

小昆虫或懂计算数字

据英国媒体报道，有专家称，虽然昆虫的大脑极小，但可能与个头较大的动物一样聪明，甚至有意识。

伦敦大学玛丽女王学院和剑桥大学的科学家称，根据计算机模拟显示的结果来看，昆虫大脑里的神经回路可令昆虫产生意识。昆虫大脑模型显示，完成一次简单的计算过程仅需几百个神经细胞的活动，而几千个神经细胞的活动足以使高级动物具有意识。可见，昆虫的大脑要胜过一个智能化的"活生生的机器人"。

伦敦大学玛丽女王学院心理研究中心的拉尔斯教授在《当代生物学》杂志发表文章称："脑容量较大的动物未必聪

明，我们知道动物个头的大小是预测其脑容量的一个最佳方法，然而和现在流行的观念相反，我们不能根据动物的脑容量来预知它们的智能行为能力。通常我们在脑容量较大的大脑中没发现更复杂的状态，仅仅看到相同的神经回路在反复、连续不断地重复。这可能会给大脑中记忆的图像或声音添加细节，但不会增加任何的复杂程度。使用计算机模拟可以看出，在许多情况下较大的脑容量可能相当于较大的硬盘，但未必是较好的处理器。"

动物之间的脑容量差别很大。鲸鱼的大脑重达9千克，有2000亿个神经细胞。人脑重量介于1.25千克至1.45千克之间，估计有100多亿个神经细胞，每天能记录生活中大约8600万条信息。相比之下，蜜蜂的脑重量仅有1毫克，其神经细胞也不足百万个。但科学家指出，许多脑容量的差异仅存在于特殊的脑区。

研究表明，较大的动物也许需要较大的脑容量，因为有更多的东西需要控制，如使大块肌肉运动就需要更多的神经。通过对昆虫大脑的研究，科学家表示，使用非常有限的神经细胞便能进行大量的"高级"思考，小小的昆虫有可能会懂得计算数字，不要以为脑袋大就聪明。

蝉家族中的"明星"

说起蝉，很多人的脑海里就与黑乎乎的肉虫子挂钩。其实并非如此，蝉中也不乏有"颜值"、有"才华"的。

"跳高冠军"沫蝉，因其幼虫总是被包裹在泡沫中，故而得名。最近的研究表明，沫蝉已经取代了跳蚤的地位，成为自然界新的"跳高冠军"。当遇到天敌时，沫蝉能在1毫秒的时间内释放全部能量，身长只有6毫米的虫子跳跃高度可达70厘米，相当于一个正常人往上跳200米。这得益于沫蝉后腿内侧长有大量肌肉，好似一张弹弓。

"伪装高手"角蝉，它的角不像兽类那样从头骨里长出来，而是由胸部的前胸背板形成的。不同种类的角蝉，角的式样也有所不同。当高冠角蝉停栖在枝条时，头上的"高冠"会让人误以为是一截枯枝；三刺角蝉落在长有棘刺的树木上，它那根向后伸出的刺混在其中，令人难辨真伪。此外，这些貌不惊人的小虫还会打"配合"，几只、十几只角蝉同时停栖在一根枝杈时，它们会等距排开，看上去像是真正的树杈，可以轻易骗过敌害，保护自己。

猫，
陪伴人类近万年

艾柔斯

家猫有 96% 的基因与老虎相同，有同属猫科动物的尖牙利爪和敏锐视觉。即使与人类共居同一屋檐下，猫也保持着其他家畜完全没有的独立，与人类的关系总是若即若离。所以，这种小型捕食者是如何从荒郊野外走进我们的生活与我们为伴，又是如何让我们从恐惧到为其迷醉？

捕鼠的猫——农业社会新伙伴

最开始猫科动物和人类的角色一样，都是捕猎者，只不过猫比人类成为猎手的时间更早，技能也更为出色。

在距今 1100 万年的东南亚热带雨林，丛林间隙就曾闪现过猫科猎手的身影。家猫的祖先——野猫们完全继承了猫科动物的体形和身手，在恶劣的气候条件与自然环境中游刃有余，是当之无愧的优秀猎手。

古生物学家在从古代地层中发掘出的野猫骨骼来看，家猫祖先们的足迹曾经遍布欧洲和北非大陆。猫可跳跃超越身高五倍的高度，黑暗中的视力是人类的六倍，脊椎骨相比其他哺乳动物松散有弹性，即使高空坠落也可以四脚着地，布满 200 万颗神经的胡须不光用来测距，还可以在猫脑中勾画出某一区域的地图。

最重要的是，猫能听到人类听不到的特定高频声响，眼睛能快速锁定移动的小型哺乳动物——老鼠。老鼠是农业社会的天敌，而猫恰恰是对付老鼠最出色的猎手。在人类农业社会形成初期，即1.2万年前的新月沃土一带，家宅、畜圈、谷仓逐步搭建以后，家猫祖先中敢于接近人类的那一族随之而来，寻找藏匿其中的啮齿类动物，填饱肚子的同时顺便帮人们消灭了鼠患。一来二去猫就干脆住了下来，成为农业社会人类的新伙伴。

» 贝斯特是埃及神话中猫首人身的女神

这样的关系不是猜测，法国巴黎自然历史博物馆的考古学家吉恩·维格尔就用自己的发现证明了这一点。吉恩在位于西亚的塞浦路斯岛上，发现了石器时代人猫合葬的墓，被合葬的猫骨骼长约40厘米，明显大于今天的家猫。这个墓距今有9500年，大致为家猫进入人类生活划定了初步的时间线。如今的家猫种类繁多，但归根结底来自两大类野猫——根据上海辞书出版社出版的《辞海·生物》卷记载：欧洲家猫的祖先是非洲山猫，亚洲家猫的祖先则是印度沙漠猫。

欧洲家猫的祖先来自古埃及，埃及人也确实是人类历史上最早的养猫人。埃及农耕文明的闪闪发光，不仅需要关键的尼罗河水，还需要猫将谷物中泛滥的毒蛇和鼠类消灭。早在埃及旧王朝到中王朝时期（公元前2000年），古埃及人就将生活在沙漠沼泽中的猫驯养成了现代家猫的祖先。猫捉老鼠的身影常常出现在埃及人的墓穴壁画、纸莎草文献中。

猫在古埃及有着特殊地位，家猫远远超越了捕鼠工具，成为埃及人的家人甚至神灵。埃及人常常用猫来命名他们的女孩以示疼爱；认为猫的瞳孔开合和太阳、月亮有关，生命之光就被藏在猫眼里保管。猫女神贝斯特是埃及国家的神，许多埃及法老都自称是"贝斯特之子"。"生荣死哀"这个词用来形容古埃及家猫的生活再合适不过，无论王室平民，对于死去的家猫都要予以厚葬——鼎盛时期的埃及人口在500万左右，而考古学家在尼罗河的一座神庙里就发现了30万个"猫木乃伊"。

如果说航海和农耕一样算是人类历史上的巨大突破，这些关键

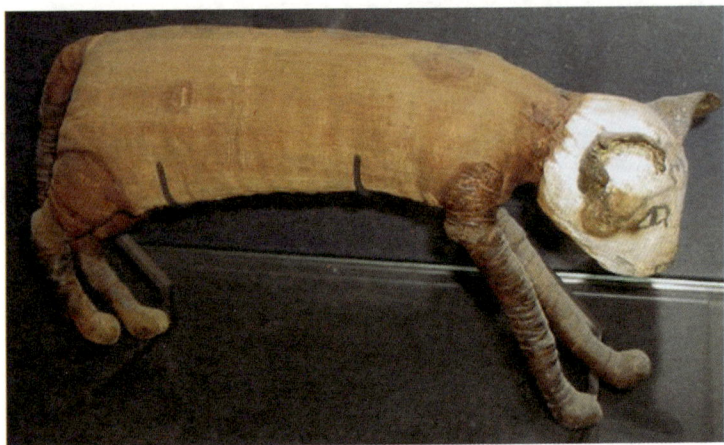

>> 猫木乃伊

时刻里都有猫的陪伴。虽然古埃及曾禁止猫出口，但航海船上还是需要猫来解决鼠患。跟随穿梭在地中海的水手们，埃及猫的旅途遍布古罗马、古希腊，从地中海沿岸扩展到非洲和欧亚大陆。保加利亚、土耳其和撒哈拉以南非洲的一些现代猫体内，线粒体基因与埃及木乃伊猫相同；甚至远到德国北部，维京人遗址的猫类遗体中也发现了相同的 DNA。

另外一支，亚洲家猫的祖先——印度沙漠猫出现在距今两千年前的印度河谷地带。我国的驯猫史出现较晚，在"狗拿耗子"还不是"多管闲事"的时期，基本都是以野猫的形式存在。野猫在《诗经》和《礼记》中被称为"猫"或"狸"，虽然未经驯化，但捕鼠的长处已为人所重视。如《礼记·郊特牲》就有"古之君子使之必报之，迎猫为其食田鼠也"的记载，这里说到的猫还是野猫。而最早驯"狸"捕鼠的记载出现在战国时期《韩非子·扬权篇》："使鸡司夜，令狸执鼠，皆用其能……"汉代《淮南子》中也有这样的说法："譬犹雀之见鹯，而鼠之遇狸也。"

隋唐以后开始出现驯化的家猫，并流行将其称为"狸奴"。相较于"狸"，多出的一个字不仅彰显了驯化后人与动物的关系，也意寓猫通人性、可差遣，因而算是一种昵称。陆游在他的《岁未尽前数日偶题长句》中就曾咏诵"谷贱窥篱无狗盗，夜长暖足有狸奴"。

所以不管是在古埃及还是古代中国，家猫进入人类生活后不久，就以其高超的捕鼠技能与可爱的外形博得了人们的欢心。

▶▶ 狸奴蜻蜓图，李迪（传，宋代）

蛊惑的猫——中世纪的受虐者

在人类驯养下的家猫足迹遍布世界，但即使在屋檐下同住千百年，家猫仍保持着和它们表亲一样的习性，喜欢攀高、独处、昼伏夜出。不同于其他家畜过分依赖人类生活的命运，猫似乎不需要主人，与人类的关系也一直保持着独立与疏离，出生七周之内没有接触人类就会重返野性。这种独特的习性让家猫可以轻松重回自然，但在愚昧年代也曾给其带来厄运。

从隋朝起，猫的形象就从祭祀逐渐向巫蛊化转变。按照《简明不列颠百科全书》的记载，猫的自然寿命为九到十年（今天城市里的家猫寿命有所延长），相应在古时中国的传说里，活到"猫生"第九年的老猫会再长出一条尾巴，每隔九年长一条，有了九条尾巴的猫就有了"九条命"，这就是传说中的"九命猫妖"。按照日本《广辞苑》的记载，日本的猫是奈良时期由中国传入，同样传入的还有

» 黑猫 © Frostdragon

对猫神秘形象的恐惧。日本的"猫妖"又称"猫又",所指也是存活了十年以上"成精"的老猫。

对于"猫妖"的恐惧广见于史料。记录隋唐逸事的《朝野佥载》里就有:"隋大业之季,猫鬼事起,家养老猫,为厌魅,颇有神灵。"即有人专门圈养"老猫"以用作"下蛊",唐朝首部成文法《唐律疏议》中甚至将其入律,规定凡是制作、传养、教唆他人蓄养猫鬼的人,一律处以绞刑。

但要论对猫的恐惧,没人能比得上中世纪的欧洲人。

在基督教的世界里,人类有权按照上帝的旨意管理动物。等级森严的中世纪,不光人按照职业和性别分成不容僭越的阶层,就连动物也不例外：狮、虎、鹰、豹这些猛禽位于顶端，狗、马、牛、羊、家禽其次，飞蝇、爬虫位于底层——这其中，猫的独特个性让它难以归类。类似于狗看门防盗，猫帮助人类消灭鼠患，应该算是家禽中地位比较高的一类，但与狗的忠心耿耿不同，猫可以选择性地与主人亲近或干脆抛弃宿主寻找更好的去处。在基督徒眼里，这是对上帝创世时构建秩序的明显蔑视，加上猫昼伏夜出的作息，黑暗中这种狡猾的动物去到了哪里，又跟谁做了什么交易？这些念头加深了猫的邪恶形象，按照15世纪约克公爵爱德华的说法："如果世界上有什么被魔鬼附身的动物，那么绝对就是猫，不管是家猫还是野猫。"

人类积攒的恐惧终于给猫带来了厄运，并以官方言论点燃第一把火。13世纪，教皇格列高利九世公开表示"魔鬼在信徒前变成黑猫"，还将矛头对准德国一个崇拜魔鬼的异端教派。这个教派由北欧爱神弗雷亚发展而来，教派仪式中涉及黑猫崇拜。于是对黑猫的屠杀瞬间在欧洲蔓延开来，人们将黑猫视作魔鬼的化身，搜罗黑猫装进麻袋箩筐里集中屠戮。每年有成千上万只黑猫惨遭虐杀，顶峰时刻是在每年6月24日的施洗者圣约翰节。这一天据说是女巫们可以化身黑猫来施蛊的一天，也因此成为黑猫被集中火刑的一天。垂死之猫的尖叫声被看作是魔鬼投降时的求饶，伴随着围观人群的欢庆成为中世纪背景的一角。

15世纪，嗜好"猎巫运动"的罗马教皇英诺森八世发布号令将猫与异端联系起来，圣殿骑士团被法国国王审判时的一项罪名就是向猫祈祷。因此将女巫烧死时，也要将其所养的猫一同烧死。由此不光是黑猫，所有的猫都开始遭受憎恶与残忍对待。

屠猫运动持续了差不多三个世纪，甚至发展成一种与宗教无关的文化。比利时的伊普尔曾有一年一度的"伊普尔猫节"，节日的庆典活动即是市民聚集在市中心广场，以从布料厅钟顶楼上把活猫扔下去的方式进行庆祝。收成不顺的年代里，被迁怒而遭殃的猫数量还会增加。直到进入 20 世纪，被扔的活猫才换成了猫玩具。

紧张的人猫关系带来了恶果。持有鼠疫观点的历史学家认为，中世纪欧洲大规模的黑死病（又称腺鼠疫）蔓延的主要原因之一就是猫被大量屠杀导致鼠患严重。

宠物猫——占领都市圈与互联网

在进化与人工培育繁殖过程中，家猫的面部特征相比野猫更加圆润，拥有更圆的脸形、更大的眼睛和更小的嘴。这种形似人类婴幼儿的幼态化长相激起了人类原始的保护欲，也让人类在猫面前更容易放松且获得愉悦。因此很久之前，即使家猫不捕鼠甚至丧失了捕鼠能力，人们也心甘情愿地养猫。

最早的"猫奴"还要追溯到古埃及时代。希腊史学家希罗多德在游览埃及时曾记述说："在埃及，如果谁家的猫寿终正寝了，主人必将剃眉致哀；如果谁家宅子不慎发生火灾，主人通常先抢救家里的猫。"

他甚至记录了面对波斯帝国国王冈比斯的入侵，埃及人失利的原因：公元前525年，波斯帝国国王冈比斯为了征服埃及，率领大军，来到埃及的前哨站培琉喜阿姆，在那里与埃及军队遭遇，但后者竟因波斯人盾牌上画的圣猫像而不愿反击。

我国唐宋时期，从王公贵族到平民百姓，爱猫者也大有人在。诗文书画中，猫嬉闹花间月下的身影常常可见。想得到一只猫不是件容易事，得用盐和茶叶来换，如宋代曾几的《乞猫》："春来鼠壤有余蔬，乞得猫奴亦已无。青蒻裹盐仍裹茗，烦君为致小於菟。"得到猫以后，也要费心照料，给予其他家畜完全不同的级别待遇，如

» 一只猫在桌子下吃鱼，公元前 15 世纪埃及墓中的壁画

陆游的《赠猫》："裹盐迎得小狸奴，尽护山房万卷书。惭愧家贫策勋薄，寒无毡坐食无鱼。"

今天，世界上家猫的数量是家犬的三倍，随着城市化进程的深入，未来会有越来越多的养猫人。究其原因，一是猫的活动领域相比狗要小得多，很多家猫对于常年独处一室悠然自得，甚至可以一辈子不出门；二是猫若即若离的神游性格并不像狗那样需要主人陪伴。猫与主人的关系如同一个低要求的房客，既可以满足主人的情感陪伴，又不用其负担陪伴压力。因此不少人都选择了养猫。

猫的热度甚至延伸到了工作场所：一、二线城市的互联网企业喜欢将养猫作为公司福利的一部分，如同下午茶放松员工的神经，加班夜晚的"猫咪精神鼓励员"也是互联网公司的独特企业文化。养多只猫于店中，供客人就餐时观赏逗摸的猫咖啡店和猫餐厅也同样火爆。

2014年，互联网的发明者蒂姆·伯纳斯·李接受采访，当被问到网络最出乎他意料的应用是什么时，他毫不犹豫地回答："小猫。"

猫比狗的面部肌肉少，能做出的表情也少。"面瘫"的表情也许琢磨不透，但在互联网时代的表情包里，却能随意被加上对话，作为人类对于自身情绪的某种表达。曾为其招致杀身之祸的性格，如今却帮助其打了一个翻身仗，一跃成为互联网时代的大"赢家"。在英国，每天上传到互联网的自拍照片是140万张，而上传的猫咪照片却有 380 万张。人们喜爱在网上用猫来社交，因此诞生了许多流量不低于明星的"网红猫"，即使不养猫，年轻人也喜欢交流分享猫咪图片与视频，将这种对猫的喜爱方式称为"云吸猫"。

>> 宠物猫

文人之友 ——想当作家？先考虑养一只猫

猫动静皆宜的性格与神秘的形象，让不少文人墨客为之痴迷，作家阿道司·赫胥黎甚至戏谑地提出"如果您想成为作家，请养猫"的建议。

从邀请猫咪共俯办公桌的作家名单来看，这或许是一项切实可行的提倡。光是与自家宠物猫留下合影为证的作家就有：日本著名小说家村上春树、美国女诗人伊丽莎白·毕肖普、美国小说与传记学家海明威、19 世纪美国小说家爱伦·坡、美国著名作家马克·吐温，以及在我国家喻户晓的作家冰心。

为什么作家可以从猫身上获取灵感？英国知名作家穆里

尔·斯帕克曾解释说："当猫坐在你办公桌前，它的安静状态会逐渐影响到你，使你思绪恢复。你不必一直盯着猫看，它在这儿就足够了。猫对人的影响是明显的。尤其它又是种非常神秘的动物。"

本乡本土 —— 中华田园猫

"中华田园猫"是对中国本土家猫的统称。田园猫分类往下有狸花猫、橘猫（又叫黄狸猫）、四耳猫、白猫、黑猫，三花猫等多个品种分支。其中，"中国狸花猫"曾在 2010 年的美国 CFA 休斯敦年度大会上，作为杂项品种得到认证，是进入国际爱猫人视野的中国本土品种。

虽然"中国狸花猫"的上宗"中华田园猫"名字朴素，但毫不影响狸花猫在国外有个响亮的英文名字："Dragon Li"。"Li"是"狸花猫"的"狸"的音译，"dragon"的意思是龙。"Dragon Li"得名源自那个有名的"狸猫换太子"传说。

》 狸花猫

兔月

牵手两千年

林会

兔子算得上是古老又神秘的物种。既是食物链上的弱者，也是适应生存环境的强者；既是各种神话传说中的"使者"，也是民间文化中的"宠物"。中秋佳节，为嫦娥捣药的玉兔更是节日的最佳"代言人"，兔与月"牵手"的传说至今已有两千多年的历史。

地球上的古老物种之一

　　准确地说，兔子不是一种动物，而是一类动物，它是哺乳动物纲、兔形目、兔科动物的总称。目前，全世界已知的兔子（不包括鼠兔科）共有 11 属 55 种，广泛分布于世界各地。

　　在兔子家族中，既有小到只有 20 多厘米的"侏儒"，也有长至 1 米多的"巨人"。别看它们体形小，生存能力却超强，是地球上古老的物种之一。

　　2005 年，德国柏林洪堡大学的专家与美国纽约自然历史博物馆的古生物学家，在蒙古戈壁发现了一具兔子祖先的化石，经鉴定距今已有 5500 万年。化石的研究者，德国柏林洪堡大学的罗伯特·阿斯教授等在《科学》杂志中描述，这种动物名为钉齿兽，其骨骼与现在的兔子相似，后腿长度是前腿的两倍以上，有一条长长的尾巴；而它的牙齿与其说像兔子，不如说更像松鼠。阿斯教授称：钉齿兽

» 落基山脉洞穴中发现的兔子岩画

与现代的兔类有极为紧密的关系，它的发现有力支持了现代胎盘类动物出现于恐龙灭绝之后的理论。此外，在中国河南卢氏，科学家们找到的卢氏兔化石距今4600万年，发现于晚始新世地层。在法国南部和非洲西北部的阿特拉斯山脉上，研究人员也发现了早在数千万年前的更新世中期欧洲兔曾生存过的痕迹。

兔子的适应能力极强。从化石证据来看，除了澳大利亚、新西兰、马达加斯加等少数几个和亚欧大陆未相连的地域外，兔子的踪迹几乎遍布全球，包括北极。直至今日，除了南极洲，在热带、温带甚至寒带都有不同种类的兔子生存。如北极兔，就生活在冰天雪地的北极圈内；而南非山兔，则生活在贫瘠干旱的沙漠中。

人类最早驯化的野生动物之一就是兔，它们的野外种群是穴兔，俗称"欧洲兔"，是唯一被人类驯化的兔类。穴兔原产于伊比利亚半岛，约在两千年之前被带到西欧。后来穴兔又被作为家畜和宠物带到了太平洋各个岛国以及南美洲的智利和阿根廷。公元1世纪，古罗马诗人卡图卢斯的著作和西班牙的《论农业》一书中都提到了兔子，后来伊比利亚省还以兔子作为象征。公元2世纪，西班牙的硬币上也刻画了兔子。如今，家兔出现在世界各地，其中很多因为放生或者逃逸，再次被野化。因为没有天敌，这些穴兔在很多国家泛滥成灾，2000年，由国际自然保护联盟发布的"世界百大外来入侵名单"中，欧洲兔榜上有名。

兔与月不解的传说

兔子本性温顺，寄托了人类许多美好情感，是各种神话传说中的"宠儿"。埃及神话中的伊西斯、希腊神话中的阿尔忒弥斯都和兔子有着密切的联系，兔子还是罗马神话中的爱与美之神阿弗洛狄忒化身成的诸多动物之一。

我国亦是如此。在这些美丽的民间故事中，不少是与月亮相关的。在耳熟能详的"嫦娥奔月"神话中，传说嫦娥偷吃了不老灵药抱着家中的兔子飞上了月亮，从此，寂寞的嫦娥便与白兔长住月宫。

把兔子和月亮联系在一起，两千多年前就已有之。在长沙马王堆汉墓出土的帛画上，左上角绘有一弯新月，中间是只奔跑的玉兔。更早的《淮南子》一书中，把玉兔和蟾蜍并存于月中，作为阴阳的代表，提出了阴阳对立并存的哲学理念。

>> 长沙马王堆汉墓帛画上有兔月图案
（左上）

兔神话最早见于屈原的《楚辞·天问》中："厥利维何，而顾菟在腹？""菟"同"兔"，意为：对月亮有何好处，顾菟能常在其腹？反映了古代人认为月中有兔的传说。对玉兔捣药的描写更是不少。"小时不识月，呼作白玉盘。又疑瑶台镜，飞在青云端。仙人垂两足，桂树何团团。白兔捣药成，问言与谁餐？蟾蜍蚀圆影，大明夜已残……"诗人李白在《古朗月行》中记录了这一美丽的传说。此外还有晋代傅玄《拟天问》中有"月中何有，玉兔捣药"，李白《拟古十二首之九》中有"月兔空捣药，扶桑已成薪"，杜甫《月》中有"入河蟾不没，捣药

>> 兔儿爷

兔长生"，贾岛也有"玉兔潭底没"的名句，陆游咏梅的诗中写过"月
兔捣霜供换骨，湘娥鼓瑟为招魂"，辛弃疾中秋词中有"着意登楼瞻
玉兔"。

也正源于此，在一些诗词文学作品中，"玉兔""兔轮""兔魄"
也成了月亮的别称。宋代陆佃《埤雅》中说："旧说，兔者，明月之
精。"此外，像"金乌西坠，玉兔东升"中，玉兔则指月亮。

对老北京人来说，兔更是中秋节不可或缺的文化符号。"一到中
秋，街上便摆出兔儿爷来——就是山东人称为兔子王的泥人。兔儿

爷或兔子王都是泥做的。兔脸人身，有的背后还插上纸旗，头上罩着纸伞。"在老舍先生的作品中，关于兔儿爷的描述不少。

《燕京岁时记》记载："每届中秋，市人之巧者，用黄土抟成蟾兔之像以出售，谓之兔儿爷。"明朝人纪坤的《花王阁剩稿》是较早记述兔儿爷的文字。他说："中秋节多以泥抟兔形，衣冠踞坐如人状，儿女祀而拜之。"这表明，明代中叶以后，民间中秋已有在祭月之际拜兔儿爷的习俗。之所以有中秋祭拜兔儿爷之说，流传版本很多，最常见的是月中玉兔曾下凡救染了瘟疫的京城百姓，所以每到八月十五，老北京人便会供奉兔儿爷，感激救命之恩。也有一种解读，是说人们在月圆之夜祈盼人丁兴旺，家庭团圆。

持续百年的"人兔大战"

波兰是欧洲生育率最低的国家之一，为激励民众的生育热情，波兰卫生部曾在社交媒体上推出一部短视频，视频主角就是一群正在大嚼莴苣和胡萝卜的兔子。而宣传语则更为明确：如果你想有孩子，就向兔子学习吧。

这就要说到兔子超强的繁殖能力了：怀孕 30 天后可产子 5～8 只，每年能生产 4～6 次，幼兔在出生 8 个月以后即可繁殖。因此，有学者认为，民间崇拜兔子就源自其强大的繁殖能力，意欲使族群得以长久繁衍。

有一利即有一弊，兔子的这一特性也给人类带来很多麻烦。据英国《泰晤士报》报道，最近几十年，天敌的减少和冬季变暖导致英国兔子数量增加，目前可能有 6000 万只。一些中学就曾因此取消了体育日活动，原因是越来越多的兔子在操场上挖洞，导致学生运动时受伤。环保组织称，兔子是危害英国农业的主要"有害脊椎动物"，每年毁坏的作物市值 5000 万英镑（约合 4.4 亿元人民币）。有科学家指出，如果在 90 年内不采取任何限制兔子繁殖的措施，那么地球上每平方米的土地上都会站着一只兔子。我国唐代就有闹兔灾的记载，《太平广记》中记载："永淳年时，岚胜州兔暴，千万成群，食苗并尽……"

兔灾在澳大利亚更为明显，澳洲人"谈兔色变"，甚至将其列为比老虎、狮子等猛兽更为邪恶的动物。在昆士兰州的街道上，到处竖立着"禁止养兔"的标牌。当地法律规定，除科研或魔术等表演用途外，普通居民禁止养兔，违者最高面临 4.4 万澳元（约合 21 万元人民币）罚款和六个月监禁。

辽阔的澳洲大陆原本并没有兔子。18 世纪英国人开始移民开垦澳大利亚时，为避免缺乏食物，所以带了繁殖快速的兔子。谁能想到，这个看起来人畜无害的小动物竟为那片土地带来长达百年的浩劫。由于澳大利亚没有鹰、狼等天敌，来到这里的欧洲兔在气候适宜、遍地青草的土地上，很快启动了一场几乎不受任何限制的扩张。到 1907 年，兔子已遍布澳大利亚整块大陆，种群数量呈几何级数递增，到 1926 年已达创纪录的百亿只。

兔子泛滥成灾，对于这个被称为"骑在羊背上的国家"来说，所蒙受的经济损失难以估量。从牧草的消耗量来看，100 亿只兔子的食量相当于 10 亿只羊。同时，它们还会啃食各种灌木和树皮，致使大部分地区水土保持能力急剧下降，给当地的生态环境造成严重

>> 穴兔 © JJ Harrison

损失。而且兔子善于打洞，它们挖下的洞穴常使牛、羊甚至农业机械深陷其中，一些农场因此被迫关停。

不仅如此，这些"强盗"入侵后，抢食、占洞，使得性情温和的"土著"有袋类动物，如小袋鼠、袋狸等只好忍饥挨饿。据统计，经过几十年的竞争，由于兔子的原因，澳大利亚有几十种原生动物灭绝或濒临灭绝。当地一位评论家曾经指出："在人类引进的有害动物中，兔子是到目前为止危害最为强烈的。它们适应了澳洲的生活

❯❯ 北极兔 © Steve Sayles

后，对当地的经济和动植物造成了有史以来最大的悲剧。"

　　为了抑制兔子的扩散，澳大利亚人并非无所作为。他们把最传统的猎杀、布网、放毒等手段一一试过，后来还引来了外来生物、兔子的天敌狐狸来灭兔，全部以失败告终。1887 年，新南威尔士州政府甚至悬赏 2.5 万英镑寻找能者灭兔，大名鼎鼎的法国生物学家巴斯德就参与过，他派遣了三位工作人员远渡重洋来到澳大利亚试图利用鸡霍乱来杀灭兔子，但效果仍不能令人满意。

无奈，澳大利亚人想到了一个"笨办法"：修建一条贯穿澳洲大陆的篱笆，人为挡住这些"强盗"向西部最肥沃的农业区扩散。1901年12月，经澳大利亚政府批准，人类历史上最长的篱笆修筑工程开工，七年时间共完成了三条篱笆带，加在一起总长度超过3000千米。但遗憾的是，兔子早在这项工程完工前就已越界而过。篱笆墙并未起到预期作用，兔子很快就蔓延至整个澳大利亚。后来，政府又采用了"简单粗暴"的空中播撒毒药法，开始确实有效，兔子死伤无数，但也误伤了其他的草原生态，而兔子惊人的繁殖能力使其族群依然兴旺，政府只好放弃这种方法。

到20世纪50年代，澳大利亚政府最终决定采用生物控制的办法来消灭兔灾。生物学家从美洲引进了一种依靠蚊子传播的病毒——黏液瘤病毒，这种疾病对于欧洲兔来说是致命的，但对于人、畜以及其他野生动物完全无害。1950年春天，澳大利亚科学家在墨累—达令河盆地将这种病毒释放到了蚊子身上，然后再传染给兔子。很快，病毒在兔群中传播开来，死亡率达到了99.9%。到1952年，整个澳洲九成以上的兔子种群被灭，困扰澳大利亚人近百年的兔灾终于得以控制。

随后，法国和英国也引入黏液瘤病毒来对付日益猖獗的兔灾，均取得了不错的效果。然而，随着免疫能力的逐渐增强，澳大利亚兔子在感染上这种病毒后死亡率越来越低，侥幸逃生后又快速繁殖起来，到1990年时已恢复至6亿只左右。为了防止灾难重演，科学家们一直在不停试验各种不同的生物控制方法，引入多种病毒，以达到抑止兔子大量繁殖的目的。澳大利亚这场持续了百余年的"人兔之战"，被公认为是人类历史上最严重的生物入侵事件。直到现在，澳洲还都保持着每年举办猎兔比赛的传统，并且平均每年花费2亿美元用来灭兔，努力遏制兔子繁衍成灾。

　　不过，并不是所有的兔子都不受待见，有一些种类在濒临灭绝的边缘而受到各方的保护。如琉球兔，又名奄美短耳兔，被认为是曾经遍布亚洲大陆的原始兔类的遗存，有"活化石"之称，是数量最为稀少的兔类之一，仅分布于日本南部琉球群岛的奄美大岛和德之岛上。

"明星兔"

兔子机敏可爱，很多人将其视为吉祥之物，关于它的历史文化、传说逸闻实在不少，很多耳熟能详的荧幕动漫和儿童文学中，兔子被戴上神秘的光环。

米菲兔，由荷兰作家、艺术家迪克·布鲁纳在 1955 年创作，是欧洲乃至全世界最经典的卡通形象之一。米菲兔系列图书已在全球数十个国家地区出版发行，销量达数千万本。

流氓兔，这个来自韩国的卡通形象算得上是第一个"网红"，通过网络动画获得网友广泛传阅并成名。虽然现在兔辈层出不穷，但是流氓兔依然是网络兔子形象的鼻祖。

爱心兔，日本歌手大冢爱亲自设计的兔子形象，意思是

➟︎ 荷兰的米菲兔商店 © Gonnie

"柔软甜蜜的爱"。爱心兔的眼睛不是闭着，就是睁开成"没有眼珠"的缝状，常常是情侣送礼物的首选。

兔八哥，华纳最初用以对抗迪士尼而塑造的一系列卡通形象之一，由美国著名动画人鲍勃·吉文斯创造，在美国有一大批拥趸者。

兔斯基，由中国传媒大学动画系2004级女生王卯卯创作出来的兔子形象，2007年在网上蹿红，成为无人不知的网络表情，一度还做过摩托罗拉手机的代言人，如今被时代华纳收入旗下。

彼得兔，有人说，彼得兔是一百年来英国最受欢迎的兔子。英国插画家毕翠克·波特的《彼得兔》是欧美图画故事书的开山之作，在全世界销量超过 4500 万册，是销量第二大的童话书。

"汉字兔"

兔，是动物兔的象形字。汉代许慎《说文解字》中记载："兔，兽名，踞后其尾形。"在最早出现的甲骨文中，"兔"字字形十分形象地描画了兔子的特征：像蹲着的兔子，头朝上，有些凸显割裂的兔唇，长耳下垂，有前后腿，还有一条短尾。金文字形与甲骨文相近，隶书之后形成现在通行的"兔"字。

» 甲骨文拓片中的"兔"

>> 香港九龙寨城公园十二生肖像之兔 © HKCpedia

在《说文解字》中，"兔"同"逸"，即飞奔。这说明古人很早就认为兔的最大特点在于奔跑。现代科学发现，兔的奔跑时速可达六七十千米，比马跑得还快。它在安静时心率为 205 下，它的鼻后部裂口很大，便于大量吸入氧气。这些特征恰如《孙子兵法》所言"动如脱兔"。《淮南子》中也说，"以兔之走，使大如马，则逐日追风"。

Everything Is Interesting

万物有意思

奇妙生活 下

北京日报《万物》编写组 编著

北京日报出版社

图书在版编目（CIP）数据

万物有意思. 奇妙生活 / 北京日报《万物》编写组
编著. —— 北京 ：北京日报出版社，2020.10
ISBN 978-7-5477-3613-5

Ⅰ．①万… Ⅱ．①北… Ⅲ．①科学知识－普及读物
Ⅳ．①Z228

中国版本图书馆CIP数据核字(2020)第052686号

万物有意思. 奇妙生活

出版发行：北京日报出版社
地　　址：北京市东城区东单三条8-16号东方广场东配楼四层
邮　　编：100005
电　　话：发行部：（010）65255876
　　　　　总编室：（010）65252135
印　　刷：雅迪云印（天津）科技有限公司
经　　销：各地新华书店
版　　次：2020 年 10 月第 1 版
　　　　　2020 年 10 月第 1 次印刷
开　　本：880 毫米×1230 毫米　　1/32
印　　张：20
字　　数：402 千字
定　　价：98.00元（全二册）

编 者 的 话

中国古人有一句名言，叫"格物致知"，意即穷究一事一物的原理，就可以获得知识和智慧。这是朴素的认识论，也是行之有效的方法论。

2011年年初，北京日报创办《万物》版，至今已逾9年，刊出了500多期。每期的《万物》版，选择一事或一物，下一番"格物"的功夫，由远及近、由小及大、由点及面，探究事物生成的来龙去脉、发展的前因后果、演化的承前启后，"致知"乐趣是无穷的。

报纸刊发文章相对便捷，但有一个遗憾，不易保存，也比较分散。于是我们想到，可以挑选其中佳作，重新加以编辑，结集成书，便于随时翻阅，惠及更多的读者。这就是现在这套《万物有意思》的由来。

书中文章的作者虽不是专门的学问家，但写作时从各方面研究成果中"淘金"的功夫下得不少。为通俗易读，作者和编者注重对史事史实、文献资料的筛选和梳理，用平实的文字、晓畅的文理进行新的组合，明快地揭示了万事万物精彩纷呈的趣味历史。因其通俗读物的性质加之发布时间不一，故而资料来源没有按照学术规范一一注明，也无法与原著者一一取得联系。此点希望能得到研究家们的理解支持，如有疑问可以与我们联系。

"普中见奇"——正是《万物有意思》的"亮点"。当你闲暇时翻阅这本书，读上一段便会发现，我们身边常见的万物，竟然有如此神奇迷人、嚼起来很有味道的历史。读完一篇，你可能顿时生发"知其然又知其所以然"之感。也许，你会在心里面点赞：咦，真的挺有意思！

《万物》编写组

目 录

第一篇

着装的

历史

帽子，从身份到时尚的蜕变

武锐

帽子的最早绘画插图之一出现在埃及底比斯的一幅墓葬画中，该画显示一名男子戴着圆锥形草帽，其历史可追溯到公元前 3200 年。帽子在古埃及很普遍，许多上流社会的埃及人剃了光头，然后用头饰遮盖。在中世纪，帽子是社会地位的标志，曾被用来区分某些群体。奢侈的帽子曾经在 19 世纪 80 年代很流行，如今，帽子作为时尚饰品又卷土重来。

古代平民不能戴帽子

现在人人都可以拥有一顶帽子，颜色、款式完全可以根据个人爱好来选择，但在古代，戴帽子可没这么简单。

在我国古代，无帽而有巾，人们用丝、麻制的巾来包头或扎发髻，如今西南少数民族使用的"包头巾"便是历史遗留。据史书《玉篇》记载："巾，佩巾也。本以拭物，后人着之于头。"由此可见，巾原是劳动时围在颈部擦汗用的布，由于自然界中风沙、酷热、寒流对人类的袭击，人们将巾从颈部逐渐裹到了头上，在保暖、防暑、挡风、避雨、护头等实用功能的基础上，逐渐演变成为帽子的形式。

奴隶社会时期，帽子一开始只是在官僚统治阶层普遍使用，不过那时人们戴帽子不是为了御寒，而是作为一种标志，象征着统治权力和尊贵地位。这时的帽子应该叫"冠"和"冕"，只有帝王和文武大臣可以戴，最初的时候皇帝戴的帽子叫"冕"，士大夫戴的帽子叫

» 史画中的乌纱帽

"冠"，标示其地位和权力的大小，形成一种官僚秩序，就是所谓的中国古代冠冕制度。《释名》中提到，"二十成人，士冠，庶人巾"，可见只有士以上的人才可以戴帽子，其他平民百姓都没有戴帽子的资格。

春秋战国时期，像孔子、孟子这样的大学者也不能戴帽子，而是用"帕头"裹头。他们教育学生要树立"轩冕之志"，轩是车子，冕是帽子，意思就是当官走仕途，可见当时坐车子和戴帽子是官员的特权。

提到官帽不能不说乌纱帽。乌纱帽原是民间常见的一种便帽，官员头戴乌纱帽起源于东晋，但作为官服的一个组成部分却始于隋朝，兴盛于唐朝，到宋朝时加上了双翅。乌纱帽按照官阶在材质和式样上是有区别的。据说宋太祖赵匡胤登基后为防止议事时朝臣交头接耳，下诏书改变"乌纱帽"的样式：在"乌纱帽"的两边各加一个翅，这样只要脑袋一动，软翅就忽悠忽悠颤动，皇上居高临下，看得清清楚楚。由于帽翅有一尺多长，所以走起路来便会上下颤动。为了保护帽翅以免碰掉帽子，官员们都养成了小心翼翼走路的习惯。陆游的《探梅》诗云："但判插破乌纱帽，莫记吹落黄金船。"

到了明朝，"乌纱帽"被明确纳入"官服三件套"。《明史·舆服三》中有这方面的记载，"文武官常服，洪武三年定：凡常朝视事，以乌纱帽、圆领衫、束带为公服"。乌纱帽正式成为做官为宦的代名词。

» 戴着管帽的司马迁画像

在欧洲曾是身份标志

如果说帽子在我国古代是权力和地位的象征，那么在帽子一直很盛行的欧洲，它则是身份的标志。古罗马时，帽子是自由合法公民的标志，奴隶们只能头顶布巾保暖遮阳。到中世纪时，教廷颁布法令，要人们将头发遮盖起来，于是开始出现许多简单拙朴的帽形。到17世纪时，帽子有了更明显的身份象征：公民戴暗色帽子，黄色帽子代表破产的人，囚犯戴纸帽子，国王戴金皇冠，等等。同时，人们对头顶上的高度，开始有了异常夸张的崇拜。

18世纪的皇亲国戚们，除了爱高帽外，更是崇尚编发和假发，据说当时专业的编发工人会依据雇主需求先打造发梯，再沿着竹梯一路编起来。编完后，才在上面设计适当的帽子和装饰。那时候，在那些宽得不能再宽的帽檐上可以装饰各种东西，比如花卉、鸟标本、水果篮什么的，似乎世间凡有的东西，都可以"堆"上去。宽松膨大、色彩艳丽又容易造型的羽毛就成了那个时代帽子装饰的最佳选择。各种不同质地的羽毛被做成各种不同造型的帽子，配上盘发就是华丽的感觉了。

这么沉重的帽子如何固定在头发上呢？帽针应运而生。顾名思义，帽针就是一种用来把帽子固定在头发上且带有装饰性的长而直的针，18世纪中叶出现一直流行到19世纪初，优雅的男士和女士们会用这种长长的别针插在帽檐上，以稳定硕大的帽子。

二战时期，物资贫乏，人们忙于战争或者应付生活，这个时代的女性被所处的年代所束缚，即使是贵族也多选择简单的盘发，更顾不上在帽子方面有所追求了。帽子开始回归朴素，斗笠状的帽子就像遮住战争的保护伞一样，被顶在女士们的发髻上。

20世纪末，帽子艺术又复苏了，其中最著名的帽子领袖人物就是英国王妃戴安娜。虽然帽子在英国皇室的地位至今从未动摇过，但戴安娜王妃戴帽子时轻盈年轻的感觉颠覆了皇室的古板形象，成为平民少女们心中的时尚典范。除了年轻的戴安娜，伊丽莎白女王作为老一辈的"帽子女王"也给世人留下了深刻的印象。伊丽莎白女王登基以来已经戴过大约5000顶帽子，每一套服装必定有一顶相配的帽子。

皮帽被游牧民族带入中原

随着社会的发展，到魏晋南北朝时期，社会动乱，冠冕开始流行于民间的儒人雅士之中。晋人陆机《幽人赋》中说"弹云冕以辞世，披霄褐而延伫"。更重要的是，这时北方的胡人带来具有实用意义的帽子——保暖效果极佳的皮帽。

皮帽历史其实很久远，远古人类狩猎"衣毛而帽皮"，皮帽子和衣着一样，开始都是为了防御酷暑和严寒而制作和穿戴的。北方民族在狩猎业普遍发展起来后，在制作毛皮衣着的同时，就开始制作御寒的皮帽了。不过因为中原地区普遍"汉化"，游牧民族的皮帽子并没有流行起来。

隋唐时期，社会生产力发展，社会风气逐渐开放，特别是盛唐时期的开放风气，帽子的特殊象征逐渐淡化，但是仍作为一种地位的象征逐渐流向民间。一般的读书人和有钱商人及其子弟可以戴帽子，但

» 元朝帝后的帽子

是仍有区别，有规定的样式，如典型的书生帽和商人帽在五代和宋朝时期比较流行。一般老百姓还是用布把头发束起和包裹起来，叫"方巾"。

元朝时期，北方游牧民族的帽子终于开始逐渐流行中原，有皮帽、毡帽，元朝皇帝戴的帽子也有用珍贵的皮毛做的，上面镶有珠宝。

到了明朝则又恢复了汉人的"冠冕制度"。到了清朝，上至皇帝下至贫民都可以戴帽子了。清朝末年，西方文化传入，帽子又在社会上普遍流行起来，上至官僚商人，下至车夫乞丐都喜欢戴帽子。在影视剧中可以看到，那时出席宴会的绅士头戴高贵礼帽，而拉黄包车的车夫头戴毡帽，甚至乞丐都在用帽子放钱。

终成女性时尚标配

从帽子的历史演变来看，中国最初的冠冕不能算作是真正意义上的帽子，帽子是从胡人那儿传入中原的，而现代帽子则是从西方直接传入的。

在我国古代，普通女子是不戴帽子的，女子到了十五岁便束发戴笄，用"巾帼"在后面绾头发或者把头发包扎定型。古代戴帽子的女子，一是皇后贵妃等贵族妇女，有戴"凤冠""花冠"之类的特权；还有女官可以戴帽子，也是权力和地位的象征。

唐朝时曾在上层贵族妇女中流行过从胡人那里传过来的经过改进的帽子，叫"帷帽"，四周有纱幔围绕，用来防沙、遮面，防止陌生男人偷看，相当于今天伊斯兰地区妇女的黑面纱。中国女性戴帽子从清末开始，多是效仿西洋女性，起初也可以说是一种地位的象征，后来便彻底成为装饰品和实用品了。

>> 1822 年，巴黎的制帽店 © John James Chalon

　　和中国不同，欧洲女性很早就戴上了帽子，在中世纪的时候就已经很流行了，因为教会严格要求当时的妇女遮挡头发，帽子成为她们的必备品和礼仪的象征。18 世纪甚至出现了"女帽制造商"。这个词源自意大利米兰，因为在这个时期米兰的手工女帽最出名，品质最优。在那个时代，女性制帽商和客人的关系通常是固定的，就好像如今一些女性和发型师的关系一样。

　　在现代社会，戴一顶新潮的帽子是时尚女性追求美的体现，特别是夏天戴的凉帽，已然成了女性夏季防晒装饰必备用品。如今无论城市的大街小巷、旅游胜地，还是乡间田野，一顶顶漂亮的凉帽如同一朵朵盛开的花朵，给城市和乡村平添了几分色彩。

英国人最爱戴帽子

在影视剧和新闻中，如果出现英国人的镜头，十有八九是戴帽子的。英国人戴帽子似乎跟天气有关。在英国，有太阳的日子紫外线特别强，皮肤很快就被晒黑；而阴天的时候，动不动就飘几滴小雨，撑伞实在不值得，所以备一顶帽子，晴天遮阳、阴天挡雨是非常必要的。

在英国，帽子堪称"头"等大事，在什么场合下该戴什么样的帽子，什么样的身份该怎么戴，都十分讲究。在伦敦的各大商场里，卖帽子的柜台也是英国人最爱光顾的一个地方。那里摆放着很多看起来华丽甚至夸张的帽子，罩着轻纱的、插着羽毛的，有的只有巴掌大小，也有的能遮住半个脸。英国人参加活动，包括婚礼、葬礼、生日聚

» 1911 年的时装海报

会，甚至听歌剧、听演讲和看划船比赛，都要戴帽子。

　　英国许多社交习俗都与帽子有关。假如一个男士去拜访朋友，进屋后一定要先摘下帽子。在街上遇见熟人的时候，女士只要对熟人点头微笑或打个招呼即可，但男士一般还要脱帽施礼。在英国人看来，戴帽子是有很多讲究的，但这些讲究只有地道的英国人才能意会，不少外国政要夫人的帽子搭配都曾遭到过批评。当年老布什和夫人出访英国，布什夫人的衣着就遭当地媒体非议，原因是"帽檐宽了一点儿"。

墨西哥"第二国徽"

　　墨西哥有三大特产：仙人掌、金字塔和草帽。而人们印象最深的恐怕就是世界杯赛场上，墨西哥球迷头戴的大草帽。有墨西哥人的地方就有大草帽，足以看出草帽在墨西哥人心中的地位。

　　墨西哥地处热带、亚热带，气温较高，宜于农业和畜牧业发展。美洲印第安人的三大文明中，就有两个出现在

❯❯　在墨西哥城流行艺术博物馆展出的帽子（阔边帽）© AlejandroLinaresGarcia

这里（玛雅文明和阿兹特克文明）。墨西哥人对他们的大草帽青睐有加，经常向世人展示。1970年，墨西哥举办第九届世界杯时，主办方确定的吉祥物"胡安塔"，就是一个头戴墨西哥草帽、身穿足球衫的小男孩。可以说，大草帽在一定意义上就是墨西哥的"第二国徽"。作为民族服饰不可分割的部分，大草帽从特定的角度记载了墨西哥的历史，反映了这个国家的社会生活和风土人情，折射出墨西哥人的性格特征。

一顶草帽也能卖几万美元

如果你向别人问起"巴拿马草帽产自哪里"，得到的回答十有八九是产在巴拿马。其实，巴拿马草帽产于厄瓜多尔，并且是厄瓜多尔的一项重要出口工艺品。2012年，这种厄瓜多尔特产被联合国教科文组织列入人类非物质文化遗产名录。

巴拿马草帽虽制作材质简单，但因为其精湛的工艺而价格不菲。最好的草帽往往要用三个月以上的时间才能制成。顶级的巴拿马草帽以柔韧性著称，可以像一张白纸那样卷成一个斜三角形的圆筒，收藏到筒形盒子里，等到戴的时候再打开，不会变形，而且不会有任何褶皱的痕迹，这也是分辨巴拿马草帽的重要特征之一。

巴拿马草帽总共分为二十个品级，价格从几十美元到几万美元都有，而好的巴拿马草帽一定是用厄瓜多尔的多基利亚草手工编织而成的。

独中三元的"帽子戏法"

"帽子戏法"源于刘易斯·卡洛尔的童话《爱丽丝漫游奇境记》，书中说到一位制帽匠能够出神入化地用帽子变戏法。后来英国板球协会借用其意，给连续三次击中门柱或横木、使对方三人出局的每个投手奖帽子一顶，以显示其出神入化的投球技巧，这便是板球的"帽子戏法"。

1858 年这个说法首次使用，用来描述英国著名板球手斯蒂芬森连续三次击中门柱得分，赛后为他举办的庆功会上，他得到一顶帽子作为欢庆的礼物。

板球和美国的棒球相似，都要求投球手投掷的速度越快越好，对方击球越远越好。自有板球以来，凡进板球场观赛的球迷都严格遵守着一条规矩：一迈进球场大门便须脱帽，这意味着对球场上所有球员、裁判和观众的尊重。因此，帽子就代表了尊重。一般来说，如果一名投手连续投出三个好球而将对方三名球员淘汰出局，是件相当神奇的事。如果碰到这样的情况，裁判便授予那个投手一顶帽子，作为荣誉象征。

20世纪，"帽子戏法"很快被引用到其他体育比赛中，如曲棍球、棒球和足球等，指参赛者在同一场比赛中独中三元、连续三次得分的佳绩。1958年，世界杯巴西对法国的半决赛中，贝利一人连入三球，淘汰了法国队，《贝利自传》将此次辉煌辟为一章节，题目就叫"帽子戏法"。

牛仔裤，追求时尚付出代价

吴学军

17世纪50年代末期，李维·施特劳斯来到美国旧金山。他原来是位布商，随身带着几匹原本用来制作帐篷的帆布。他看到淘金工人穿着的棉布裤很容易磨破，便将其带来的厚实帆布裁做成低腰、直腿、臀围紧小的裤子出售，受到淘金工人的广泛欢迎。后来牛仔也喜欢上了这种用帆布做成的裤子，从而渐渐流行起来，李维进而把裤料改为了靛蓝牛仔布。

"丹宁"布料最先用于航海

街头，年轻人穿着紧身或宽松的牛仔裤，头戴名牌运动帽，脚踩典藏版球鞋，脖子上挂着手机与耳机，加上一堆亮闪闪的金属饰物，踩着那种有点摇晃的步伐，舞动、奔跑，青春奔放，自由不羁的牛仔风格尽显。而这时尚潮流的核心元素，正是牛仔裤。

制作牛仔裤的布料有个好听的名字——"丹宁"，意思就是斜纹织法的靛蓝染色的粗斜纹布，也就是牛仔布。这种牛仔布起初并不是用来制作服装的，而是用于制作航海船只的帆。这种粗糙布料原产于法国小镇尼姆，所以就以法文取名"Serge DeNimes"，后来英国商人将其简称为"丹宁"。牛仔布也被叫作裂帛，或者靛蓝劳动布，是一种较粗厚的色织经面斜纹棉布，经纱颜色深，一般为靛蓝色；纬纱颜色浅，一般为浅灰色或煮练后的本白纱。

牛仔布用于制作服装得益于李维·施特劳斯的创造性发明，他利用牛仔布的特性，即经纱浆染后缩水率比一般织物小，质地紧密、厚实，色泽鲜艳，织纹清晰，剪裁出了耐磨厚实的衣裤。

16世纪到17世纪的欧洲，已经出现了斜纹粗织的面料，而现代的牛仔布正是这种斜纹的面料。在20世纪80年代，美国牛仔布

» 雅各布·戴维斯

» 李维·施特劳斯

产量是全球产量的 50%，但在最近的 10 年之中，世界牛仔布生产重心已转移至亚洲低劳动力成本的国家。

　　牛仔布的特点也一直在不断发生变化，从美式的纬向弹力牛仔布向欧式及亚洲的经向弹力或经纬双向弹力牛仔布发展，面料也更加柔软，易护理。

诞生于美国西部淘金热

19 世纪，美国掀起了淘金热，原籍普鲁士、年方二十岁的李维·施特劳斯来到旧金山淘金。当他在旧金山看到有如此众多的淘金者时，便决定走另外一种生财之道——开商店。他的商店专门经销生活用品，他觉得那些淘金者在野外居住，肯定需要搭帐篷，所以就带了大量结实耐磨的帆布来到矿区。

有一次，一名淘金者对他说："现在矿工们穿的裤子都是棉布做的，很快就磨破了。如果你用帆布来做裤子，准会又结实又耐磨。"施特劳斯听后不觉心动，试着用帆布做了一批裤子。果然，很快就销售一空。于是，他用赚来的钱在旧金山开设了一家服装工厂，并把裤料由帆布改为了靛蓝斜纹粗布，专门生产这种帆布裤。

他根据矿工们劳动的需要，不断对裤子式样进行改造，把臀部的裤袋用铜钉钉牢，扣子则用铜与锌的合金制作，重要的部位还用

>> 矿工们的牛仔裤

皮革镶边。裤子缝得比较紧身，从而形成了"牛仔裤"这种独特的样式。

牛仔裤诞生的确切日期是 1873 年 5 月 20 日。这一天，专利商标局向李维·施特劳斯和雅各布·戴维斯颁发了他们申请的工装裤的专利。

因战争和电影走向全球

牛仔裤一出现便受到了年轻人的欢迎，不仅矿工爱穿，大学生也爱穿。第二次世界大战期间，美国当局把牛仔裤指定为美军制服，就这样，大批的牛仔裤随盟军深入欧洲腹地。

战后士兵返回美国，大量积存的牛仔裤在当地限量发售。由于牛仔裤美观、实用、耐穿，价格便宜，从而使牛仔裤在欧洲各地普及、流行开来。

好莱坞影视娱乐业对牛仔裤的流行起了不可低估的作用。20世纪50年代，著名电影《无因的反叛》《天伦觉梦》等，片中主角都穿着时尚的牛仔裤。大牌明星显然起到了引领牛仔裤潮流的作用。到了20世纪六七十年代，摇滚乐的广泛流行和嬉皮士的生活方式，更使牛仔装大行其道。

牛仔装不仅受到平民的喜欢，也渐渐进入了上流社会。英国的

>> 1955 年詹姆士·狄恩拍摄《无因的反叛》时的照片

安娜公主、埃及的法赫皇后、摩洛哥国王哈桑二世、约旦国王侯赛因以及法国前总统蓬皮杜等，都喜欢穿牛仔装。更富有戏剧性的是，美国前总统卡特还穿着牛仔装参加总统竞选。

牛仔裤也在不断地推陈出新，水洗牛仔裤、补丁牛仔裤、毛边牛仔裤以及各式各样的牛仔上衣，在市场上和大街上随处可见。眼下，最火的是九分牛仔裤，比起阔腿裤它更加有型，还继承了复古喇叭裤的裤型，而破洞元素也开始大唱主角，一些时尚的牛仔裤纷纷在膝盖与大腿处割开孔洞露出肌肤，大受年轻人的欢迎。

制作需用多种重金属

网络上曾经盛传一篇文章《你穿的每一条牛仔裤都在毁灭我们的未来》。文章讲道，"牛仔裤几乎就是由水制成的，从棉田到棉布再到洗衣机，一条牛仔裤一生之中居然需要耗费3480升水""约有2500种化学物质会被使用在不同牛仔产品的染色和整理过程中"。一时之间让牛仔裤走到了风口浪尖上。

2010年，一家环保组织在广东新塘镇调查制作了一部纪录片。调查者发现，牛仔裤存在两个方面的问题。其一，牛仔裤在洗涤时比普通衣服多消耗水。其二，牛仔裤里有很多化学物质，威胁环境。

在牛仔裤生产过程中，尤其是印染工序，经常会使用和排放包括重金属在内的许多有毒有害物质。除了染料中会使用的铅、镉等重金属外，被称为"环境激素"的壬基酚、辛基酚和全氟辛磺酸也被广泛使用，且目前在很多国家缺乏全面系统的管控措施。虽然和

很多纺织品一样，牛仔布来自普通白棉布，但制作过程中会释放出大量废水，即一种染色剂、漂白剂和清洁剂的混合物。

　　牛仔裤还需要用很多化学原料来实现"做旧"水洗的效果。如膝盖附近褪色的部分，大腿部的褶皱，还有某些款式中磨破的部分，都是人为制造出的"做旧"效果。同时，大量的化学制剂，如壬基酚聚氧乙烯醚、丙烯酸树脂、黏合剂、漂白粉、酚类化合物、偶碳化合物、次氯酸盐、钾金属、偶氮染料、高锰酸钾、铬、镉……这些你叫得上或者叫不上名字的原料，都是让牛仔裤变得"时尚"的必需品。

　　壬基酚聚氧乙烯醚被排放到环境中，会迅速分解成毒性更强的环境激素壬基酚。壬基酚对水生生物有强烈毒性，能够干扰内分泌系统并影响生殖系统，同时还具有持久性，难以降解，并可以通过食物链进行富集。

　　牛仔裤备受质疑与其使用的染料以及制作过程有密切的关系。剪裁牛仔服的牛仔布以靛蓝和蓝黑为主，主要原因是蓝色洗水后的效果最让大众喜欢，而且经得住时间的考验。市场上曾经出现过一些杂色牛仔裤，但都像一阵风一样吹过去了。靛蓝是非坚固色，有越洗越漂亮的效果，所以它也是牛仔裤永恒的美丽色。正宗牛仔裤以靛蓝为染料，它的面料表面没有色化或条化，经过石磨后色泽更加鲜艳明亮。

　　靛蓝给了牛仔服经典漂亮的颜色，但靛蓝染料废水对环境的污染却不容忽视。牛仔布靛蓝染料染色上染率低，需要反复多次染色、氧化才能染成目标色泽，且染色废液中含有较多的靛蓝粉，并含有染色工艺残存的保险粉、烧碱、酒精、表面活性剂和靛蓝生产中剩余的苯基和氨基盐类等，排出的废水水体呈深蓝色，有机物含量高、无机盐含量高、碱性大，属难处理的工业废水。近年来，科学家正在研究如何使用漆酶催化靛蓝的生物降解。

古埃及就有靛蓝染色

早在公元前 3000 年前，心灵手巧的古埃及人就把白色的木乃伊亚麻裹尸布染上蓝色的边。从此，靛蓝风靡几千年，从欧洲、美国到中亚、印度，深深浅浅的靛蓝点缀了世界。20 世纪早期，德国化学公司 BASE 研制出合成靛蓝，使得天然染料的前途暗淡。但是近年来随着自然风的流行，用天然靛蓝染色的衣服走上了巴黎的 T 型台。

现在穿彩色衣服对我们来说是理所当然的，但直到 19 世纪中叶，所有的染料都来自天然世界，提取非常不易。在大自然提供的所有染料中，不管是来自植物、昆虫还是贝类，靛蓝也许是其中最独特的。

很多种植物都是黄色染料，而红色也可以来自植物，比

>> 靛蓝，德累斯顿工业大学的历史染料收藏 © Shisha-Tom

如茜草和巴戟天，还可来自动物，比如胭脂虫、紫胶和介壳虫。但是在这个世界上，蓝色染料的唯一天然来源只有靛蓝植物，它带给我们从天空的浅蓝到午夜的深蓝的所有蓝色系染料。与其他染料混合，靛蓝还可以染出绿色、紫色和黑色。

在过去的几个世纪里，一方面，人类对靛蓝的需求是无止境的，尤其在西方，农民和屠夫的工作服，荷兰人的裤子，警察、军队和医院工作人员的服装，都需要靛蓝。另一方面，靛蓝还可以制造出贵族气质的"皇家蓝"。在亚洲、非洲和美洲，靛蓝同样得到上层社会和底层人民的喜爱，既常见于日常生活又用于染制礼仪中的服装和织物。即使在20世纪，有机靛蓝染料也还是大宗贸易的商品。

因此，靛蓝染色的服饰足可以写成一部丰富的社会史，而牛仔裤是其中不可或缺的一笔。阿尔泰山北麓出土的帕兹雷克地毯残片，制作于公元前 4 世纪，在这片最古老的栽绒地毯上，我们可以看到最早穿靛蓝裤子的人。在中世纪的热那亚，水手们穿蓝色的被称为 "genefustian" 的裤子，这就是牛仔裤 "jeans" 这个词的起源。

　　早期牛仔裤完全用天然靛蓝染色，因为只有靛蓝染料那独特的成分才能产生纯粹的颜色和合人心意的褪色效果。靛蓝分子不是通过化学变化与织物纤维结合在一起，而是存在于构成纤维的纤维素链条上，所以它的蓝色虽然永不消失，但摩擦之后容易发生变化，可以得

>> 传统的热那亚女性穿着的"蓝色牛仔裤"（19世纪90年代）© Sailko

到各种出人意料的褪色效果。今天，靛蓝斜纹牛仔裤已经完全被主流时尚所接受，全球每年牛仔裤的总产量超过了10亿条。

靛蓝的未来究竟如何呢？在半个世纪前看来它的前途暗淡，只在偏远的不发达社区的小手工作坊里才有染工使用它，但是在20世纪早期，合成靛蓝经过德国化学公司BASE的精心研制，对整个世界市场带来剧烈冲击。

如果不是李维·施特劳斯发明了牛仔裤，靛蓝的故事也许会很快结束。但是随着自然风、天然染剂的流行，用靛蓝染色的衣服已经摆在了高级服饰店的橱窗。这背后是很多因素在起作用，包括人类觉醒的生态意识，寻找可持续发展农业的努力和生物技术的进步。

"牛仔产业"渗透诸多领域

牛仔的传统形象是独立、自由、叛逆、粗犷、豪迈、潇洒、飘逸、严谨、聪明、有绅士风度、有胆识、富于野心、爱冒险、喜欢表现自己，并由此形成了一种由多种元素构成的牛仔文化。时至今日，牛仔文化魅力不衰，进而带动了牛仔产业的发展，甚至全球绝大多数的人，早已生活在牛仔产业所建造出来的文化氛围中。

随便打开电视，总会看到一群年轻人头戴棒球帽或者包着大头巾，身穿宽松的服饰，脚踩着球鞋，舞动、奔跑。这就是"牛仔风格"。

走在街头，在一些时髦青少年、年轻新中产阶级集中的地方，那种"牛仔风格"更是普遍。而"牛仔风格"当然不是凭空"造"出来的，一种风格的形成，主要是通过商品，以及该商品所暗示的行为及文化代码产生的。

那么，所谓的"牛仔产业"规模究竟有多大呢？粗略估计，仅在美国的任意消费行为里，与"牛仔产业"有关的大概就占了四分之一，服装、鞋类、服饰配件、运动器材、电视、杂志、电影、广告、手机、软性及烈性饮料、连锁速食、唱片、模特业、化妆品、艺术产业、金融业、球类活动业等和生活有关的经济活动，都被它所渗透，甚至一些非正统性的名牌，也无法抵挡"牛仔风格"所造成的消费穿透力而向它靠近。

迷你口袋有何用？

　　牛仔裤的经典设计往往有着特殊的含义。大部分牛仔裤的右前口袋上方都设计了一个迷你口袋，这个小口袋是用来装什么的呢？

　　最初牛仔裤跟时尚并没什么关联，只是因为结实、耐磨，在美国西部作为工装裤受到青睐，是淘金者、牛仔、农民等从事重体力劳动的人的工作装备。最初设计这个迷你口袋是用来放置怀表或者链表，为的是将表很好地固定在口袋里，这样表就不会在劳动者的运动过程中与大口袋里的其他东西来回摩擦，导致表盘被剐花。

　　后来，怀表慢慢淡出人们的视线，牛仔裤也从工作装备变成了日常着装，这个口袋最初的设计理念逐渐被人们忘记。不过，这个小口袋并没有消失，人们不断开发它的新用途：放

>> 迷你口袋

置零钱、打火机、钥匙等需要随身携带的小件物品。这个口袋不但方便易用，而且时尚美观，所以这个精巧的设计还是一直保留了下来。

环保牛仔裤，净化空气又不碍穿着

在研究如何解决靛蓝工业废水污染环境的同时，科学家发明了一种环保牛仔裤，借助牛仔裤的流行来降低空气污染。

英国谢菲尔德大学的化学家托尼·瑞安教授和伦敦时装学院的设计师海伦·斯托利教授，联手设计出一款"环保牛仔裤"，其设计理念是通过牛仔裤表面附着的二氧化钛粒子产生化学反应吸除空气中的有害成分，起到改善空气质量的作用。

空气中的污染物主要是一些氮氧化物，它是汽车和工厂排放的污染物的主要组成部分，研究人员在环保牛仔裤的布料上覆盖一层二氧化钛粒子，二氧化钛可以与污染物主要成分氮氧化物中和，并形成对环境无害的水溶性硝酸盐。在洗涤牛仔裤时，这些硝酸盐便可被洗掉，既能净化空气又不妨碍人们穿着。

　　这款环保牛仔裤于 2012 年 10 月被发明出来，发明人之一斯托利教授表示："地球上的牛仔裤总数比人口总数都要多，所以借助风靡全球的牛仔裤，这种环保的物质才能出现在世界的各个角落。"如果每个人都穿上这种牛仔裤，那将会大大降低空气中的污染物含量，让空气变得更加洁净。

毛衣，生存与情感的历史

张慧

对于出生在 20 世纪七八十年代的国人来说，童年时身上穿着的毛衣大多是"爱心牌"——来自妈妈的手工编织。无论是灯下陪读、看电视还是与街坊邻居们话家常，总见她们指尖的毛衣针牵扯着各色毛线上下翻转，由此承包了一家老小们的冬季温暖。

　　妈妈们织毛衣的手艺诞生于数千年前，在漫长的人类历史中曾是一项必备的生存技能，然而由于纺织机器带来的服装批量化大生产，织毛衣不再是"穿暖"的必需技巧，而更多成为一种爱好，以及对"一针一线"温情的寄托。

生存技能与穷人们的生计

　　毛衣，顾名思义是以毛料编织而成的上衣。毛料的材质多样，既有羊毛、兔毛、骆驼毛等动物毛纤维纺成纱线的织物，也有纳米衣、腈纶衫这样的人工合成产品。其中羊毛毛线织成的毛衣又被叫作羊毛衫，因为羊毛纤维中含有天然油脂，使其相比别的材质更防水抗寒、燃点也低，因而从毛衣历史的一开场，羊毛衫就遥遥领先，穿着范围上也总是主流。我们这里提到的编织毛衣，也多是以羊毛毛衣为例。

　　历史上第一件毛衣出自谁人之手已无迹可循，考古学家们通常认为：是与牛羊朝夕相伴的游牧民族发掘了这项技能。最早有据可考的编织毛衫出现在幼发拉底河和底格里斯河一带，用的还是当时单针织法，即一根针和线，编织多个线圈来创造织物的技术；与其说是"编织"，更像是穿针引线的"缝制"。而现存的编织于

3世纪至5世纪的埃及羊毛袜子，使用的双针织法俨然与今天的手工编织技艺相通。

欧洲最早以编织技术擅长的人群，是被西班牙天主教皇室所雇用的穆斯林织造匠。历史上，毛料编织技艺的传播路径也是从中东出发传往欧洲，经过地中海贸易的催化在欧洲兴盛，再趁着欧洲殖民地的扩张普及美洲。可以说哪里有"穿暖"的需求，织毛衣的技巧就会传播到哪里，伴随羊毛产业的发展，织毛衣也成为欧洲中世纪养活众多人口的一个重要行业。

以英国为例，从12世纪起，"羊毛是中世纪英格兰经济的基石"。温带海洋性气候、白垩质土层、有盐分的空气为牧羊业发展提供理想之地，优质的英国羊毛远销佛兰德斯、荷兰和意大利。羊毛贸易下的羊毛税构成了英格兰王室最丰厚的收入——1290—1294年，英国王室每年收取的羊毛税有3.3万英镑，占其总收入的70%以上。

因为羊毛业的繁荣，各个修道院及领主都喜欢以绵羊饲养换取利润，同时自给自足的羊毛编织融入了英国民众的日常生活。中世纪时，手工编织业一度是英国、西班牙等欧洲国家的热门行业。伊丽莎白一世时期，政府特地开办专门的编织学校来帮助穷人们获得生存技能——编织好的毛衣不仅可以满足基本生活所需，也可以拿去市场贩卖，维持生计。

直到18世纪，苏格兰的部分地区还遍布羊毛制品编织的家庭作坊，一家老小都专职手工编织毛衣、配饰、袜子、盖毯……以此为生。在爱尔兰西海岸的阿兰群岛，渔夫的妻子们为他们编织了带有各氏族图案象征的渔夫毛衣。"绞花""菱形""之字形针"这些复杂的针法不仅使毛衣既厚实又防寒防水，针法背后的家族象征更可在遇到海难时辨认穿着者身份。

» 渔夫毛衣

机器替代手工编织的曲折之路

从第一台机械编织机发明，到羊毛织物真正的工厂化大生产，其中经历的时间比想象中漫长——确切地说，花了差不多三百年。

变革的火星从一双羊毛袜子开始。16世纪中叶，"下针"这种重要的技巧被发明，由此引发了羊毛针织袜在上层社会的流行，羊毛长袜常见于欧洲权贵们的衣橱中。1589年，英国牧师威廉·李就送了这样一双黑色的羊毛长袜给女王伊丽莎白一世当作礼物，只不过这双袜子的编织并非出于手工，而是来自威廉发明的机械编织机。

女王收下了袜子，却拒绝了授予牧师发明专利的请求。喜欢丝绸袜的伊丽莎白认为，机器编织的袜子对于王室的脚踝来说过于粗鄙；另一个更重要的原因是，她担心机器会从自己的编织工那里抢走工作。

然而英吉利海峡对岸，法国国王亨利四世则看见了威廉发明背后的良机。法国政府当即为这个牧师发明家提供了财政支持，将他的工厂从伦敦搬到了鲁昂，不久之后，英国人发明的框架针织机技术就由法国人推广到整个欧洲。直到 1657 年，绕了一圈的设备才又回归英国，生产公司才在伦敦成立。

框架编织机的使用其实并没有改变家庭作坊式的生产形式：机器的体积并不庞大，甚至还有便携式圆形针织机的发明，所以常常被用作家庭编织者的效率工具。从毛衣的进程上看，直到 1862 年美国人 R . 拉姆发明了舌针平型罗纹针织机，才标志着机器编织毛针织服装的开始。从针织业的变革来说，19 世纪中叶蒸汽动力针织机的出现，才敲响了手工编织者们职业的丧钟。蒸汽动力下，机械编织的织速可达到每分钟七百万针，这是再娴熟的双手也难以比拟的，于是越来越多的手工编织者被迫离开自家作坊，转移到工厂里去

» 一家 19 世纪晚期袜业公司的广告，描绘了其工厂车间和使用编织机的工人

适应更大的机器与更快的时代节奏。

　　有些人适应不了，并极度痛恨。这些人多是 19 世纪英国的纺织业熟练工，本来占据行业里的资格优势，结果多年苦心学练的技艺在机器面前毁于一旦，自己曾经的工作经过简单培训就可在机器旁完成，加上 19 世纪整个劳工待遇低下又缺乏完善的工业协会，摧毁机器是他们反抗的直接手段，也是与雇主取得谈判地位的筹码。

　　这场"不摧毁机器誓不休"的运动于 1811 年 3 月 11 日从诺丁汉的阿诺德开始，在接下来的两年内迅速蔓延到整个英格兰地区。传说中，1779 年有个名叫奈德·路德的学徒捣毁了两个长袜架，成为运动的精神领袖，这些人也由此被称为路德派。在今天，"路德"这个词已成为反对技术进步和恐惧机器生产的一种指代。

　　路德运动终结于 1861 年英国议会通过的《反恶意破坏法案》，在该法案中，"机器破坏"（即工业破坏）被认定为重大犯罪。

为打赢战争全民织毛衣

在机器轰鸣下淡去的手工织毛衣的记忆，却在战争炮火中又被重新唤醒。

第一次世界大战参战人数达到7300万人，经济损失3000多亿美元。巨大的消耗需要战场之外的社会资源来弥补，手工编织衣物是一项无须大型设备、技术门槛不高、随时随地可以进行的项目，因而被英国王室和政府用来号召全民参与。"为了胜利而编织！"1914年，英国国王乔治五世响应前线号召，呼吁各行各业的男女老少都行动起来，在一个月内为军队提供30万双毛线袜和30万条毛线腰带。《针织和女性》杂志专门印发了有关编织技巧和军备衣物上的统一图案，以及制服样式的小册子。织毛衣经验分享、编织竞赛活动在工厂和学校热火朝天。英国战时信息部也印发了关于毛衣、袜子修补和制作的小册子。战时羊毛供应短缺，这本小册子

AT THE RED CROSS KNITTING ROOM SATURDAY AFTERNOON

>> 为战争而努力编织的两个妇女和一个孩子的画像，玛格丽特·马丁画于 1917 年

鼓励民众们"织织补补拆一拆"，即拆掉破旧的毛衣，重新使用毛线，自给自足编织新的羊毛物品。

不仅妇孺上阵，男士和学校的男生也在爱国主义的热情下，利用平时抽烟的时间和足球比赛等待上场的时间穿针引线。（其实回到中世纪，由于羊毛又油又重，编织业本就由男性支配，很多羊毛作坊里只招收男性学徒。）

在第一次世界大战期间，大量的毛衣、袜子、帽子、围巾、护膝和头套就这样以个体手工编织的形式生产汇集，源源不断运往前线补充部队制服，更为战场内外的人们注入一针精神上的强心剂。无论是给海军的一件手织蓝色羊毛衫，还是给空军的一件头盔保暖帽，手工编织温度带来的巨大鼓舞作用都十分有效。

这股风在二战时还刮到了美国，"织毛衣"被广泛用于战俘管理、康复治疗、抵抗抑郁等。人们躲在防空洞的时候，织毛衣可以让紧张情绪得以疏解，交换实用针法和提高编织效率的技巧分享，也让陌生人在狭窄的空间得以交流，缓解战争带来的紧张压迫感。努力织毛衣，是支援战争、抒发爱国主义的直接手段。

织毛衣的特殊价值不仅体现在战时。20 世纪 30 年代的大萧条时期，自己编织毛衣比在商店购买要便宜，同时对破旧毛衣、袜子的修补也需要自己解决。可替换衣袖、更换脚趾和后跟的袜子在当时十分常见。原本已经被边缘化的毛衣针织爱好者则有机会兼职，以手工编织获取额外收入。

穿出时尚与情怀

最开始，毛衣主要穿着人群集中在特定职业，保暖防水的特性使其成为渔民或海军的实用服装，不过从 20 世纪 20 年代起，毛衣与时尚的关系开始变得紧密。

首先是从 20 世纪起，英国上流社会逐渐兴起一些贵族优雅运动，编织的毛衣既能帮助运动者在户外保持体温，又因柔软舒适可以使人活动自如。翻领样式的针织毛衫在领子上印有各色条纹，代表的是不同的俱乐部，在网球和板球针织服中，这样的设计非常普遍。

费尔岛毛衣源自苏格兰北部费尔岛，编织有乡村气息的花纹图案本和贵族时尚相去甚远，然而在 1921 年，温莎公爵（也是后来的英王爱德华八世）常常喜欢穿着费尔岛的套头毛衣打高尔夫球，还在一张公开的照片里身着费尔岛毛衣露出怡然自得的神态，于是这种花纹图案的毛衣一炮而红，奠定了自己在时尚圈的黄金席位。直

>> 《针织中的女孩》，艾伯特·安克尔，1884 年

到今天的秀场上，费尔岛毛衣依旧盛行。

毛衣不仅往运动和休闲方向发展，在高级时装行业也开始备受青睐，可可·香奈儿喜欢在毛衣设计上突出特色图案，并从剪开的套头毛衣前襟和蝴蝶结上找到了经典"小香"外套的灵感。

不过真正让毛衣跻身时尚圈的还属"针织女王"索菲娜，她一生设计了6000多种毛衣款式，因为对法国时尚界的杰出贡献被授予法国荣誉骑士勋章。在强调女性曲线剪裁的20世纪70年代，孕中的索菲娜因为在商场找不到合适的上装，决定自己动手织毛衣——一款不束缚女性身体的毛衫就此诞生。有别于彼时精心设计的高级时装，索菲娜的毛衣以随意的手工家庭编织为特色。到了80年代，英国皇室里另一位时尚人士戴安娜王妃再次带起女性穿着毛衣的风潮。

这之后的几十年里，高效率的机器、低成本的物流与快节奏的设计，意味着消费者可以低成本购买各种款式和图案的毛衣。

➤ 采样器，纽约布鲁克林博物馆

结绒线的上海滩风情

毛衣是舶来品。20世纪以前的国人，一到秋冬时节，身上避寒取暖的大件衣物除了皮袄、皮草，就是棉袄、棉袍——在清朝末年遗留下的照片里常常可见。舶来的毛衣用作外套下的打底，比夹袄贴身、轻薄，因而在清朝后期为一些贵族所接纳。

鸦片战争30年后，以李鸿章、左宗棠、张之洞等为代表的洋务派官员开始引入西欧国家的纺织技术，1880年投产的甘肃呢织局是中国最早的毛纺织厂，也是近代中国毛纺织工业的开端。不过受制于19世纪后期中国的服饰习惯，生产出的呢绒和毛衣主要都用作新军制服或搭配新式西装，羊毛制品初期的市场还比较小众。

民间手工织造毛衣的开端有两种说法，一种是在 1920 年俄国内战期间，失利的白俄人撤退到中国新疆一带。在那里，他们教会中国骆驼商队的人们如何从骆驼身上摘下毛发，在手掌中搓成纱线并扭转纺纱。这样骆驼商队不仅为自己提供了温暖的骆驼毛袜子，还能够制作织品以供销售。

另一种说法是在 19 世纪末，毛线开始由入华的外国织工传入北京、上海、天津等城市的租界地区，因为带着毛又保暖，最早的毛线被称为"毛冷"，在上海一带又被称为"绒线"。但无论是毛冷还是绒线，在当时都要仰仗进口。曾经，上海滩的先施、永安、大新、新新四大百货公司柜台出售的毛线，都只能从英商、德商以及后来日商洋行的大买办们手中进货。直到 1936 年年初，一家名叫"裕民"的毛线厂建立，中国才开始了自己最早的民用毛线生产；生产的毛线起名"地球牌"与"双洋牌"，销售火爆。

毛线的销售推广与织毛衣技巧的传授传播密不可分。最开始，颜色鲜艳的毛线是女孩头上新鲜的头绳装饰，渐渐地，织毛衣的风尚开始在以上海为代表的城市时髦女性中风行。在短短几十年内，毛线编织的风头就赶上了原本的丝绸织绣，"织得一手好毛衣"与"做得一手好针线"都成为对女性心灵手巧的赞美。很多专卖毛线的商店都有坐台的师傅，向买毛线的女性传授毛衣编织技巧，买一磅毛线送两根毛衣针、一本编织书。手工编织毛衣、披肩与丝袜、高跟鞋搭配，构成了20世纪三四十年代上海滩摩登女郎的倩影。

借用著名作家程乃珊的话来说："要说什么是最具海派特性的上海女人形象，我想，是结绒线（织毛衣）。绒线工艺自西洋传入不过数百年来，却已与旗袍绣花鞋和爱司头融合在一起，构成上海近代新型海派的贤妻良母经典造型。"

一直到20世纪七八十年代，手工编织毛衣都十分风行。许多家庭主妇无论走到哪里，都习惯随身携带两根针一团线，一有空就织两针，以至于一些城市的公交车上还有出于安全考虑"乘车不许织毛线"的告示牌。同时，织毛衣从基本的日常所需开始变得有了更高的审美倾向。如何运针、钩线都有讲究，专门的织毛衣技巧杂志或书籍遍布千家万户，每年流行的编织针法、毛衣款式都备受追捧。在节俭的年代里，过时或破旧的毛衣不会被扔掉，而是被拆掉另织新衣。

>> 朱莉娅·霍普森拥有世界纪录的 3.5 米长编织针 © Newland 2

校服，

行走的校园文化符号

郭梅

一直以来，校服作为文化、教育、历史的缩影而出现，成为社会的一道风景。

最古老的校服款式沿用至今

世界上公认的校服概念来源于 16 世纪的英国，距今已有 500 多年。

不过，校服并不是公立学校的传统。据记载，第一款校服出现在 1552 年，伦敦的一所慈善学校专门收养孤儿或者是贫苦人家的孩子，他们统一穿着长及脚踝的蓝色外衣，这款著名的"蓝袍校服"一直沿用至今，绝对可以算是"尚在使用的最古老的校服"。几个世纪以来，在这里求学的学生一直以身穿传统风格的校服为荣：一件用银质徽章固定的蓝色长外套、围在脖子上的白色亚麻布领巾、一条细长的皮带、古尼可丝裤、黄色长袜和黑皮鞋，外套里面穿着宽松的无领衬衣。该校校长 2010 年曾想过更换样式，但 800 多名学生的投票结果显示，95% 的学生都希望继续保留蓝色长袍。

确实，英国很多历史悠久的名校都"原汁原味"地保留了传统

>> 英国著名作曲家康斯坦特·兰伯特在基督公学
就读时的画像

的校服款式，如哈罗公学缠着蓝色丝带的硬质草帽，1705 年创建的
艾伦女爵学校的"波利贝尔"校服等。但随着时代的变化，绝大多
数的英国学校都对原有校服进行改进，如 20 世纪 50 年代的平帽子
和 20 世纪八九十年代的休闲西服和领带。现在，为了让学生穿得舒
适，很多学校都选择更实用的校服款式，除了笔挺的西服、雪白的
衬衫、挺括的领带、利索的马甲外，还有马球衫、套头衫等，绅士
气息十足。在英国，校服是一种符号、一种身份的象征。

　　日本也是较早实行校服制的国家。有的中学从 1879 年开始穿起校服，最初只是为区分社会精英阶层。随着民众教育的普及，校服也走向大众。19 世纪末，受西欧文化影响，西式校服引入日本，以海军军服的造型与色彩作为主调，一直延续至 20 世纪 60 年代。为了吸引更多生源，彰显学校声望，一些学校开始请名师设计本校校服，1990 年前后在日本女子高中生中，超短裙配黑色半腿袜的穿法开始流行；男生主要是白衬衫配肥大的西裤，向美国嘻哈风格靠拢。

现在出现在街头的学生，男生多为西装、白衬衫、领带配皮鞋，女生则是白衬衫、领结、短裙配皮鞋。不同学校对背包、帽子等配饰也有具体要求，颜色多为黑白灰。总之，无论公立还是私立学校，对校服的选择都相当谨慎。每年春季入学的招生简章封面上，校服作为学校的招生招牌，是不可或缺的一部分。

我国真正意义上的现代校服源于 1900 年之后的军校，以学校分发衣物为标志。新文化运动后，女性地位崛起，女校制服掀起了"文明新装"风潮，即上为浅蓝短袄，下是黑色长裙，白色纱袜，圆口布鞋；而男生是中山装样式。这一时期的经典校服式样既有民族感，又融入了流行的西洋元素，成为我国服饰文化史中的一道风景。中华人民共和国成立后，并没有特别明显的校服出现，受当时社会经济影响，白衬衫、蓝裤子成了学生们的"标配"。20 世纪 80 年代后，校服重新回归学校，绝大多数将其默认为是运动服，大而肥的款式没少让花季少男少女们叹息。21 世纪后，部分地区校服的设计开始效仿日本或者欧美国家，款式和配色也有了较大改观。

渐渐打破传统，寻求个性化多元化

　　放眼世界，特别是校服史较长的国家，对学生校服的设计制作、质量管理、购买补贴等方面都做出了详尽的保障。

　　英国是欧洲唯一制定了全国性校服政策的国家。该国政府相信校服是校风不可或缺的一部分，认为学生统一穿着校服可以培养其自豪感，鼓励积极向上和遵纪守法的品格，也能帮助不同性格的学生建立更紧密的联系。2013年，英国政府教育署出台了校服指导意见，其中提到："在不歧视性别、种族、行动不便者及宗教的基础上，每个学校可以自行决定校服款式。对于不穿校服的学生，教师可以进行适当处罚直至开除学籍。"校服通常是由专门的商店统一售卖，商场里也设有专柜，质量按高中低分为三种，家长可根据自身情况自行决定。若家长负担不起校服费用，学校应留给家长一定时间去购买合适的校服，否则可以投诉。英国地方政府协会表示，每

➽ 课堂照片，法国巴黎查普塔尔高中，摄于 1880 年左右，摄影师 Pierre Petit

年都听到一些学校坚持要求家长为孩子采购整套必备的校服，从名牌夹克衫到特制裤子，全套校服以及运动服价格可达数百英镑。据英国《每日邮报》调查，伦敦西南部的蒂芬学校要求学生购买的运动夹克衫单价在 105 ～ 120 英镑，在千元人民币左右；伦敦西部的霍兰德·帕克学校的全套校服价格高至 280 英镑，超过 2000 元人民币。不过，这类昂贵的校服往往与名校"相伴"。在一些普通学校，校方允许家长在超市购买十英镑的上衣作为校服，也会帮忙安排跳蚤市场，让家长能够为孩子采购二手校服。为了让所有学生都能穿得起校服，英国不同地区还制定了补贴规定。如英格兰，家长可以从地方议会获得购买校服的资金资助；苏格兰和威尔士，对贫困家

>> 穿着校服来参加文化祭的日本高中生

庭的小学生可以给予一定的校服补贴。

　　日本的公立或私立学校里，在《学校生活准则》中对校服做出统一要求，学生的冬、夏、春秋装除了对颜色、面料有统一要求外，还特别规定了男生衣领高为 3.8～4.2 厘米，裤腿宽为 20～24 厘米，裤带为黑色、宽度在 3 厘米左右；而女生，一般为水手服，上衣长 45～47 厘米，过腰部约 7 厘米，裙子褶数为 24 条，长度须过膝 22 厘米左右……日本富山市崛川中学的《学校生活准则》对学生校服的规定长达 12 页之多，其中连内衣也明确要求"一律为白色"。当问及为什么时，该校教导主任说，白色易脏，只有勤洗才能保持清洁，这样就可以培养学生讲卫生、爱整洁的生活习惯。

不过，象征着组织性和秩序性的校服也在渐渐打破传统，寻求个性化、多元化。

在韩国，有四大校服品牌，每年会推出新款并且选择当下流行的偶像代言，为校服产品宣传推广。学校通常会展示这些品牌商提供的校服，学生可自主投票，票高者"当选"。商家还会在学校周围设立专卖店，专营周边学校的校服。当学生购买时，只需向店员报出校名和自己的型号，就可买到已经绣好校徽校名的校服了。通常，秋、冬季校服每套价格为1000～1500元人民币，夏季的500～800元人民币。店内还可提供修补服务，试穿后不合身还能及时修改。除此之外，考虑到一些家庭的经济状况，学校并不强制在品牌店购买校服，学生还可以根据确定的校服款式自行购买类似的布料，拿到裁缝店制作也可。由于是学生自主投票再加上明星偶像的推广，韩国学生对校服的满意率较高。

随着第三产业的蓬勃发展及快速消费时尚理念的出现，动漫人物造型也加速促进了学校制服类型、款式、配饰等方面的发展。据日本共同社报道，近几年来，日本偶像团体经常在表演时身着校服，一定程度上推动了校服文化流行。据一家知名校服生产企业的调查显示，学生们想要现代、时髦的校服，校方也希望以原创设计的校服来反映学校风貌。在不少高中生看来，由知名设计师设计或参考当季全球流行趋势的校服在一定程度上影响他们对学校的选择。京都光学院是2016年4月新成立的一所公立高中，校服设计几乎照搬了近年流行的一本少女漫画。校方介绍说，这所高中由两所工科学

>> 穿着日式学生服的日本高中女学生 © miss_millions

校合并而成,九成学生是男生,此举是希望利用漂亮的校服多吸引一些女生报考。2015 年在福岛成立的双叶未来高中则邀请了日本女子偶像组合 AKB48 的服装师负责校服设计,校方希望让校服给学生们带去希望和快乐。

"穿"与"不穿"的争论

　　正值花季的孩子们为什么要穿得一样？尽管很多学校倾向于穿校服，但事实上"穿"与"不穿"之争从20世纪60年代持续至今。

　　赞成方认为，首先，校服有约束功能，可以让只凭天性做事的孩子们熟知并遵守一定的社会规则，使他们成为遵守纪律、尊重社会秩序的人。其次，衣着统一可以掩盖家庭经济差异，减少学生间的攀比，这也是校服推广的初衷，完全过滤掉与学习无关的因素，更利于学校评价奖惩制度的实施。此外，校服是校园文化的重要组成部分，教育者希望身着校服的学生时刻不忘校风、校训，同时培养孩子们的团体意识和集体荣誉感。

　　但反对方认为，上述那些积极作用更多的是建立在教育者的推测中，现有研究数据很难证明穿校服对提高学生成绩、降低犯罪率、改进纪律等方面有明显作用。反而，青少年正值对自我的初步探索阶段，千篇一律的着装易抹杀其个性发展和创造力，会对他们的思想形成束缚，扼杀了自主选择权和对美的追求，进而变得顺从和麻木。学校应该尊重学生自己选择服装的权利，尤其是青春期的孩子已对美有了初步的追求意识，穿什么、怎么穿，通过长期积累摸索也能提高其审美能力和生活常识。

"穿"与"不穿"之争在崇尚自由的美国尤为激烈。一直以来，除了少数私立学校外，美国对校服并没有硬性要求，学校和学生可以自主选择是否统一着装。1987年，马里兰州巴尔的摩市一所小学率先做出统一校服的规定，成为全美第一个推行校服的学校，此后的追随者逐渐增加。1994年，位于加利福尼亚南部的长滩市规定小学生和初中生必须穿校服上学，这也是美国首个统一校服的城市。1994年，时任总统克林顿在一次演讲中建议美国公立中小学统一校服，希望以此减少校园恶性事件。没想到，一石激起千层浪，很快在全美社会各界引发了热烈争议。一些学者针对校方、家长和学生等群体调查发现，政府和教育管理者是校服的拥趸者，但大部分学生持反对意见，家长因不菲的自费价格而怨声载道，三方在校服政策上难以达成一致，最终只得选择自愿原则，大部分学校仍保持观望态度。实际上，即便推行了统一校服，校长们也面临如何管理的问题，如果执行得过于严格，严肃处理了违反着装规定的学生，可能会引发纠纷。佛罗里达州伯克郡在推行校服时，对违规学生曾进行过处罚甚至停学，当时就引起学生和家长们的愤怒，500多名家长联合指控学区触犯了州法律和美国宪法。迫于社会压力，该学区和学校不得不让步，允许学生在着装上有一定的自由选择权。如今，大多数学校提供了一些变通的做法，如允许学生在周五或某些特定时间自由着装。

最近十几年，要不要效仿其他国家设计本国样式的统一校服，在德国也是舆论焦点之一，但争论多时未果，只是在汉堡、柏林等地学校进行过试点，且服装仅仅是统一的T恤而已，并非真正意义上的校服。

有意思的是，这场"废存"争论如今在像日本这样一些长期实行校服制的国家也愈演愈烈，有的学校开始反对千人一面，提倡学生服装自由化。

旧校服循环利用各国不一

随着孩子长大或者升学、转学，越来越多的校服被闲置于家中，甚至直接废弃。如何让废旧校服"再焕青春"被提上议事日程。

进入21世纪，很多发达国家纷纷开始提倡废旧纺织品的回收利用，有些已经形成了较为完整的产业链，但针对废旧校服的回收利用体系却少之又少。

日本对于废旧纺织品的回收主要以专业公司为主，约有70家公司利用二手服装的聚酯纤维来生产制服、运动服和背包。因此，旧校服回收后不仅可以捐赠给贫困生，而且还可以通过纺织纤维回收再利用。

值得一提的是，拥有较长校服史的英国校服回收系统相对比较成熟，旧校服可以通过多种渠道循环利用，只有极少部分被垃圾化处理。

2011年，威尔士地区发起了"校服循环"回收计划，旨在帮助家长处置旧校服。这些二手校服经过回收、消毒和清洗后，再以便宜的价格出售。通常一套带有学校标志的新校服约70英镑，而购买二手校服不过15英镑。当地政府在一所高中进行试点，二手校服很快被抢购一空，"校服循环"计划随后在该地区所有学校推广。

英国政府鼓励学校开展旧校服回收再利用。不少学校设有校服商店，其中出售的多数是二手校服，均来自本校学生，只要没有明显破损都可以在此寄卖，衬衫、领带、短裙、运动长袜、足球服等种类众多，价格便宜。每件旧校服卖出后，原主人可以得到一定比例的报酬，也有孩子选择将钱直接捐赠给慈善项目。

一些家长也自发组织活动出售二手校服。有的通过网站进行，买家和卖家可免费登记和搜索，在该社区实现二手校服买卖；有的将募集到的二手校服无偿提供给当地贫困学生；也有一些公益组织与学校合作开展回收活动，如将旧校服重新设计改造，开发出新用途。即便是破旧的校服也尽量不丢弃，而是投放到慈善机构设置的衣物回收银行，再次被制成新的纤维或作为抹布使用。

不过，破损的衣物无论如何不会受欢迎。为此，英国各级政府及相关组织通常提前对家长发出购买建议，如校服面料最好选易清洗且耐用的；还教他们平时该如何打理，如何清洗白衬衫，怎样对付油墨痕迹等，尽量延长校服的使用寿命。

现今我国的部分中小学也开始重视校服的回收，但再利用率还较低。像深圳、广州等地的少数学校设立了回收

>> 潮州市南春中学学生在南春路开展义务劳动，2019 年 4 月 © Aokisang

点，接受学生的自愿捐赠，回收后的校服经过清洁处理，捐给偏远山区。一些学者对此提出了"零废弃"建议，如在经济较好地区的中小学或者居民区设立校服回收点，生产企业也可将旧校服的回收纳入生产经营范围等。

❯❯ 加拿大一家仓储式商店中出售的高中制服

假发,
头顶无小事

文慧

在漫长的进化过程中，人类脱去了浓密的体毛，却保留了头顶的毛发。头发的存在是对头部的一种保护，它可以缓解轻微撞击，为头部防晒、保暖。一个人的平均发量通常在十万根左右，但随着年龄增长和激素水平的变化，会出现不同情况的脱落。这时，就需要假发出场了。

　　假发，看似微不足道的一件小物，只因处在人类头顶、吸引视线的关键位置，因而承载了更多的社会文化意味。有意思的是，在人类假发历史的最开始，这顶道具更多时候不是必需品，而是装饰品和奢侈品，人类不是因为秃顶而戴上假发，而是为了能戴上假发专门去剃光头。

假发与剃发

为了能戴上假发而专门剃光头的人是古埃及人。

距今三千多年前的埃赫那吞王朝，有两座著名的胸像留存至今。其中一座是珍藏在埃及国家博物馆的埃赫那吞公主削发像。少女模样的公主五官刻画精致，表情尊贵，头顶却是毫无秀发修饰的一个平滑圆弧。在古埃及境内，削发是男女老少对待头发的日常，更是以皇家和牧师为代表的上层社会通用礼仪。

究其原因，一方面，尼罗河畔的炎热天气容易让头发滋生蚊虫，在当时的卫生和设施条件下着实难以打理；另一方面，古埃及人相信经常剃发有助于帮助颅骨坚硬。但最重要的一点是，剃掉头发是因为对头发的崇拜。头发被古埃及人视为神圣之物，为避免落入邪恶人之手，要及早削掉、妥善处理。所以在古埃及，理发师是一门不愁生意的行当。

与古埃及理发师旗鼓相当的另一个好职业是假发制造师。削发非但没有影响反而激发了古埃及人对于繁复发式的审美和追求。早在公元前3000年的古埃及王朝，用真人头发、羊毛、棕榈甚至干草制作的假发已开始出现。埃赫那吞王朝诞生的另一座著名胸像——埃赫那吞的王后娜芙蒂蒂——王后的假发就与头饰连为一体，高高盘起的假发套掩盖了王后的光头，赋予其美丽的同时更具威严。

对于古埃及普通民众来说，常见的假发像爱神哈索尔的发型一样一分为三，左右两片分别垂到胸口，脑后一片从中部垂下盖住后颈，耳朵则从三片假发的片隙中露出来。埃及式假发上常会出现一根缎带，如帽檐般在耳朵上方围绕一周，既是美观装饰，也起到了固定发片的作用。

>> 娜芙蒂蒂

一方面，古埃及人随后跟着古希腊和古罗马人学会了蓄发，等到埃及艳后克里奥佩特拉翩翩起舞时，摇曳的已是自己的真发；但另一方面，假发的习俗也从埃及传到了希腊和罗马。在古代罗马和希腊的贵族阶层中，流行以奴隶头发编织的一种名叫"奥比斯"的发型，以金属架打底，隆起层层发卷。在希腊，秃头的奴隶难以卖出好价钱；而在罗马，奴隶的头发一旦长长，就要被剃下为主人的头顶增光添彩。

不同于欧洲削发戴假发套的风尚，我国古代的假发多戴于真发上，有记载的假发可以追溯到西周时期。在宗教祭祀、觐见帝王的庄严场合，假发是一种必不可少的服饰，正如《周礼·天官·追师》所记载的："追师掌王后之首服，为副、编、次……"此处提到的"副""编""次"都是假发，但又有所区别："副"是一种有装饰的假发、"编"是一种无装饰的假发，而"次"是一种假发和真发合编起来的髻。如果从我国古代发型的发展趋势来看，最早流行的是"被发"，即披头散发，在夏商周时为了行动方便，流行"编发"，战国以后长期流行的"发髻"则说明假发开始普及。头套式的中式假发以铁丝为胎，外编以发，使用时可以直接佩戴在头上；而更多衬垫式样的假发，则用自己或他人的头发填充绾梳。

《后汉书·马廖传》中的"城中好高髻，四方高一尺"，再现了汉魏时期假发的风行；《唐会要》中发出"丈夫冠、妇人髻，竞为高大，何也？"的质疑，则反映了唐代妇女假发高耸到夸张的地步；唐代王建《宫词》中，"玉蝉金雀三层插，翠髻高丛绿鬓虚。舞

>> 《簪花仕女图》（局部），周昉（唐代）

处春风吹落地，归来别赐一头梳"，更说明了彼时的假发用簪子固定，宫女们配搭的高高云髻被风吹落，哪怕三层玉蝉金雀发簪也固定不住的情景。

而当东方唐宋辽金发髻攒动、衣袖飘香的时候，欧洲的假发却在进入中世纪以后消失了近千年。

西罗马灭亡以后，假发在很长一段时间里都销声匿迹。教会认为，上帝没有戴假发，人类形象就是上帝形象的折射，所以也不该戴假发。虚假的头发会影响到信徒对福音的接纳，是一种将受诅咒、要被逐出教会的行为。教会严格规定了教徒的发型，比如僧侣们的"僧侣式光头"，即是将头顶剃光，仅四周留一圈。这时，即便是秃头的人为了遮羞，也只能顶住宗教谴责的罪恶感，偷偷摸摸地戴上假发；即使身为王公贵族，戴着假发去参加圣礼也是犯戒的事情。

假发与王权

1587 年，苏格兰女王玛丽·斯图亚特在断头台被行刑以后，刽子手照例拎起首级以示众，结果他抓起的只是女王的棕色假发，而脑袋则从假发下脱落，滚向惊慌失措的围观民众。玛丽女王是虔诚的天主教徒，而连她也戴上了假发，就说明——文艺复兴时期来到了。

文艺复兴冲破了假发禁忌的第一道缺口。将玛丽女王推上断头台的英格兰女王伊丽莎白一世，不但喜欢莎翁的歌剧，也喜爱佩戴假发。信奉新教的她更是不吃教会关于假发控制的那一套，私人藏有的假发就有八十多顶。女王有假发套配以王冠，还有无数辫子形的假发用以营造浓密头发的错觉，甚至她最喜欢的假发颜色是红色，这在当时的欧洲绝对走在审美前列。

如果说文艺复兴时期的女君主们把假发作为美容用品私藏，巴

»» 佩戴假发的英国女王伊丽莎白一世

洛克时代的欧洲男君主则将假发打上了"王权"的烙印。巴洛克时代，王权从长期的拉锯战中开始上升，不但突破了教会的约束，还逐渐将教会控制的村庄变成了王权控制下的城市，宫廷中巴洛克的奢华装饰和繁文缛节同时出现，君主们的头顶则呼唤着一顶假发来聚焦眼球。

　　法国国王路易十三因为秃顶最早开始戴上了假发，而他的儿子路易十四戴假发的目的则要宏大得多。

假发成了王权的符号、"太阳王"宏伟形象的一部分：在起床、做弥撒、吃午饭、狩猎、进晚餐等不同场合，路易十四都要更换不同的假发，俨然一场大秀。他的假发多由真丝或真发制成，鬈曲长发在额头高高堆起，从中间分成两块，如瀑布般垂向胸口，赋予路易十四百兽之王般不怒自威的气质。这样的长卷发只有国王才有权力佩戴。假发从此成了政治权威的载体。

彼时法国是当之无愧的欧洲中心，各国君主从凡尔赛的宫殿里领教了假发的魔力。年轻时流亡法国的英格兰国王查理二世不仅带回了君主制在英国的复辟，同样也带回了一头鬈曲的假发。在德意志的宫廷里，还曾专门发展出一套关于假发的礼仪。

从王权到贵族，假发在欧洲上层阶级中迅速风靡，成为区分身份的标志。在贵族的衣橱里，按照《齐德勒百科全书》中的说法，假发是"一套体面服饰不可或缺的一个修饰品"。

衣橱的热衷参与者自然少不了欧洲贵族女性。虽然受制于性别地位，除了极少数王权的掌握者（如英国女王），其他女贵族都得等到18世纪才能戴上假发；但一旦戴上，假发的高度，就像唐代宫廷里的云鬓高髻一样，简直到了夸张的程度。

基于发束越高越能显示高贵身份与优雅气质的迷信，在马毛做的垫子和钢丝把头发垫起来以后，还得佩戴假发，涂粉、刷油，让高耸入云的假发和花团锦簇的羽毛、帽子一起闪闪发光。有时这样的操作得由发型师爬在梯子上才能完成，因为有的造型可以高达半米，上马车时得先把假发拆卸才能坐进去；为了维持发型，贵妇们

>> 路易十四画像，亚森特·里戈（1701 年）

睡觉时也不能采取卧姿，只能坐在有圈椅的特制座位里；甚至于为防止假发上的油脂引来老鼠，睡觉时假发四周还得挂上几个捕鼠笼子。

在假发的黄金时代，人人都渴望拥有一项假发。曾经禁止佩戴假发的教会也戴上了颇具讽刺意味的"僧侣式"假发，中间镂空，四周装饰假发。而买不起昂贵假发的一般阶层，则会将自己的头发处理成假发的样子以追逐风尚。

假发买卖与市场

　　1789 年，法国第三等级冲破了巴士底狱，三年之后，法国王后玛丽·安托瓦内特跟随其夫的步伐走上了法国大革命的断头台。曾拥有无数顶奢华假发的她，早被剥去假发、剃光了头，如果她从台上往下看，黑压压的人群中，曾经的高耸云髻也销声匿迹了。

　　在启蒙运动中，佩戴假发成为保守、专制的象征，是腐朽宫廷文化的代言，因而被大革命中的年青一代所摒弃。《少年维特的烦恼》中，主人公即是一个没有戴假发的年轻人形象，在新一代中迅速风靡。

　　不过在假发从王权和贵族身上逐渐消失时，另一个阶级却开始戴起了假发。从 17 世纪起，城市中的公务员、医生、律师、法官们开始将假发作为职业服的一部分。从独立后到 19 世纪初，历任美国总统都喜爱用假发来帮助自己塑造形象。

　　戴不戴假发，对于一些人来说是决定生计的事情，这些人即是由来已久的假发制造商。在制作假发的历史里，很多假发制作者的手艺都是家族世代相传，有些世家的历史甚至比贵族谱系还长。英国国王乔治三世登基的时候没戴假发，令假发制造商们大为沮丧。伦敦假发制造商曾在 1765 年呼吁汉诺威王朝立法，要求所有的英格兰成年公民戴假发。在我国明清时代，南方的扬州、杭州和苏州等地已经成为全国的假发中心，最新的发式从江南传向北方宫廷。在某种程度上，东西方假发制造师的技艺还有过交集，雍正皇帝曾有过几顶路易十四式的西式假发，鬈曲长发染成白色，在狩猎的时候

❯❯ 雍正帝穿西式服装、佩戴西式假发，以三叉戟刺老虎的画像

佩戴并被绘入画里。

真人头发制作的假发质量最为上乘，这一点竟然上千年不变，也由此牵出了贩卖真发的这类人群。

在我国，受儒家"身体发肤，受之父母"的教化，不到万不得已，人们不会去剪掉或卖掉自己的头发。尤其一直以来的髡（kūn）刑的存在（即剃去犯罪之人的头发进行羞辱），刑罚下剃去的头发被拿去制成假发，因此使人们更不愿轻易剃发，以免被误认为是受了侮辱之刑。

而在欧洲，贩卖头发几乎成了一个地区的产业。1911年出版的《不列颠百科全书》里，"头发"的词条有如下记录："在法国南部，农村少女蓄发并剪下销售是很正常的做法。有商贩就专门去集市进行这种交易。"而当卡特纳德小发辫的假发流行时，欧洲的许多农民干脆蓄起长发、结成发辫，长度达到时就割卖给假发市场，贴补家用。

美国内战期间，一位名叫迪莉亚的女性曾给报社写信，建议如果所有十二岁以上，属于南部联邦支持者的女性都把头发剪掉并贡献出来统一卖到欧洲的话，"200万女性每人贡献一对辫子，价值20美元，一剪刀的买卖就能换取400万美元，解决南部联邦的债务危机"。虽然最后并未实行，但能从中看出假发的巨大市场。

19世纪末，假发的一些生产流程可以完全由机器完成。假发已不再是上层阶级的奢侈品，又重返为用来遮盖谢顶的必需品功能。二战以后，假发也一度被时尚圈嫌弃，只能在舞台艺术的道具里留有容身之地。但近些年来，随着电子商务的发展，假发作为小而轻便但单价较高的货品，迎来了新一轮的生机。

环球贸易：非洲假发市场大

时尚浪潮轮回，假发近些年来在全球的销量一直呈上升趋势。除了欧洲、亚洲地区，非洲的假发市场也很大。

受制于体质因素，大部分非洲人的头发细软、卷曲度高，紧贴着头皮生长，也比较难以留长。所以在非洲，不少人都有对假发的"刚性需求"。发辫式的假发会在专业的理发店进行打理，与真发嫁接；而发套式的假发则是不少非洲女性必不可少的装饰。尤其对于女性上班族来说，拥有三四顶假发是家常便饭，经济条件优渥的人平均有十顶以上假发也不足为奇。换句话说，非洲是世界上对假发需求量很大的地区，也成为全球假发制作商们的一块新兴市场。

据海关相关数据统计，2018 年 1 月，中国发制品全球进出口总额约为 2.95 亿美元，其中出口总额约为 2.76 亿美元。从出口的区域来看，非洲地区是我国的主力市场，出口占比达到了 37.16%。

» 假发店陈列的各种假发 © Greg O'Beirne

传统扬弃：英国法庭的假发存废之争

　　法官头顶假发，法槌落案；律师头戴假发，庭上侃侃而谈。假发是英国法庭最具特色的传统，直到今天，英国的法律职业者依旧认为，佩戴假发有助于提醒穿戴者的言行自我规范，而这一传统的历史迄今已有300年。

　　从17世纪起，欧洲假发风尚自王权向下层阶级普及

>> 威廉·贺加斯于1758年的作品《法官席》(The Bench)，画中的法官戴着长假发

的过程中，以法官、律师为首的行业精英们也开始借假发标志专业性、提升威严。法官的假发根据等级和场合不同分为长卷、中卷和短发；两面是卷，带有马尾的小卷发一般为审判民事案件时佩戴；传统披肩长发则在审判刑事案件时用到。其中，假发戴得越久、颜色越深就说明法律从业的时间资质越长。因而一些法学院的学生在取得律师资格以后，家人和朋友给他的最好礼物就是一顶精心定制的假发。

精心定制的假发造价不菲，因其需要经过反复测量，手工制作的工时也相当长。所以一顶好的假发需要上千英镑也不足为奇，不同等级的法官在不同的场合要佩戴不同的假发，更是增加了这一开支。假发的成本也由此引来是否还要继续这个古老传统的争论。生活在现代社会，是否还有必要保留外在的传统？观点各异，但在英国的某些地方法院和青少年法庭上，法官都开始不戴假发了。

羽绒服，最温暖的冬日伴侣

林会

没有皮草的奢华，也不似大衣那样矜持，羽绒服在严寒中算得上是最"接地气"的抗冻"神器"。在悠长的世界服装发展史中，羽绒服历史只有不到百年，却以世人公认的强大保暖功能，成为人类冬天最温暖的"伴侣"。

"羽毛被"开启利用羽毛的先河

人类将动物毛皮穿到身上御寒,自古有之。

《礼记·礼运》篇曰:"昔者,先王未有宫室,冬则居营窟,夏则居橧巢。未有火化,食草木之实,鸟兽之肉,饮其血,茹其毛。未有麻丝,衣其羽皮……"考古上的发现,印证了这一说法。1986年,我国新疆哈密五堡墓葬出土了一件保存较好的绵羊皮大衣,是由绵羊的皮条缝制而成,距今已三千余年。

使用禽类羽毛制作衣服的历史同样久远。西周时期,中原地区的猎人开始尝试用飞鸟的羽毛等制成羽衣,也称"毳衣",但由于当时没有现代化的养殖业,收集原料实在不易,遂不了了之。在唐代,人们还发现了鹅绒的妙用,取其作为被子絮料。唐人刘恂任职广州时记述当地风物,撰写了《岭表录异》,其中记载:"南边之酋豪,多选鹅之细毛,夹以布帛,絮而为被,复纵横纳之,其温柔不下于

>> 乔治·芬奇，他为 1922 年珠穆朗玛峰探险队设计出第一件羽绒服 ©《高山
杂志》，1922 年

挟纩也。"可见，当时人已知道将鹅的细毛夹在布中，纵横交错缝好后做成被子，适合寒夜使用。

　　在世界各地，人们很早就认识到禽类羽毛是不错的保暖材料。在 13 世纪到 14 世纪，欧洲人开始用鸭和鹅的羽毛来制作被子，就是将鹅毛、鸭毛全部塞进棉布套中，"羽毛被"虽然保暖，但并不舒适，与现在的羽绒被不可同日而语。即便如此，由于当时鸭和鹅都算得上"珍稀"，因此只有皇室王族才能享用到这样的被子。

　　羽绒很快被发现并不意外。17 世纪俄罗斯的一份文件显示，当时卖给荷兰商人的商品中，就有羽绒。

　　羽绒制品的工业化生产在第一次世界大战后才开始，可以依靠机器用风力将羽绒从羽毛中分离出来。而此前，羽绒被内填充的鸭、鹅绒都是人力手工拣选的，价格高昂，仅供达官贵人享受。一战爆发后，羽绒被以良好的保暖性成了战场上的必备品。但纯羽绒是绝对无法实现的，于是，人们将羽毛、绒用机器轧断后混合，再用简单的缝制和填充方法制成羽毛被，作为军用被使用。由于工艺不完善，人们从这种被子里钻出来时，不仅自带一股羽毛的臊臭味，而且全身沾满羽毛，就像一只"行走的大鸟"。尽管如此，"羽毛被"的出现还是为此后羽绒服的"面世"打下基础。

我国近代羽绒业的发展

1920 年，湖南省一家银行的监理员丁鹏鷃失业后四处寻找生计，偶然在《远东金融商业报》上看到被人们摒弃的家禽羽毛经过加工拣选后，可卖给外商收购。于是，他开始从家附近的一家游乐场内的饭店里收集鹅、鸭的羽毛，经过手工处理后收集成包，再邮寄到湖北汉口一家经营羽毛的出口商处。后来，他得知羽毛中的羽绒虽然数量少，但价格要高得多，又开始寻找净绒的方法。

在收集羽毛的过程中，丁鹏鷃结识了商人李季侯，二人开始合作。再加上得到了游乐场场主的支持，他们建立了华新羽绒股份公司，专门收集加工羽毛。同时，他们开始用井水洗涤羽绒，并增加了烘烤、除尘等步骤，深受消费者的欢迎。

经过两年多的实践，丁、李二人借鉴了农业生产中利用风力清除秕谷的风车构造，设计出一部"提绒机"，在拣选羽毛的同时，启用风力把黏附其中的羽绒排出，大大地提高了羽绒的生产率。我国的羽绒工业自此诞生。

丁、李二人于 1925 年协议解散了华新羽绒股份公司，各自经营。在国内举办的国货展览会上，他们经营的两家羽绒公司多次参展，并荣获了各式奖项，长沙羽绒制品在当时也被称为"湖南特产"。

1929 年，中国羽毛已成为进出口兼营的项目，上海商人开始自行向国外推销，建立长期合作关系。此后，天津、广州等地的羽毛出口商也相继打开了国外销路。

1932 年起，长沙的两家羽绒公司竞相提高产品质量，从生产羽

➤➤ 一只雌性绒鸭坐在它的巢上，周围被羽绒包围

绒到生产高档鹅绒被。用高级软缎制成被面，被内填充洁白的鹅绒，含绒量达 95% 以上。该产品还参加了美国芝加哥国际博览会、巴拿马万国博览会，均获得了高度评价。从此，长沙羽绒制品享誉国外。挪威的进出口商专程来到长沙批量采购羽绒被，这一习惯一直延续至 20 世纪 90 年代。

险些被冻死后的发明

虽然羽绒制品在历史上源远流长，但羽绒服的发展史只有不到百年。真正以羽绒作为填充物的服装出现在 1940 年，发明人是美国人艾迪·鲍尔。

都说"兴趣和爱好是最大的动力"，这话不假。1899 年出生于华盛顿州的艾迪·鲍尔是一位狂热的户外运动爱好者，尤其偏好冬季垂钓。那时，不论是欧洲还是美洲，在严冬人们靠羊毛大衣和各种动物毛皮取暖。而羊毛在天然材料中属于重型，全身户外装备加起来十分沉重。1936 年，正值壮年的艾迪去参加冬季垂钓时，粗大而笨重的羊毛外套被雨雪打湿，在寒冷的气候下结了冰，变得又冷又重，导致他得了低体温症，这是登山运动员容易患上的一种致命疾病，患者休温会降到 35 摄氏度以下，严重的会失去知觉，心跳甚至降到每分钟 10 次以下。

>> 羽绒服 © Matti Blume

  艾迪差点冻死在途中，康复后，这次经历激励他开始寻找羊毛外套的替代品。后来的几年时间，艾迪努力寻找一种可以比羊毛更轻便且保暖的材料。最终，户外活动时看到的野鹅毛使其获得灵感，他将目标瞄准了羽绒。

  正好，1938 年杜邦实验室发明了尼龙，这种不同于棉布的织物，质地紧密，表面的孔洞很小，大大地缓解了羽绒顺着棉布纹理外钻的弊端。而且，艾迪还将羽绒被所用的绗缝技法借鉴到尼龙面料上，所谓绗缝，就是把衣服缝成一个个"隔断"，然后往里面填充野鹅绒，来解决羽绒分布不均和下滑的顽疾，现代意义的羽绒服就这样诞生了。1940年，艾迪将第一件绗缝鹅绒外套命名为"Skyliner"，并申请了专利。直到现在，世界各地羽绒服制造中的"锁绒技术"，还离不开艾迪当年做出的贡献。

艾迪发明了第一件绗缝羽绒服后，并没有很快被大众所接受，而是被军方看中。当时正值二战，美国空军聘请艾迪为飞行员设计飞行外套，帮助他们抵御高空飞行时的严寒，超过五万名飞行员穿过这种羽绒服。二战结束后，艾迪基本上成了羽绒产品的代名词，他的公司开始生产民用羽绒服，并迅速发展壮大，他先后申请了二十多项关于户外服装的专利。

一项测试显示：穿一件普通衬衫，可以为人体增加2～3摄氏度的保温效果；而一件薄型羽绒服就可增加到12摄氏度左右。有人说，羽绒服的出现极大地帮助了人类战胜严寒。因为羽绒不但轻、暖，还有防水的特性，即便是进入21世纪的今天，材料工程学已如此发达，研究人员还是没有找到单位重量下保暖效果比鸟类绒毛更好的人造材料。

曾被视为与时尚"绝缘"

"靠天吃饭"的羽绒服作为功能服装，在面世后的四十多年里，始终在部分军事和运动领域小范围内"称霸"，一直被贴着"户外运动服装"的标签。

直到1983年，一名以专门搜集奢侈品著称的意大利时尚买手开始选择羽绒夹克作为收藏品，当然也许是因为羽绒服是寒冷气候出门的最佳选择。1985年，大约有五万件羽绒夹克在意大利销售一空。自1994年起，羽绒服户外运动服装的局限渐渐被打破，越来越多地出现在不同场合和领域，逐渐被世界各地普通人所接受。

羽绒服虽然保暖效果毋庸置疑，但在过去十多年里，一直被视为"时尚的绝缘体"。原因是它看起来臃肿笨重，与时尚圈钟爱的纤细苗条、曲线玲珑相去甚远，与设计前卫的奢侈品更无法相提并论，时髦的年轻人在冬天宁可选择"美丽冻人"，也绝不将羽绒服穿上身。

然而，最近这几年的冬天，情况却发生了逆转，羽绒服成了时尚界的"黑马"。曾经让人避之唯恐不及的单品，现在赢得了时尚博主、明星超模等群体的青睐。设计师也在重新设计羽绒服的风格，各种款式层出不穷，让人眼花缭乱。

2013 年前后，《继承者们》《来自星星的你》等韩剧热播，剧中的男女主角都穿着厚厚的羽绒服，很快，这些款式的服装就成为追剧人的热搜对象。很多大热欧美影片中主角都身着羽绒服，这也让羽绒服在一夕之间炙手可热。

一家市场调研公司在 2018 年年初发布了一项羽绒服市场的行业研究报告，数据显示，虽然羽绒服行业受到全球经济放缓的影响，但仍保持着两位数的增长，在过去的几年里，羽绒服市场规模达到了 18.4% 的年均增长率，销售额从 2013 年的 510.6 亿美元增长至 2016 年的 847.4 亿美元。行业分析师认为，未来几年里，羽绒服市场规模将进一步扩大，预计到 2021 年将达到 2085 亿美元。

万 物 说

防攀比：英中学禁穿高档羽绒服

羽绒服走上时尚舞台后，其中一些高档品牌甚至被视为奢侈品，成了部分群体的攀比"利器"。

美国有线电视新闻网报道称，位于英格兰西北部伯肯黑德的伍德彻奇高中决定，为了避免学生之间互相攀比，今年圣诞节后禁止学生穿着高端品牌羽绒服到校上课。

校方致信家长解释了上述决定，称学校"意识到一些年轻人向家长施压，要求为自己购买昂贵的羽绒服，这些衣服会在学生之间引起不平等"。

学校校长菲利普斯说，家长对校方的决定表示赞同。列入学校"黑名单"的两个品牌属于高端羽绒服，单件售价在1200美元左右（约合8000多元人民币），不少学生家长买不起。伍德彻奇高中共有 1427 名学生，其中近一半来自低收入家庭。学校近年来采取多项措施，避免来自低收入家庭的学生遭受歧视，包括要求使用指定款书包、增加穿着校服日等。

英国其他学校近年来也采取了多项措施，淡化学生出身背景差异，包括禁止使用昂贵文具、教师不询问学生周末活动安排等。这些措施的倡导者认为，相关举措推行后，低收入家庭学生出勤率提高，因家庭财富不均引发的校园欺凌行为减少。

事实上，类似问题在世界各国的很多学校也同样存在。韩国作为在亚洲引领时尚的国家之一，自然不可避免地成为学生衣着攀比的"重灾区"。虽然所有中学都会统一制作配发校服，并要求学生每天穿校服上学，尽量淡化贫富差距，但当寒冬到来时，学生穿在校服外面的羽绒服仍然在校园中引起一股不小的攀比之风。为了遏制这一现象，韩国有的学校推出"禁止穿长款羽绒服"的规定，对此，家长们表示欢迎，但也引发了青少年的抵触情绪。

挑选羽绒服的三大误区

误区一：羽绒服含绒量越高越好。

按照羽绒服装的国家标准规定，羽绒服装必须标明羽绒种类、含绒量和充绒量。含绒量是指羽绒羽毛中，绒子和绒丝占试样质量的百分比。按照规定，含绒量不得低于50%。但通常人们会认为，含绒量越高的衣服越保暖。这并不是一种完全正确的说法：首先含绒量多少是针对同类型羽绒服进行对比，一件长款羽绒服与一件羽绒背心含绒量就毫无可比性。实际上，含绒量80%与含绒量90%的同类型羽绒服保暖效果并没有太明显的差别，羽绒服的含绒量一般以70%及以上为宜。

误区二：羽绒服越厚越暖和。

充绒量是指羽绒服填充的全部羽绒的总重，它跟衣服的大小、长短、款式有关，国家标准对此没有做出强制规定。但需要提醒的是，不是充绒越多、衣服越沉，羽绒服就越保暖。因为随着填充密度的增大，通过填充料传导而损失的热量也增多。提高羽绒填充物的蓬松度才是提高保暖性的关键，蓬松度越高，羽绒所包含的隔热空气就越多，因此隔热性能就越好。这就是为什么近年来市面上出现一些轻型羽绒服，保暖效果也很好的原因。有些充绒量多的羽绒服掺有毛片羽丝、绒丝及粉碎毛，即使含绒量相同，蓬松度也有所下降。

误区三：羽绒服摸上去没有羽毛梗才好。

其实，优质的羽绒含有一定限度细小的毛梗是很正常的，如果摸上去特别柔软，一点儿毛梗都摸不到，这样的产品反而要谨慎购买。因为有的厂家会将下脚料、蓬松棉、羽毛打碎之后填充到衣服中，当作羽绒来欺骗消费者。

了解了以上几个误区，消费者在挑选时还要学会判断羽绒服质量好坏的小技巧：

一看：有无产品质量标签、检测报告等，标签上羽绒种类、含绒量和充绒量是否标示清楚。

二摸：质量好的羽绒服摸起来手感柔软，有完整的毛片，有羽毛梗但不能多，同时还要保证毛梗细软。还要掂一掂羽绒服的重量，一般来说，重量越轻、体积越大的越好。

三按：用手按压羽绒服，随即松开。如果迅速回弹恢复原状，说明羽绒的蓬松度良好。回弹性差，拎在手里有沉重感的则说明含绒量低，或可能掺了一定量的毛片或粉碎毛。

四拍：用力拍一拍羽绒服，如果有羽绒钻出或针脚处有粉尘溢出，说明布料防钻绒性差，或者缝纫针眼太大，这种羽绒服会越穿越薄。

五闻：鼻子接近羽绒服仔细闻，如有明显异味或臭味，就有可能填充了劣质羽绒，建议不要购买。

有的羽绒服面料不钻绒且防水，但透气性差，水汽不易散发，羽绒受潮会产生不同程度的变质或滋生微生物，散发出臭味。

最后，购买时还要注意剪裁，用于固定羽绒的格子越多越好，否则洗过后羽绒可能会结团。

洗衣四千年，越来越轻松

武锐

洗衣是最基本的家务劳动之一，也曾经是体力消耗最大的家务劳动，经过四千年的探索试验，人类终于找到了轻松的洗衣方式。洗衣机被誉为历史上一百个最伟大的发明之一，它不仅代表着现代工业革命的智慧成果，更使得千千万万的人从繁重的家务劳动中解脱出来。

早期洗衣是个力气活儿

出于本能，人类很早就发现衣服可以通过清水的洗涤重新变得干净起来。已知有关洗衣的最古老记录出现在埃及古墓的壁画上，时间大约在公元前 2000 年。其中有一幅刻画了一群男人弯腰洗衣的情景：两个人在用力搓洗，两个人在折叠，而另外两个人在使劲拧干。这个时代的人们凭借一双手，利用河水的冲刷动力还有棍棒的击打力来洗衣物，可以看出这时候洗衣是一件多么费时、费力的体力劳动。

我国古代劳动人民洗衣多使用捣衣杵，又称捣衣砧，木质，形状和棒球棒相似，长约 30 厘米，靠捣衣杵打衣服时的力量，用水把污垢带出来。因此我国古代洗衣服被称为"捣衣"。晋代曹毗的《夜听捣衣》就有记录。到了唐朝，关于"捣衣"的描述，广泛出现于文人骚客的诗句中，如李白《捣衣篇》："晓吹员管随落花，夜捣戎衣向明月。"又《子夜吴歌》之三："长安一片月，万户捣衣声。秋风吹不尽，总是玉关情。何日平胡虏，良人罢远征？"因为捣衣是缝制寒衣的前奏，那秋夜里清脆的砧声最能触动思妇的情怀，所以"捣衣"成了诗人吟咏的主题。这种洗衣方式一直延续至 20 世纪，现在影视剧中仍然时有出现。

据说捣衣杵是住在水边的人们为洗衣方便发明的，而居住在离水较远地方的人们发明了搓衣板。

对于洗衣最美的描述，莫过于"西施浣纱"了。美貌的西施在河边浣纱时，鱼儿看见她的倒影忘了游水沉到河底，因此西施有了"沉鱼"的美誉，成为我国历史上四大美女之一。

➤➤ 《捣练图》局部，张萱（唐代）

草木灰成为最早"洗衣粉"

原始的衣物清洁材料是人们在祭祀或烧烤活动时，偶然发现沾上某些物质的器物更容易清洗，进而寻找原因，发现了清洁衣物的奥秘。这种神奇的物质就是草木灰。

据记载，公元前 600 年，当时腓尼基人把山羊脂和草木灰混在一起造出了肥皂，腓尼基人发现了表面活性剂的优越性能，即能削弱水的表面张力，使水更好地渗入织物，分解污垢并让它漂浮到表面，直到最终被洗刷掉。

我国古代劳动人民也发现了草木灰可以用作洗涤剂。《礼记·内则篇》说："冠带垢，和灰清漱。"意思是系帽子的带子脏了，就和着草木灰洗。这是因为草木灰中的碳酸钾能去除油污。又据《考工记》记载，古人为使丝帛柔软洁白，将丝帛用草木灰水沾湿后，放入贝壳烧成的灰（古人称之为"蜃"），加水浸泡。这是因为草木灰水和贝壳灰可以发生反应，产生强碱——氢氧化钾。

　　一般衣服上的脏物质以油类为主，而油脂在碱性条件下水解程度加剧，生成易溶于水的高级脂肪酸盐和甘油。而草木灰的主要成分就是强碱弱酸盐，其水溶液由于碳酸根离子的水解而显碱性。

　　在这一时期，除了草木灰，人们还使用动物油、植物油、皂角，以及碱盐等混搭的方式清洗衣物。汉代时人们已经知道用天然石碱洗涤衣物了。金代时人们在石碱中加入淀粉、香料，制成锭状出售。明末时，北京有了专门出售人造香碱的铺子，其中"合香楼""华汉冲"等，一直到 20 世纪 40 年代，还在销售盒装桃形、葫芦形玫瑰香碱。

　　皂角也是一种重要的洗涤用品，皂角学名皂荚，十分坚韧，捣碎可以用来洗涤衣物。南宋时都城临安（今杭州）街市上有一种橘子大小、用皂荚粉做成的圆团，周密在《武林旧事》中记载了它的名字"肥皂团"。肥皂团放入水中，能发泡去污。后来，从西方传入的和它功效相似的洗涤剂，就也叫"肥皂"了。

　　老辈人说的"胰子"又是怎么回事呢？南北朝时，贾思勰已经提到用猪胰去垢。唐代"药圣"孙思邈的《千金方》里有一个配方：用洗净的猪胰，研磨成粉状，加豆粉香料做成颗粒。这就是古代的胰子，也叫澡豆。后来人们又把胰子和香碱合在一起，做成汤圆大的团，如桂花胰子、玫瑰胰子。

机械洗衣受"大海洗衣"启发

　　要想将衣服洗干净需要水、搅动和表面活性剂。灰尘粘在纤维上，用水冲是可以冲洗干净的，但为了清理掉衣领上的一圈圈黄渍，就需要用表面活性剂去对付它。表面活性剂是一种化合物，构成它的分子有点像极微的磁粒。这种"磁粒"分子的一极吸引灰尘，另一极被水吸引。喜吸尘的一极吸住衣物的油液，喜欢水的一极使油从棉织物上松开，并使之悬浮起来，然后使劲儿一搓，灰尘、油液就被洗掉了。

　　有了水和草木灰等表面活性剂，人们的衣服洗得干净多了，但是无论是用捣衣杵还是用手搓，洗衣服都很辛苦。有没有省力气的洗衣方式呢？有。

　　在大海航行中，水手们洗衣服就很省力气，他们把脏衣物塞进一个布包中，用绳子一端系在船上，布包则扔进大海中，航行途中让海水搅动、拍打衣服，衣服就洗好了。受到"大海洗衣"的启发，1677

年有人发明了一种洗衣装置，通过一个由轮子和圆筒组成的装置去挤压水流，模仿大海洗衣的效果。这个装置就是现代洗衣机械的雏形。

1858年，一个叫汉密尔顿·史密斯的美国人在匹兹堡制成了世界上第一台洗衣机。其主件是一只圆桶，桶内装有一根带有桨状叶子的直轴，轴通过摇动和它相连的曲柄转动。同年，史密斯取得了这台洗衣机的专利权。但这台洗衣机使用费力，且损伤衣物，因而没有被广泛使用，但这却标志着用机器洗衣的开端。

次年在德国出现了一种用捣衣杆作为搅拌器的洗衣机，当捣衣杆搅动时，装有弹簧的木板便连续敲打衣服。19世纪末期的洗衣机已发展成一只用手柄转动的八角形洗衣缸，洗衣时缸内放入热肥皂水，衣服洗净后还可以给衣服挤水。1874年，美国人比尔·布莱克斯发明了木制手摇洗衣机。布莱克斯的洗衣机构造极为简单，是在木筒里装上六块叶片，用手柄和齿轮传动，使衣服在筒内翻转，从而达到洗衣的目的。

▶▶ 老式的德国洗衣机样版 © Markus Schweiß

电动洗衣机开启家务劳动自动化

　　1880 年，美国出现了蒸汽洗衣机，蒸汽动力开始取代人力，让人们的体力劳动得到缓解。1887 年，法国出现了体积小巧、便于携带、适合家庭妇女使用的蒸汽洗衣桶。蒸汽洗衣机相比手洗在效率上有了质的飞跃，在街头巷尾的各个蒸汽洗衣店里，蒸汽洗衣机被使用得得心应手，洗衣店也蓬勃发展起来。

　　之后，水力洗衣机、内燃机洗衣机也相继出现。水力洗衣机是"大海洗衣"的升级版，设在船上。洗衣机上设有进、出水孔，外壳上设有动力源，洗衣筒上设有衣物进口孔，其进口上设有密封盖，洗衣机通过连接件与船相连，只需自然的河流水力就能洗涤衣物，而且比"大海洗衣"干净得多。

　　1910 年，美国的费希尔在芝加哥试制成功世界上第一台电动洗衣机。电动洗衣机的问世，标志着人类家务劳动自动化的开端。1922 年，美国玛塔依格公司改造了洗衣机的洗涤结构，把拖动式改为搅拌式，使洗衣机的结构固定下来，这也就是第一台搅拌式洗衣机的诞生。这种洗衣机是在筒中心装上一个立轴，在立轴下端装有搅拌翼，电动机带动立轴，进行周期性的正反摆动，使衣物和水流不断翻滚，相互摩擦，以此去除污垢。搅拌式洗衣机结构科学合理，受到人们的普遍欢迎。

1932 年，美国本德克斯航空公司宣布，他们研制成功第一台前装式滚筒洗衣机，洗涤、漂洗、脱水在同一个滚筒内完成。这意味着电动洗衣机跃上一个新台阶。

洗衣机，被誉为历史上 100 个最伟大的发明之一。它的伟大之处，不仅是代表着现代工业革命的智慧成果，更使得千千万万的人从繁重的家务劳动中解脱出来，成为人们不可或缺的生活必需品。

❯❯ 位于美国得克萨斯州的洗衣机博物馆 © Michael Barera

淘金潮催热洗衣店

1837 年，第一家商业性质的洗衣店在纽约开张，而它真正流行却是十多年后的事。那是 1849 年加利福尼亚淘金浪潮期间，由于洗衣女工缺乏，迫使一些矿工把他们的脏衣物送到夏威夷华人开的洗衣店去清洗。很快，华人纷纷来此做洗衣生意。到 19 世纪 80 年代，美籍华人洗衣店在北加利福尼亚洗衣业市场份额占到 75%。

女性就业的古老职业

拎着篮子去最近的河边，在石头上捶打、搓洗衣服，然后把衣服晾在太阳下晒干，这样的劳作，多数是由妇女

>> 1876 年在阿根廷发布的洗衣机广告

来做的，洗衣的河边甚至成了妇女交流的场所，洗衣时间也成了她们走出家门社交的时间，甚至在很多电视剧中，河边洗衣还成了男女青年相识相知的好机会。实际上，除了休闲娱乐和谈恋爱，洗衣还是女性就业的古老职业。

作为重要的家务劳动，女性在很小的时候就被教育要像懂得如何做饭一样了解如何洗衣服，因为入行门槛较低，洗衣也成为劳动妇女外出就业时的首选。我国自明清开始就设有洗衣坊，是贫苦妇女专门为富商、地主、官宦人家清洗衣物的一种作坊，在当时的社会阶层中属于低下职业。在欧洲，洗衣业同样是妇女们的天地，尤其是那些合同制女工和移民妇女的天地。对于一个单身女性来说，能通过洗衣来自食其力，无疑是一件很体面的事。

偶然发明"法式干洗"

专业服装的保养其实从古代意大利的庞贝时代就开始了。那时有"漂土"服务，就是衣服护理人员使用黏土质的"漂土"从衣物上吸掉污渍和油渍，这些衣物太娇贵了，不能用水去除上面的脏污和油脂。

后来有人用松节油来去除衣服上的焦油和清漆，1690年有使用松节油从衣服上去除焦油和漆的记录。直到1716年松节油开始被认为是干洗剂，用以辅助湿洗去除油脂污渍。几个世纪的发展，松节油、松树沥青的蒸馏物已经有几个名称：松树沥青油、松树沥青精华和莰烯。

关于现代干洗技术的诞生，有不同的说法。有人说是法国贫民家庭出身的乔利·贝朗，在一个贵族家庭里当杂工时,一次不小心把煤油滴到贵妇人交给他熨烫的衣服上。他发现那件衣服被煤油浸过的地方不但没脏,反而将原来的污渍清除了,经过反复试验,贝朗又在煤油里加了其他的一些化学原料,终于研制出了干洗剂。

还有一个说法是19世纪初期,有个叫吉恩·乔利的法国人在巴黎拥有一家染织厂,有一天,厂里一名工人不慎打翻了桌上一盏油灯,灯油把桌上的台布弄湿了,当台布干后,乔利惊讶地发现脏台布上曾被灯油弄湿过的地方明显比其他地方要干净,再探究那灯油,原来是一种叫莰烯的东西。乔利推断出莰烯这种物质具有清洁作用,并认为应用于某些溶剂在没有水参与的洗涤过程中,可以去掉一些用水洗不掉的油垢污渍。

干洗诞生后的最初50年间,使用了苯、煤油、汽油、樟脑萜等多种溶剂,这些溶剂都具有可燃性,经常造成火灾。由于这一致命缺陷,干洗技术难以推广。1897年,德国莱比锡的吕德维格·安特林使干洗技术向前跨进了一步。他发明了使用四氯化碳做干洗剂,四氯化碳的洗涤效果好,不易燃,不过却带有刺鼻的异味,而且对设备具有腐蚀性。直到1918年,欧洲开始改用更好用的三氯乙烯

来取代四氯化碳，从此干洗业渐渐发展起来。

21 世纪干洗业已实现机械化。常用的干洗液是 1928 年发明的斯陶达溶剂和一种从石油中提炼而成的溶剂——全氯乙烯，它们既无害于人体健康，又没有起火危险。因为干洗液的价格比较昂贵，因此在清洗完毕后往往还要将衣物中挤出的溶剂进行蒸馏，再加以过滤，反复使用。鉴于干洗源于法国，直到今天还有人把干洗这种洗涤方式称为"法式干洗"。

洗衣机重回蒸汽时代

经历了上百年的发展改进，洗衣机生产领域形成了波轮式、滚筒式、搅拌式三分天下的局面，就在近几年，蒸汽洗衣机重出江湖。

和1880年的蒸汽洗衣机相比，现代蒸汽洗衣机更加精巧实用，但二者的工作原理是相似的。现代蒸汽洗衣机的功能包括蒸汽洗涤和蒸汽烘干，采用了智能水循环系统，可将高浓度洗涤液与高温蒸汽同时对衣物进行双重喷淋，贯穿全部洗涤过程，实现了"蒸汽洗"全新洗涤方式。

蒸汽洗涤是以深层清洁衣物为目的，当少量的水进入蒸汽发生盒并转化为蒸汽后，通过高温喷射分解衣物污渍。蒸汽洗涤快速、彻底，只需要少量的水，同时可节约时间。对于放在衣柜很长时间产生褶皱、异味的冬季衣物，能让其自然舒展，抚平褶皱。"蒸汽烘干"则是把恒定的蒸汽喷在衣物上，将衣物舒展开之后，再进行恒温冷凝式烘干。通过这种方式，厚重衣物不仅干得更快，并且具有舒展和熨烫的效果。

第二篇

极限

运动

蹦床，风靡世界的翻腾

吴斌

在许多年轻人心中，蹦床一直是童年回忆，是小时候去公园的必玩项目。有"空中芭蕾"之称的蹦床运动，是一项集竞技、健身、观赏和娱乐于一身的综合性运动项目，蹦床运动虽然历史并不悠久，但并不影响其在世界各地的流行。

源于中世纪杂技的发现

　　现代蹦床运动的起源，普遍认为是在中世纪的法国。杂技演员特朗波兰偶然发现，表演空中飞人的演员失手跌下，架设在杂技场周围的安全保护网不仅保护他安然无恙，而且网的弹力将其高高抛起时，演员借势在空中做出旋转、翻腾或者滑稽可笑的动作，反倒赚到更多喝彩声。于是，特朗波兰又把安全网拉紧，在上面弹跳并开始做一些简单的腾跃动作，这就是蹦床运动的雏形。

　　法国虽然是蹦床的起源国，但其发展速度及普及程度远不及美国。

　　20世纪30年代，美国跳水冠军乔治·尼森在法国无意间看到了这项杂技表演，回到国内在自家的后院制作了一个弹床，目的是帮助自己练习鱼跃和翻滚动作。此后，尼森发现了其中的商机，创办公司开始生产，并对器械重新进行了研究和改良，使其更加安全

和易于跳跃。随后，蹦床运动在美国迅速普及，首先被美国空军用来作为军事训练器材，后来又被医疗机构用于残疾人康复。不久，蹦床就以其特有的趣味性流行于各大学校体育课和游乐中心。

　　蹦床作为体育比赛项目，最早始于美国。1947年在得克萨斯州举行了首届全美蹦床表演赛，1948年在全国体操比赛上，首次被列为单独的比赛项目，当时的蹦床被称为"反弹翻腾"。但没过多久，一拥而上的"蹦床热"惹来了麻烦，在美国一些私设的商业化蹦床运动中心，由于教练员的失误，出现了多起因错误训练或者冒险动作而致人受伤事件，刚刚兴起的蹦床热潮渐渐退去。

东边不亮西边亮。20世纪60年代，在美国"退烧"后，蹦床又将热浪传至欧洲，特别在意大利、法国、瑞士等地更是风靡。值得一提的是，1962年在英国举行的一次欧洲蹦床比赛中，虽然只有奥地利、丹麦、荷兰等八个国家参赛，但此次比赛废除了原来"反弹翻腾"的名称，正式更名为"蹦床"。各国交流一度活跃，但有个"硬伤"一直存在，就是当时各国运动形式各异，器械规格、动作认定等都不同，难以制定统一的比赛规则。

随着蹦床运动的日益普及和影响的不断扩大，1964年国际蹦床联合会在瑞士成立，同年在英国伦敦举行首届世界蹦床锦标赛。

直到1999年，国际蹦床联合会成为国际体操联合会的一个协会，并在2000年第27届悉尼奥运会成为正式比赛项目，设男、女个人两个项目，产生了两枚奥运金牌。无疑，此举对这项历史并不悠久的运动项目在世界范围内的推广是极大的促进。

>> 双人迷你蹦床比赛 © Trampqueen

有"空中芭蕾"之美名

当蹦床运动员在弹网上自如跳跃翻滚时,人体的力量、平衡、协调性、韵律感在这一刻展现得淋漓尽致,带给观众强烈的视觉冲击。

专业的蹦床网长 4.028 米、宽 2.014 米,留给运动员的翻腾面积有限,比赛时要求连续做出三套不同的动作,每套由十个不同的空翻或空翻转体动作组成,根据运动员在空中翻转的周数和转体的度数以及动作基本姿态进行评分。

成功的蹦床动作要求高、飘,动作之间富有节奏的连接和变换,包含双脚起跳、背弹、腹弹、坐弹动作,全套动作中间没有停顿和中间跳。一套蹦床动作应由各种向前、向后的空翻转体或非转体的空翻动作组成。

与其他运动不同,蹦床要求比赛场馆的天花板距离地面必须超过 8 米。这是因为由于弹床的助力，专业运动员所获得的腾起高度通常可达 8 ～ 10 米，大大超过了其他竞技体操和技巧中空翻的高度。蹦床起弹初速大、腾空高，滞空时间长，所以能够完成许多飘逸的高难度动作，给人以赏心悦目之感。这一项目又被称为"空中芭蕾"，是最能够充分展示人体运动美的项目。

运动员空中翻转周数和度数越多、基本姿态越规范，得分越高。蹦床运动的规则复杂，比如说选手在蹦床动作之间不能有任何停顿，一套动作中不得有重复，手不能碰到蹦床等。而且，比赛时不允许运动员佩戴珠宝首饰及手表，女性运动员必须要穿白袜子，违反者将被取消该轮比赛资格——据说这是为了让裁判更清晰地看到参赛队员的脚部动作和防止缠绕，保护参赛者。

蹦床运动是从 2000 年才被列为奥运会项目，欧美人长期独步蹦床天下。1997 年，蹦床才被我国国家体育总局正式设项，凭借亚洲人的身形优势，中国蹦床项目在短短的 20 年间进步飞速，已跃居世界一流队伍，在世界杯、奥运会、亚运会等大型赛事中都书写了辉煌。

随着蹦床运动在我国的普及和发展，"大众蹦床"运动应运而生，目前已形成了安全设备、教师培训、体育交流、全国表演大会等一系列完整、成熟的全国幼儿园特色教学和互动体系。自 2011 年进行首次全国表演开始，幼儿蹦床运动已经在全国各地蓬勃开展起来。2015 年国家体育总局正式将这项新兴的幼儿运动形式命名为"幼儿大众蹦床"，列入社会推广项目，并举行了首届全国幼儿大众蹦床表演大会，全面开始了面向全国幼儿园系统的推广进程。

蹦床上练出的"扭扭王"绝技

蹦床项目是一项冷门运动，相对于其"兄弟"项目——竞技体操来说，关注度完全不是一个等量级。但有意思的是，它就像一块基石，在很多领域中发挥能量。

日本体操选手白井健三是 2016 年世锦赛自由操的冠军，他因开启了匪夷所思的四周旋转以及连续转体动作，而被"粉丝们"称为"扭扭王"或者"空中滚筒洗衣机"。这位体操选手在自由操上使用了前所未见的连续直体空中转体动作，不仅让他获得了该项目的冠军，更激发了人们对他的强烈好奇。后来，日本媒体在专访他时特意解释了为何他如此能"转"。原来白井健三在很小的时候就开始学习体操，那时候他的父母经营着一家健身房，他对其中的蹦床产生了浓烈的兴趣，经常在那上面跳跃、翻跟头，这也为他练成很好的转体技术打下了基础。而且，为了让他能更贴近自由操的感觉，父亲特意把蹦床的 500 根弹簧的长度从 20 厘米变为 10 厘米，这是白井健三能"转"的秘密。

日本体操的另一个标志性运动员内村航平，在男子个人全能项目上至今无人可以超越，他也是从小在蹦床上练习体操动作，每天在训练前都会在弹网上腾跃，从未间断过。

不光是在体操、跳水、篮球等体育项目，就连风马牛不相及的飞行员和宇航员训练中，也少不了蹦床。

杰瑞·利宁杰是首位在俄罗斯"星城"接受训练的美国宇航员，1997 年 1 月他乘"亚特兰蒂斯"号航天飞机登上了俄罗斯和平号空间站，开始了为期五个月的太空之旅。离开空间站后，他在自传《太空漂流记》中，描述了自己在俄罗斯宇航员训练基地——"星城"的训练经历："再跳高一点！试着在空中翻跟头！"蹦床旁的教练大声用俄语喊道。但此刻正在蹦床上飞舞的他想的却是怎样才能让双脚落地，不要扭伤脖颈才好，同时暗暗抱怨这种杂技式的训练对克服失重有什么意义……

国家航天员科研培训中心总体设计师、中国航天医学工程研究所解大青教授在做客新浪网时介绍，航天飞行是一项非常艰苦的活动，需要经受巨大的噪声、振动和冲击等特殊考验，需要强健的体魄，因此必须要进行增强体质的训练，如田径、体操、球类、蹦床、游泳等。通过这些体育训练，来适应航天任务和航天环境的要求。

当然，起源于杂技的蹦床运动没有"忘本"，依旧在很多马戏节目中大放异彩。在第四届中国国际马戏节上，俄罗斯节目《长条蹦床》全球首演。节目从一场婚礼开始，演员们似一个个飞翔的精灵，在长条蹦床上不断挑战地心引力的极限，腾空而起的身体或翻腾或旋转或起舞，人与人在空中交错、叠罗汉，完成种种不可思议的高难度动作，难怪被称作"华丽的空中芭蕾舞"。据俄罗斯格列秋斯金杂技团领队说，虽然是蹦床类项目，但是这个节目是其首创，因为以前的蹦床都是单人，而这个节目实现了突破性的团队表演，几乎蹦床中的所有高难度技巧在节目里都有，而且其中还穿插了令人捧腹的故事。

» 1965 年 10 月 30 日在巴黎示范太空球运动 © 尼森蹦床公司（现已解散）

跳蹦床十分钟相当于慢跑半小时

与专业的蹦床比赛不同的是，蹦床可以成为普通人的娱乐健身项目，适合不同年龄阶段。尤其是在英国、美国、澳大利亚等国家，蹦床健身已成为爱美一族的首选。因为比起慢跑等普通运动，蹦床更能消耗卡路里。即使不像奥运冠军那样在蹦床上高高弹起再做高难度的翻滚动作，只是用蹦床代替地板，在上面做一些简单的健身动作，蹦蹦跳跳间就能达到燃脂目的。

数据显示，持续跳跃十分钟就相当于慢跑半小时消耗的卡路里。而且比起在平地上做运动，在蹦床上做动作，对四肢，尤其是关节的冲击可减少80%。专业人士说，即使在蹦床上走步，也比在地面上走燃脂多，因为

>> 旧金山空中蹦床公园之家 © HouseofAir

在蹦床这样不稳定的平面上运动，运动者能调动所有核心肌群，尤其是腹部肌肉群，这种柔软的弹性会保护其关节。

蹦床也是很多孩子喜欢的活动，能和家长一起玩耍的大型蹦床馆更成为全球各大城市的新兴潮流。但是，在跳蹦床的过程中，经常会有受伤的情况。欧美儿科医生警告，蹦床虽好玩但安全隐患巨大，玩蹦床造成的骨折和脑震荡病例越来越多。澳大利亚在 2015 年的一项研究显示，有 40 名 1 ～ 10 岁儿童因为玩蹦床受伤，赴悉尼儿童医院就诊。其中，超过三分之一的孩子肘部或踝部骨折，还有半数以上有不同程度的扭伤或擦伤，五名患儿接受手术住院治疗。

美国和英国儿科医生也表示，玩蹦床受伤成为儿童急诊治疗的主要原因之一。其中八成的蹦床事故是由于蹦床器械的设计安全性问题所导致，如蹦床表面金属框架、刚性护网支撑杆、弹簧或护网质量不过关等，17%的事故是由蹦跳者互相碰撞等人为因素导致的。

目前，在欧美澳新等国家都对蹦床制定了安全标准。安全的蹦床应该带有软脊护网，护网支撑杆不能是刚性材料——例如金属；同时要带有软边技术，软边技术是国外的一项专利技术，该设计是在蹦床跳跃面上没有任何坚硬部件如弹簧、框架，跳跃者在可以接触到的蹦床空间内不能有任何坚硬物体。因此，最好不要使用带有弹簧的蹦床，即使有海绵保护垫，也无法达到儿童使用的安全级别，还会给孩子造成安全误导。此外，英国皇家事故预防协会也表示，多个孩子一起蹦床时，尽管蹦床周围都围着保护网，依然很容易受伤，所以最好同一时间只有一个孩子玩耍。

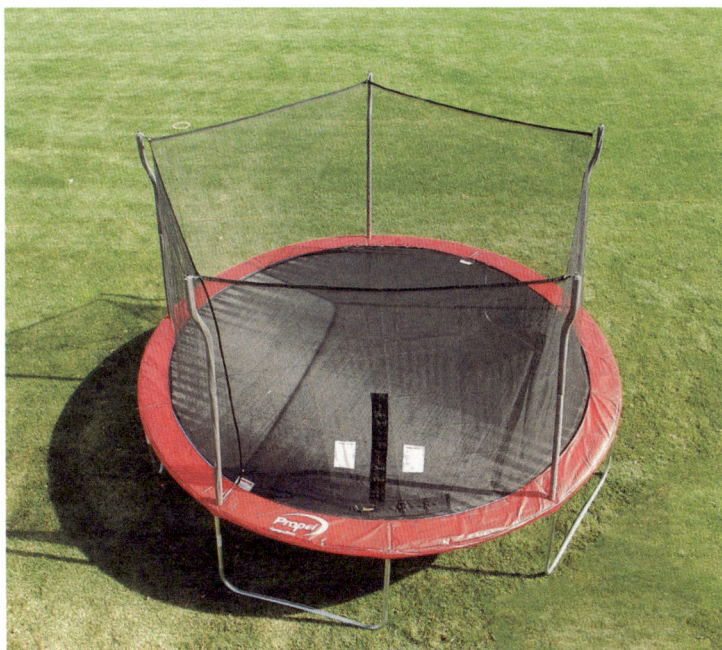

世界最大地下岩洞蹦床

英国北威尔士采石小镇布莱奈·费斯蒂尼奥格的莱奇韦德（Llechwedd）岩洞被改造成了世界上最大的地下蹦床，位于地下6～55米深处，这是北威尔士户外活动中心Zip World 的一部分，工作人员在有两个圣保罗教堂大小的巨大地下岩洞中安装了三套蹦床。这些蹦床使用 18 米长的滑链连接，里面还有炫目的彩灯。

到这儿的游客都将穿上全套棉质装备和头盔，乘坐火车进山，岩洞内的三个蹦床都有 3 米高的网墙，可以阻止人们爬出去。第一个蹦床距离地面 6 米多高，第二个距地面 18 米高，第三个则有近 60 米高。每个蹦床约有 18 米宽，经过测试可承受巨大重量。每个蹦床向下有滑链相连，向上则有人行道。

据介绍，地下岩洞中设置蹦床是英国青年埃尔维斯的创意。埃尔维斯失业后，在翻看招聘启事时，一家旅游公司重金征集创意的消息吸引了他。这家旅游公司开发出一些深邃的洞穴，想通过公开征集创意的方式，让那些大小不一的洞穴成为旅游景点。看完这条消息，埃尔维斯开始摩拳擦掌，然而没过几秒，他又失落了，因为他被失业搅得大脑一片空白，一时也没有什么好的创意。

刚好周末，儿子让埃尔维斯带他去游乐园玩，埃尔维斯却把儿子带到了公园里的蹦床边上。他把儿子放到了蹦床上，拉着儿子的手示意他随着音乐慢慢跳跃。很快，儿子被蹦床吸引了，而且越跳越高。没多一会儿，儿子就满头大汗，还不停地喊热，他把儿子抱下蹦床，就在这一刻，他忽然茅塞顿开。他想，如果把蹦床搬进洞穴里，玩儿蹦床的人应该就不会出汗了吧？回到家，埃尔维斯马上钻进书房，将自己精心策划的方案发给这家公司。令他没有想到的是，他的创意竟然被采纳了，该公司很快据此开发了地下岩洞蹦床。

塞纳河上的"蹦床桥"

2012 年，法国巴黎塞纳河上架起一座"蹦床桥"，该桥位于德比尔哈克姆大桥附近，由三个直径为 30 米的可充气组件接合而成，里面灌入了 3700 立方米空气，充气组件中间是蹦床。该桥的设计旨在让人们用更新颖的方式横穿河流。游客和附近的居民不仅可以从桥上通过，还可以在上面玩蹦床，一边玩耍，一边欣赏巴黎美景。

在每个组件的中心部分，一个拉伸的蹦床网使人们享受跳跃的体验，绳子串联着漂浮浮标和 PVC 膜以形成一个稳定的基础。

提出这一设计方案的巴黎一家建筑公司的设计师表

示:"它建立在快乐、愉悦和洒脱的理念上,与紧张的巴黎形成对照。"该公司的网站上标明:"在我们看来,巴黎已经有许多供行人和车辆穿越本地水路的桥梁和通道。我们的目的是让游客和居民在通过同一条河流时选择一条更新奇、更愉快的道路。"

墙蹦床,玩的就是跨界

与蹦床不同,墙蹦床是一种极限运动,不是体育项目。

墙蹦床是 2007 年由加拿大魁北克马戏学校的学生们创造的。该项运动要求人从四五米高的墙上自由落体跳下,背部向下落到蹦床中间,利用反弹力蹦到空中,完成一连串的转体动作后稳稳站回到墙头;或者在墙面上再蹬上一脚,回落到蹦床循环开始下一个动作。有时候运动员会跳过墙头,跳到墙的另一端。

2007 年,魁北克马戏学校注意到了墙蹦床独特的表演方式,开始特设这一训练项目,并选派了两个专职教练,罗贝格就是教练之一。2007 年,十八岁的罗贝格在观看著名的加拿大太阳马戏团巡回表演时,第一次看到墙蹦床这种表演形式。后来，他自己也跟随太阳马戏团全球巡回表演墙蹦床，每年要演出 250 场左右。与此同时，罗贝格又长期跟加拿大蹦床国家队一起训练，这很快就让墙蹦床也实现了跨界登场。目前，加拿大的墙蹦床已经有了群众基础，但在美国，只有佛罗里达和拉斯维加斯的两三所杂技学校将墙蹦床作为马戏节目开展培训。

"在墙上垂直行走，这种感觉是无与伦比的。"罗贝格对此非常兴奋。他解释说，蹦床虽然也是源自杂技项目，但进入奥运会体系成为一种正式的体育项目后，已经被体操同化；而墙蹦床更像是跑酷和蹦床的结合体，多了一面墙当道具，运动员有了无限发挥想象力完成动作的可能。

轮滑, 穿越四季的炫酷

刘慧慧

轮滑运动，原称为"溜旱冰"或"滑旱冰"，是一项融健身、休闲、娱乐、竞技、惊险于一体的体育运动项目，日渐得到人们尤其是青少年的喜爱。公园里、广场上，我们经常能看到轮滑运动者矫健的身影，他们用不同的技法或姿态展示着轮滑炫酷、时尚的魅力。

轮滑起源于无冰季的溜冰

最初的轮滑运动是从滑冰运动发展而来，是在不结冰的季节进行类似冰上运动的训练而产生，对于最初起源却有几种不同的说法。

一种说法是，最早的溜冰鞋雏形诞生于 1100 年，猎人们用骨头装在长皮靴的脚掌位置，帮助他们在冬天也能打猎。1700 年，一名苏格兰人创造出第一双溜冰鞋，他希望能在夏天模拟出冬天溜冰，于是在鞋底装上了长木条。正是在这一年，爱丁堡成立了第一个溜冰俱乐部。

另一种说法认为轮滑起源于荷兰。早在 18 世纪初，荷兰的滑冰爱好者为了能在四季里享受滑冰的乐趣，创造了轱辘溜冰运动。他们用皮带将四个大木头轴捆绑在鞋子底下，在光滑的地面上滑来滑去，新颖独特。这种轱辘溜冰后来也在英国、比利时、法国等欧洲国家流行起来。

还有一种说法称第一双轮滑鞋是英国人发明的。1760 年，一名伦敦乐器制造商约瑟夫·梅林决定手工制造一双有金属轮子的长靴，当他把自己的杰作带到伦敦世界博览会上展示给热情的观众时却出现了意外。在还不知道如何刹车以及如何控制那双鞋子的情况下，他撞向了一面价值 500 英镑的镜子，不仅人受了伤，而且镜子也被打破了。这件事被媒体报道后引起了巨大的震动，轮滑因此被视为一项"危险的运动"，在相当长的一段时间内受到人们的冷落。

1819 年，法国人伯第特·布莱特首次获得制造溜冰鞋的专利权。溜冰鞋是在木制鞋底安上排列成一行的、尺寸大小相同的小滚子，

» 踩着溜冰鞋的年轻男子，1910 年

滚子多数是硬木的，甚至还有名贵象牙的，工艺精致。但这种溜冰鞋不能作曲线、弧形活动，只能向前滑行，活动范围和花样受到限制。

真正将轮滑进一步推动的是美国人詹姆斯·普利姆普顿，他于 1863 年设计出一种新型的溜冰鞋，用金属轮子代替了木质轮子，穿上它不仅安全灵巧，

而且可做曲线、弧形滑动，吸引着众多的溜冰迷。同年，在纽约市，一个耗资十万美元的轮滑运动场问世，这项新兴的运动很快风靡美国。三年后，詹姆斯·普利姆普顿开办了第一个室内溜冰场。1881年，用滚珠轴承制成的轮子逐渐出现，将轮滑运动推向了新的高潮，并由娱乐性向竞技性发展，先后出现了花样轮滑、速度轮滑、轮滑球等比赛项目。

20 世纪初，轮滑运动在美国和欧洲得到广泛开展，一些国家纷纷成立了速度轮滑俱乐部。英国于 1908 年修建了世界上最大的轮滑场。1910 年，欧洲开始出现了轮滑球赛。最早的轮滑运动组织是 1866 年在美国成立的"纽约轮滑运动协会"，后来由德国、法国、

>> 1908 年的溜冰鞋广告

英国和瑞士四个国家发起，于 1924 年成立了国际轮滑运动联合会。1926 年，有六个国家参加的第一届欧洲轮滑锦标赛举办，参赛国有英、法、德等。1940 年 4 月 28 日，在罗马举行的第 43 届国际奥林匹克委员会会议正式承认了轮滑项目的国际联合会。这一决定，使轮滑运动很快从欧洲传至北美、南美、非洲、大洋洲等地，各地相继开展了轮滑锦标赛。目前，全世界已有 60 多个国家和地区加入了国际轮滑联合会。

直到 1980 年，美国两位冰球运动员奥尔森兄弟在其家乡明尼苏达州的明尼阿波利斯，为了在球季之余能够继续练习冰球，便将轮子装在冰刀底座之内，产生了第一双单排轮滑鞋。这种轮子排列成一条直线的溜冰鞋，英文名为 In-Line Skate，就成了今天"单排轮滑"

的正式名称。两兄弟还重新进行了设计和制作，根据轮滑鞋的原理，采用现代的材料聚氨酯做轮子，制造成了如今的单排轮的轮滑鞋。

兄弟两个之一的斯科特·奥尔森在 1983 年成立了专门生产单排轮滑鞋的器材公司，促使这项运动迅猛发展。随后，这家公司开始研发各种不同用途的轮滑鞋，1994 年更是把简易刹车系统带入市场，推动轮滑成为一种时尚休闲运动，风行世界各地。

随着轮滑运动的发展和器械的改进，轮滑运动逐渐形成了五大品类，分别是速度轮滑、自由式轮滑、花样轮滑、极限轮滑和轮滑球。1992 年，双排轮滑组别的轮滑球项目出现在奥运会舞台上，这也是唯一在奥运会上出现的轮滑项目。

对关节的冲击力比跑步低一半

我国的轮滑运动开展较晚，19世纪末才引入，当时仅限于沿海的个别城市，而且只作为娱乐活动。直到20世纪80年代初期，我国才有正式的比赛出现。近年来，轮滑运动因其娱乐性、健身性深受人们的喜爱，走进千家万户。广场上、公园里时常可以看到穿着轮滑鞋飞驰而过的儿童、少年甚至中老年人，它已经成为全民健身运动中最好的体育项目之一，对于提高身体素质、强健身心有着极大的促进作用。

轮滑运动的健身作用有其自身的优势，这是在与其他项目的比较中逐渐显示出来的。专家曾对几种常见的健身方式做过研究，发现在中等强度下运动30分钟，跑步、自行车和速度轮滑三种运动方式分别消耗了350千卡、360千卡和450千卡的热量，证明了轮滑健身的高效性。美国一所大学在研究中发现，轮滑运动对关节造成

❯❯ 一名滑轮表演者跳跃的姿态

的冲击力比跑步运动低约 50%，且同样能达到健身的效果。

　　轮滑能够促进力量、灵敏性和协调性以及平衡力的提高。在轮滑运动中，无论是速度轮滑的起跑、直道和弯道滑行，还是轮滑球的急停、急转，或是花样轮滑的跳跃、旋转等，所有动作都需要一定的力量去完成，同时要求参与者要有很好的灵敏性和协调性，也就是随机应变的能力。滑轮滑时，膝关节、脚踝关节需要适当用力支撑身体，完成支撑、滑行、转弯等动作，这对关节的支撑能力特别是灵活性有很好的锻炼作用。轮滑运动所使用的滑行、跳跃、转体等技巧，需要灵敏和协调素质，能有效地提高人体在轮子上的平衡能力，无论是儿童、少年还是成年人都可以通过轮滑达到健身效果。

　　轮滑运动属于有氧运动范畴，对人体的呼吸系统、心血管系统和肌肉代谢能力都很有助益。一个已经掌握了轮滑基本技巧的运动者，在轮滑运动时心率会达到每分钟 120 次的有效锻炼心率。研究发现，轮滑时保持每小时 23 千米的速度，测量的心率是最大心率的 74%，可以达到强化心血管和燃烧脂肪的效果。如果把速度加快到每小时 28 千米，心率会达到最大心率的 85%，能提高肌肉的持久力。轮滑运动可增强各器官系统的供血和供氧能力，对于当今人类面临健康威胁最大的心脑血管系统疾病有很好的预防效果，对延缓人体衰老过程也能起到一定的作用。

儿童是轮滑运动损伤的"大户"

轮滑因其娱乐性和健身性，深受儿童和青少年的喜爱。尽管益处很多，但对于轮滑可能带来的运动伤害，家长们也须提前防范。

据全球儿童安全网络统计，在美国，每年有超过四万多的儿童因轮滑运动受伤。就损伤类型来讲，轮滑运动中的常见损伤可分为扭伤、擦伤、拉伤、划伤、挫伤、关节脱臼和骨折等。其中发生频率位于前三位的依次是擦伤、扭伤和挫伤，而轮滑运动者们最担心的严重骨折，在实际运动中较少发生。就损伤部位来讲，国外权威部门调查显示，在轮滑运动中，最常见的损伤部位是手腕、脸和下巴位置，其次才是下肢和脚踝位置，而发生在运动者肘部、膝盖、头部和身体其他部位的损伤则较少。

据调查，轮滑运动易造成损伤的原因主要是以下几点：没有熟练掌握正确的轮滑运动技巧；教学中缺乏合理的教学组织和严格的课堂纪律性；运动场地不安全，轮滑器械和防护装备性能不佳；运动者自我安全防护意识差。

轮滑是一项既有速度又要求平衡性的运动，具有一定的危险性。因此，玩轮滑时做好相应的安全防护十分必要。

首先，做好准备活动，让身体适应运动需要。体温升高会让肌肉韧带伸展充分、柔韧有力，身体更加灵巧自如，使受伤的概率大大减少。

其次，要穿齐护具，保护身体易受伤部位。一般来说，轮滑的整套装备包括头盔、护肘、护膝、护掌，最好购买专业厂家的护具，在防震和坚固性、舒适性上更有保障。在西方许多国家，不戴护具去轮滑是要受到处罚的。

再次，适当控制运动时间，不能过于疲劳。正处在生长发育阶段的孩子不宜玩轮滑时间过长，过度劳累会影响身体的正常发育。少年儿童和老年人每天进行轮滑的时间，最好在 50 分钟以内，即便是年富力强的年轻人最好也不要超过 90 分钟。此外，运动专家建议在轮滑后做些轻松的慢跑，或者是伸展肢体、抻拉韧带等来缓冲身体。

此外，由于我国轮滑运动起步较晚，专业培训机构和专业教练较少，轮滑培训难免鱼龙混杂，因此学习轮滑一定要查看相关机构和授课人员的资质，以免被误导而造成不必要的损伤。

万 物 说

"长途刷街"不可取

某年国庆长假，两名大学生脚踩轮滑鞋一路从山东滑行至北京，历时五天半完成了一次长达 567 千米的"长途刷街"。这次旅行的照片被发布在网上后，不少网友给二人点赞。实际上，尽管轮滑"长途刷街"能够体现两名大学生敢于挑战、勇于坚持的精神，但这种做法却不能提倡。

轮滑作为一种休闲健身运动值得鼓励，但只能在一定范围的场地上活动，不能作为交通工具。进行滑行运动时，运动者往往要集中精力对运动的速度、力度、地面平整情况进行观察调整。如果代步上路，就很容易忽略路面车辆情况，存在一定的安全隐患，一旦与路上的车辆、行人发生碰撞，后果不堪设想。遗憾的是，"不能轮滑上路"

的规定目前似乎并未被公众所熟知，"武汉四十七岁'潮大姐'踩轮滑上下班""十三岁杭州男孩千里轮滑去广州，被足球学校录取""泉州大三男生用27天踩着轮滑进西藏"等新闻报道比比皆是，公众非但没有认识到轮滑"长途刷街"的危害，反而还认为是时尚潮流。媒体应进一步提升法治意识，对于轮滑"刷街"的报道不能一味求新求奇，要起到正确引导作用，避免更多人效仿而发生不必要的危险。

≫　1950年3月在纽约市举行的轮滑比赛中两名参赛选手正越过两名摔倒的人

挑轮滑鞋有讲究

轮滑是一项带有一定危险性的运动，特别是对儿童而言，在较高速的滑行过程中能够及时刹车以避免危险，显得尤为重要。消费者在选购轮滑鞋时，不仅要关注款式和价格，更重要的是要将轮子硬度、制动器等考虑在内，并注意以下几点：

一是应查看产品是否有详细的使用说明，仔细查看吊牌上是否标注有产品名称、执行标准、规格型号、生产者名称和地址等内容，同时检查鞋体上是否有鞋号或规格，千万不要购买无标识或标识信息不全的产品。

二是轮子的选用要看场地的不同，轮子和轴承是轮滑鞋的关键，轴承越精细，轮子直径越大，材质越好，速度越快，匀速转动且转动时间在 15 秒左右的轴承为质量较好的轴承。消费者应根据自己的轮滑运动水平，选择适合自己的器材等级。专业轮滑鞋有不同的功能特征，能满足各种技术滑行的需求；一般休闲类轮滑鞋只适合健身、娱乐性运动，不可做跳跃腾空高难度动作或较高强度运动。

三是在选购儿童轮滑鞋时，一要手摸，二用脚穿，一定要挑选衬底较厚、有泡棉垫、支架减震效果好，轮子硬度低、弹性好的鞋子。鞋靴越厚实、鞋舌越软，穿着越舒适，在发生撞击时对脚的保护作用越好。鞋子的海绵一定要厚实、贴脚，可以更好地保护脚踝。

此外，在实际使用中，无论是儿童还是成年人都应佩戴护具，做好安全防护措施。

巴黎轮滑之夜

轮滑是一项风靡世界的极限运动，20世纪80年代以来，其作为一项民间体育项目，在法国各地蓬勃发展起来，现已在全法国拥有五百多万名爱好者。

法国巴黎寸土寸金，交通非常繁忙，然而从1994年到现在，在法国政府支持下，每周五晚都要开展"巴黎轮滑之夜"活动，每次都有超过一万名的群众参加。由巴黎警察开道，在主干道上溜旱冰。每次活动历时约三小时，距离长达30千米，而且每周的路线设计不同。

每次，警方都要派出数十名警员和多部警车护驾，并

❯❯ 德国卡尔斯鲁厄轮滑之夜 © Ikar.us

安排救护车一路跟随。滑行者不分年龄，不分种族，有的年少气盛，有的几近花甲；有的独自逍遥，有的一家多人结伴同行；还有很多国外的轮滑爱好者也加入了巴黎的星期五轮滑队伍。他们用脚下的滑轮丈量着巴黎的大街小巷，欣赏着夜色，更装点着城市。

秋千，勇敢者的游戏

大林

秋千已有两千多年的历史。荡秋千，从古代少数民族的战术训练，到女性的娱乐消遣，再到孩子们的童年最爱，如今更是以力量和胆量并重，成为勇敢者竞逐的游戏。

秋千的起源

提起秋千，谁都不会陌生，它向来是孩子们最喜欢的娱乐设施之一。

可是，最初秋千的使用者并非为了娱乐。人类的祖先为了谋生，在上树采摘野果或狩猎过程中，往往抓住粗壮的藤蔓，依靠其摇荡摆动上树或跨越沟涧，这就形成了藤秋千，也是秋千最原始的雏形。我国著名民俗学家乌丙安先生在《中国民俗学》上说："古人在山野间行猎，揪藤条腾跃是常有的，似是古代秋千渊源之一。"

随着历史的变迁，秋千成为我国古代北方少数民族的一种运动，于春秋时期传入中原地区。有文字记载的秋千为山戎（据古籍记载，"山戎""北戎"均指居住在我国西部地区的少数民族）所创，他们在春秋时期居住在北方地区，以游牧为主。山戎人大都勇猛强悍，善于攀登，秋千是军队训练攀跃山崖的器械，当时这个民族中流行

❯❯ 古希腊米诺斯文明末期文物，一名女子坐在秋千上 © Wolfgang Sauber

荡秋千，主要是为了训练身体轻盈矫健，是一种习武性质的活动，显然与后世作为孩子和女性娱乐游戏的情形相去甚远。公元前663年，齐桓公为救燕国，发兵征伐山戎，将其打败后，秋千也随之走进中原，并逐渐演变为普遍流行的游戏活动。

对于秋千运动的起源，古代有很多文字记载。《荆楚岁时记》为我国现今保存较为完整的一部记录岁时节令、风物故事的笔记体散文著作，其中记载："鞦韆（即秋千），本北方山戎之戏，以习轻矫者。

后中国女子学之，乃以彩绳悬木立架，士女炫服坐立其上，推引之，名曰'鞦鞦'，楚俗亦谓之施钩，《涅槃经》谓之胃索。"又如宋代高承在《事物纪原》中记载："（秋千）本山戎之戏也，自齐桓公北伐山戎，此戏始传中国。"

在云南省博物馆，1971 年发掘出土了一面西汉时期青铜鼓，上面有一组四人同玩一个磨秋（秋千的一种）的图案，这是我国最早秋千形象的实物资料。

还有一种关于"秋千"来历的说法，唐人高无际在《汉武帝后庭秋千赋》中提道："秋千者，千秋也，汉武祈千秋之寿，故后宫多秋千之乐。"从诗词中可以知道，在汉武帝时期，秋千在后宫盛行广泛，是寓意祈福千秋长寿之意。可见，"秋千"一词乃是"千秋"的转写。与此说相关，明代诗人陈卧子有诗句："禁苑起山名万岁，复宫新戏号千秋。"宋人黄朝英所作的《缃素杂记》中，则对上述这几种看法都有记录。

无论起源如何，秋千在很长时间内都十分盛行，特别是宫廷贵族更是讲究，不仅要对秋千架进行装饰，而且荡秋千时还要穿着专门的服装，有时还要配乐。随着时代演变，秋千逐渐从宫廷游戏走向民间，成为一项竞技运动。中华人民共和国成立后，随着各种现代体育项目的兴起，秋千运动除在少数地区流行外，大部分成了孩子们的最爱。1986 年 2 月，原国家体委制定了《秋千竞赛规则》（草案），随后秋千被列为全国少数民族体育运动会正式比赛项目。到 1999 年第六届全国少数民族运动会，秋千已发展为包括六个单项的较大项目。

　　秋千运动不仅是一项精彩的竞赛运动，更能够锻炼人的意志，对人体生理机能的健康发展也十分有益。

❯❯　一对摇摆的雷莫哈达斯雕像，经典的韦拉克鲁斯文化，公元 250—900 年，墨西哥哈拉帕人类学博物馆藏

曾是节令中必不可少的习俗

在古代，荡秋千的流传范围很广，深受历代皇帝的青睐，并列为清明、寒食等节日不可或缺的风俗项目。为什么会流传这样的习俗呢？很多说法是，因为秋千含"千秋"之意，意味着江山永固，但并无古籍可考。

从唐代开始，秋千已在各地盛行，到了宋代更是广泛流行于民间，成为清明活动的一个重要组成部分。杜甫在《清明二首》中写道："十年蹴鞠将雏远，万里秋千习俗同。"柳永在《抛球乐》中也描写了清明时节女子盛装打扮、轻荡秋千的欢乐情景："近清明，风絮巷陌，烟草池塘，尽堪图画。艳杏暖、妆脸匀开，弱柳困、宫腰低亚。是处丽质盈盈，巧笑嬉嬉，手簇秋千架。"

元明清三代都非常重视清明节荡秋千活动，并定清明节为"秋千节"。元人熊梦祥在《析津志》中曾记载道："辽俗最重清明，上

東風二月拂人和高架
鞦韆紅袖多五色衣裳
耀明錦綺雲相映棟空
過綵楊紅杏娟春晴絲
到花胡蝶景成闌闐身
輕踏空舞天風吹度珮
瓊聲

>> 《月曼清游图》之杨柳荡千，陈枚（清代）

自内苑，下至士庶，俱立秋千架，日以嬉戏为乐。"明代《灯宫遗录》
中说："宫中人称清明节为'秋千节'，各宫俱设秋千一架，相邀嬉
戏。"清代沿袭了这一习俗，在《潍县志·风俗》载："清明，小儿
女做纸鸢、秋千之戏。纸鸢其制不一，于鹤、燕、蝶、蝉各类外，
兼做种种人物，无不惟妙惟肖，奇巧百出。"

寒食节曾是我国最古老的节日之一，一般是在清明前一天或前
几天，说法不一。唐代十分看重寒食节，唐玄宗更颁诏将此节编入
《开元礼》中，官方规定的节日时间就有三天，其间有丰富多样的寒
食活动，荡秋千便是其中之一。《荆楚岁时记》中有记载："寒食有
打毬、秋千、施钩之戏。"

宋代非常重视寒食节的荡秋千活动。《宋史·礼志》记载宋代

皇帝祭祀祖宗的惯例是"上元结灯楼，寒食设秋千，七夕设摩睺罗"。金代历史学家元好问在《辛亥寒食》中也记录了当时的习俗："秋千与花影，并在月明中。"到了明朝，只有少数地区尚有寒食节荡秋千的民俗。寒食节与清明节相邻，古人常把节日活动延续到清明，久而久之，两节便合二为一了。明清时期，寒食节期间已经不再禁火，也不要求人们寒食了，这一习俗连同寒食节本身，在我国大多数地区慢慢消失了。而清明节则保留荡秋千、踏青、放风筝等活动的同时，继承了寒食节拜扫祭祖、食冷食、插柳等习俗。

在韩国江陵地区，至今仍保留着端午节荡秋千的传统风俗。这一天，身着传统韩服的女性聚在一起荡秋千，而男性则在一起摔跤。

一样的秋千，不一样的情思

自古以来，秋千就具有"刚柔并济"的特质。

在漫长的历史发展过程中，秋千从训练攀跃的器械，稍加改良就与广大女子结下了不解之缘。

每到春暖花开、阳光明媚之时，古人将长绳拴于高大的树杈下，穿着五彩缤纷服装的女子登上秋千，凌空悠荡，体态轻盈，彩衣迎风飘扬，宛如仙女飘然而至，难怪在唐宋时期荡秋千被称为"半仙之戏"。

对此，它成为文人诗词作品之中不可或缺的意象。据统计，仅唐诗宋词中涉及"秋千"的就有二百余首，如"秋千庭院""闲倚秋千""慵上秋千""冷落秋千""闲却秋千""笑语秋千"等。可以说，一样的秋千，呈现了不一样的情思。一方面以其轻盈摆动之姿展现豆蔻少女的青春与活力，抒发了生命的快乐自由，是对生命力量的

>> 明绿地洒线绣仕女秋千经面

体现和张扬；而另一方面它又是女子寄托愁怨与相思之物，用它来感叹容颜易老、命运悲苦，基调感伤而哀怨。

　　如"秋千细腰女，摇曳逐风斜"（白居易《和春深二十首》）；"风烟放荡花披猖，秋千女儿飞短墙"（李山甫《寒食二首》）；著名宋代词人李清照《点绛唇》则对当时民间少女荡秋千的情景做了很细致的描写："蹴罢秋千，起来慵整纤纤手。露浓花瘦，薄汗轻衣透。见客入来，袜刬金钗溜。和羞走，倚门回首，却把青梅嗅。"

又如陆游的《采桑子》中"宝钗楼上妆梳晚，懒上秋千"；晁端礼的《一斛珠》："夜来风雨连清晓，秋千院落无人到，梦回酒醒愁多少。"

明代的女子也很喜爱秋千。王圻编撰的百科式图录类书《三才图会》中就有女子荡秋千图。清代潘荣陛在《帝京岁时纪胜》中载："每于新正元旦至十六日，宝马香车游士女，白塔寺打秋千者，不一而足。"

由此可见，从古到今，荡秋千一直是女子喜爱的活动，甚至在某种意义上，秋千还成了古代女子的代名词。

如今，荡秋千在少数民族地区依然流传，且花样繁多。

朝鲜族算得上是最喜爱这一传统项目的民族，经常会比赛。节日里，姑娘们身穿色调艳丽的彩裙，围在秋千旁争试高低，只有高手才能参赛。比赛时，在高空的彩带上悬挂一串金黄色的铜铃，选手荡起秋千，看谁能碰响铜铃，碰到的次数越多成绩越好。飘逸的长裙，叮当悦耳的铃声，惊险的摆荡，令人叹为观止。

云南纳西族的荡秋千习俗俗称"秋千会"，通常历时四五天。丽江白沙村一带，当年结婚的新娘常以红绳系秋千扶手，用点心、瓜子等招待荡秋千者，以此讨得平安吉利。

成为勇敢者的游戏

时至今日，秋千早已不只是孩子、女性的消遣。相反，经过各种"变形"，它成了世界各地勇敢者的游戏。

2017年，韩版"跑男"节目一度经历收视低迷后，在一期特辑中创造了10.3%的超高收视率，而引发节目最高收视点的是两位韩国明星金钟国与宋智孝以"倒挂金钩"方式在大峡谷边上荡秋千。

要说这架能让七尺男儿大惊失色、心慌腿软的秋千，也着实不一般——新西兰内维斯大峡谷秋千，坐落在160米高的峡谷河床上，有超过70米的自由落体，是世界上最大的峡谷高空秋千，吸引着来自世界各地的挑战者。这个秋千能在高空以超快的速度摆荡出330米的弧线，相当于三个足球场的距离，挑战者可以选择往前、往后、独自一人或和一个朋友一起摆荡，他们会先经过70米高自由落体考验，然后瞬间被放开，时速更是最高达每小时144千米，体验到极

>> 新西兰内维斯蹦极跳平台 © Che010

速摆荡带来的惊险刺激。

在荷兰首都阿姆斯特丹市的"阿姆斯特丹之塔"观景平台上，也安装了一架名为"飞过天际"的秋千，共有四个座位，游客们坐在上面就能悬浮于约一百米的高空中，俯瞰阿姆斯特丹全景，历史建筑、著名港口尽收眼底。尤其是当秋千荡至远端一刻，人仿佛置身天际。这架欧洲最高的秋千自开放以来，已成为该市的明星景点之一，世界各地的无数游客闻名而至，想要一试为快。

"高点儿、再高点儿……"几乎每个淘气的男孩荡秋千时，可能都试图让秋千荡过头顶，享受刺激。但由于秋千特殊的设计，这个想法很难实现，最终不得不放弃。但对爱沙尼亚人来说，翻过秋千杠才是荡秋千的精髓。他们改良了秋千的结构，发明了 360 度荡秋千，已经成为当地的一种极限运动。

秋千在爱沙尼亚文化中占有很大的比例，各地都能找到公共秋千。有时候人们会在庆典期间聚集在秋千旁边，一起荡秋千并唱歌。显然，他们并不满足只是在秋千上荡来荡去。1993 年，名为 Kosk 的男子发明了一个新型秋千，专门用来挑战这种 360 度旋转的极限运动。它的构造很简单，就是两根与地面相连接的杆和顶部一根轴。早期的挑战者会将脚绑在这种秋千的椅子上，并将身体前后摆动以

>> 爱沙尼亚早期的"Kiiking"运动

获得足够动能将自己送到秋千最上方。Tarmo 是第一个尝试者，他成功荡过了 2.5 米高的秋千，但在挑战 2.7 米时失败了。显然秋千越高，难度越大。于是，新的运动诞生了。

1997 年，Kosk 再度改良了秋千架，发明了一种可伸缩金属秋千，能够安全地升降，让人们挑战各种难度。这些年来，秋千的设计一直在改善，高度也在增加。现代金属秋千与最初的秋千已有天壤之别。

不要以为光有胆量就能成功，挑战者还必须有足够的臂力和腿部力量，身体的掌控力，以及在各个角度时的发力技巧等。虽然 360 度荡秋千并未成为正式的体育赛事，但这项运动越来越受到欢迎，在英国、美国和德国等均有拥趸，并逐步形成了一定的比赛规则，类似于举重项目，即挑战者们需要先设定一个要挑战的高度，过关后才能冲击更高难度。荡得最高的挑战者就是赢家，根据吉尼斯世界纪录的记载，目前最高成绩是 2015 年出现的 7.15 米。

玩出花样的"水秋千"

很多人想不到，秋千和跳水能有什么联系？

我国确切的关于跳水运动的记载出现于宋代——水秋千，它是古人把秋千引入水游戏中创造的一种新的表演活动，并且具有相当的技术水平。

宋人孟元老在《东京梦华录》卷七《驾幸临水殿观争标锡宴》一章中，讲述了皇帝宋徽宗非常喜爱水秋千运动，带着家人和大臣，前往临水殿观龙船争标，原文为："驾先幸池之临水殿，锡宴群臣。……又有两画船，上立秋千，船尾百戏人上竿。左右军院虞侯监教鼓笛相和。又一人上蹴秋千，将平架，筋斗掷身入水，谓之水秋千。"也就是说，人们会在船上竖起高高的秋千架，表演者登上秋千随着鼓

» 《龙舟夺标图》卷，佚名（元代）

乐奋力荡起，直等荡到最高点与秋千架相平时，借助惯性脱手离开秋千，在空中划出一道美丽的弧线，翻身跃入水中，如此惊险刺激的表演让人过目难忘。这种水秋千类似现在的跳水，但不是用跳板，而是用秋千板。

元代画家王振鹏在《金明池夺标图》中把水秋千画得非常具体，荡起者和腾跃半空行将入水者的姿势都很生动。由此看来，水秋千表演是在两只船上进行，在上面荡秋千跳水的同时，下面的军士们奋力划船，以先到终点夺取锦标者为胜。

这是难度极大的跳水表演，每年只有一次。每逢这天，连皇宫中的宫女都登上楼阁，撩开珠帘，尽情观赏。宋人有一首《宫词》，就是专门描写这一情景的："内人稀见水秋千，争擘珠帘帐殿前。第一锦标谁夺得，右军输却小龙船。"

摩天轮，俯瞰美景的发明

林会

伴随游乐场而生的摩天轮，如今更多地成为城市的地标。仰视所见之高，俯瞰所及之广，每个城市的摩天轮都带着当地独有的味道，和城市美景一起，成为旅行者津津乐道的向往之地。

欲与埃菲尔铁塔比高

　　摩天轮是一种大型转轮状的机械建筑设施，上面悬挂在轮边缘的是供乘客搭乘的座舱，乘客坐在摩天轮里慢慢地往上转，可以从高处俯瞰四周景色，既惊险又刺激，深受年轻人的喜爱。

　　说起摩天轮的发明，很少有人知道它原来和世博会有着密切的关系。

　　19世纪末期，美国的经济趋于繁荣，大众娱乐文化已经开始兴起，马戏团、音乐剧团、魔术表演、餐馆等快速增加，娱乐消费呈现出欣欣向荣的态势。

　　为了纪念哥伦布发现美洲大陆400周年，1893年，美国决定在芝加哥举办一场世博会。那时，美国并未取得当今世界的国际地位，因此欧洲人都在怀疑，继1889年巴黎世博会大获成功后，美国人能否成功办出一流的国际盛会。

>> 乔治·费里斯设计的机械式大摩天轮

在芝加哥世博会以前，娱乐项目一般只能设置在世博园区外。而世博会巨大的影响力使众多娱乐业经营主看到了商机，他们强烈要求在园区内有自己的经营场所。为了渲染气氛聚集人气，芝加哥世博会主办方决定在世博园区边上设置一条一千米长的娱乐带，称为"大道乐园"，里面安排各种体育活动、流行音乐、真人秀、马戏表演，甚至模拟军事战争游戏等，体现这座城市的特色。

但这都是"小菜"，300米高的埃菲尔铁塔是上一届巴黎世博会最闪耀的明星和最辉煌的遗产，怎样才能有一个足以与之相媲美的建筑，让美国的世博会主办者绞尽脑汁。他们向民众广泛征集好的设计方案，并许下重金。

在收集上来的几千份作品中，主办方看到了一个令人眼前一亮的方案，那就是宾夕法尼亚州工程师乔治·费里斯的设计。那是一个"大胆而独特"的大转轮，其创意来自费里斯童年记忆中故乡的小水车。设计稿中，这个大转轮中心轴高 13.71 米，有 36 个座位舱。当人们乘着转轮到达空中时，可将世博园的景观一览而尽。经过大家的投票，主办方决定建造这个大转轮来为世博会赚眼球。

在实际建造当中，为了与埃菲尔铁塔一较高下，这个大转轮建有 26 层楼之高，直径约 80 米，座舱数 36 个，每个座舱里有 38 个长毛绒材料制成的舒适座位，再加上站位，一次可容纳 2160 人，旋转一周时间为 20 分钟。推动这个"巨无霸"旋转的力量来自两台各1000 马力的蒸汽机，它们安放在地下室里，通过齿轮和链条与大转轮的轴相连。锅炉房则建造在 180 米开外的地方，以防止游客受到煤烟熏呛。

果不其然，大转轮一亮相就成为这届世博会上最闪耀的明星，虽然它的位置并不起眼。在约 650 英亩的会展场地上，几乎任意一处的参观者都能瞥见这个高达 80 米、旋转着的"巨人"。乘客们一次又一次登上转轮观赏风景，在惊叹声中感受一种全新的体验。世博会期间，共有 100 多万名乘客被送上 80 米的高空，每人每次需要支付 50 美分，许多人都反复乘坐。而其总收入达到了 72 万美元——使其成为此次世博会上唯一盈利的发明。

"我所做的只不过是将埃菲尔铁塔装在一个枢轴上，然后让它动起来而已。"费里斯这样解释自己的设计。这是世界上第一座现代摩天轮，正由于其成就，日后人们皆以"费里斯巨轮"（Ferris Wheel）来称呼这种设施，也就是我们所熟悉的摩天轮。

费里斯摩天轮开创了现代摩天轮先河。虽然这个巨轮没有像预想的那样压住埃菲尔铁塔的风头，但却带给人们前所未有的震撼，毫无争议地成为本届世博会的象征。自此以后，这样的大转轮就在世界各地风行起来。更难得的是，一百多年来，摩天轮对人们的吸引力从未衰退过，直到今天，仍有无数大转轮依托现代化的设计在世界各地旋转升腾。

摩天轮热潮"燃"遍全球

在摩天轮的发展历史上，伦敦的"伦敦眼"最具有里程碑式的意义。

虽然在设计的原理和外形上并未有多大的创新，不过这个摩天轮以大出名，甚至算得上是个疯狂的城市创举。它建于 1999 年，总高度为 135 米，共有 32 个座舱，里面还装有空调设备。每个座舱可载客 25 名，旋转一周需要 30 分钟。

"伦敦眼"又称"千禧之轮"，原本是为了迎接千禧年而建造的，最初只获准运作五年。因其地处泰晤士河畔，"欢脱"地与庄严的大本钟建筑群相对而立，这就让很多人看不惯，认为它带着明显的娱乐场气息，不符合伦敦的"绅士"风度。没想到，摩天轮建成后吸引了世界各地的游客，成为伦敦市的地标，这座用 7500 万英镑打造的临时性建筑因此被保留下来。

» 夜晚的伦敦眼 © Diliff

其实，对"伦敦眼"而言，高度并不是它最值得称赞的部分。这个重 1600 多吨的庞然大物，是在浮于河面的一个平台上建造的，两个从陆地延伸过来的支架承担了它大部分的重量，另外加上六条巨型钢索防止其倒塌。直到接近完工阶段，负责建造的工程师才透露，他们在设计时比预先估计多尝试了几百万次的运算，超过世界上任何较大和复杂的建筑，以确保其安全性。

"伦敦眼"的诞生源自《泰晤士报》一项征集千禧年最具野心计划的竞赛，是一对夫妻建筑师团队提出的方案。这一设想得到了主要赞助商英国航空公司董事长的追捧，并在 16 个月后成功推出了现在的这个庞然大物。

有人统计过，"伦敦眼"的吸金能力居全英国付费景点之首。在它不停旋转的过程中，平均每天都有超过 1.5 万名游客，愿意支付 26 英镑在 135 米高空一睹伦敦风采，为该市旅游业赚进了天文数字，这也是它"由临转正"的一大重要原因。

"伦敦眼"刷新当时的世界巨型摩天轮纪录，此后也"点燃"了这股热潮。就在 2000 年过后的一两年时间内，法国巴黎协和广场、日本东京江户川区葛西临海公园等均建起了摩天轮。

后来，摩天轮的数量和高度几乎每年都被刷新。从世界级大都市到普通二线小城，不论城市体量，"第一高"之争从未降温。当然，有的是凭"净高"，也有的是借助山顶、塔顶等"外援"而成为"最高"。如广州新电视塔塔顶摩天轮，高达 455 米；俄罗斯莫斯科麻雀山摩天轮高 170 米。

这还不算完。中东富庶城市迪拜继建造了世界上最高的摩天大楼之后，2013 年宣布将建全球最大、最高的摩天轮"迪拜眼"，约 210 米。当时预计在 2015 年竣工，后来工期一再延迟。

胎死腹中的"巨无霸"不在少数

同为俯瞰方式，比起热气球、直升机等，摩天轮相对而言更为安全、舒适，游览价格也便宜，只是旋转方式稍显枯燥。

但精明的商人早已考虑到这个短板，他们将摩天轮的旋转时间设定在 30 分钟以内，因为这段时间足够让游人饱览城市的美景，同时又不会感觉无聊，时间过长反而会适得其反。

另外，虽然全世界的摩天轮可能在外形和功能上大同小异，但从选址来看，无一不是各城市最具特色之地。所以，即便同是登高俯瞰，但入眼内容大不相同："尼亚加拉摩天轮"位于加拿大安大略省尼亚加拉瀑布城的克利夫顿山（Clifton Hill），比尼亚加拉瀑布高出 53 米，高空俯瞰瀑布和全城绝对令人叹为观止；荷兰"海牙摩天轮"是全欧洲唯一一个矗立于远海之上的摩天轮，游客须走过狭长的栈桥到远海，才有机会看到摩天轮入口。随着摩天轮缓缓上升，一侧是精致市景，另一侧是白浪翻滚的海岸线；新加坡"飞行者摩天轮"安置在一栋购物中心楼上，是新加坡唯一可以360度观赏风景的场所，最远视野可达45千米外的景色，包括马来西亚和印尼部分地区……就是在国内，天津、南昌、苏州、无锡等城市也在河边或湖畔建有摩天轮。其中，被称为"天津之眼"的永乐桥摩天轮，建在天津海河之上，高达110米，是一座跨河建设、桥轮合一的摩天轮，兼具观光和交通功用，是世界上唯一一个建在桥上的摩天轮。

可以说，现代时尚的摩天轮的确能够弥补一座城市缺乏历史遗迹的短板，建造者都希望自己手中产生的是一座城市乃至全世界的地标。但因天灾人祸，"巨无霸"水土不服或胎死腹中的情况也不在少数。

2013年，纽约市政府高调宣称将建成"全世界最高"摩天轮"纽约轮"，工期却一拖再拖。后来《侨报》报道称，"纽约轮"计划最终传出坏消息，开发商代表极度失望地表示，尽管策划多年，但由于项目开发商和前承包公司闹起纠纷并诉至法庭，导致资金链断裂，这个需要10亿美元资金的项目仅筹到4.5亿美元时就无法继续推行，最终计划成为未知数。

也有的虽建起，但运营并未达到预期效果，如美国拉斯维加斯、得克萨斯的摩天轮客流惨淡；德国柏林的摩天轮更显尴尬，由于位于动物园附近的一座设备场，用柏林市市长的话说，这座185米高的转轮原本是为了"丰富动物园景观，并给整个柏林添光彩"，但却遭到当地动物权利保护者的抗议，他们担心一旦摩天轮投入运营，

>> 天津之眼 © kele_jb1984

刺眼的灯光和旋转的噪声会对动物产生消极影响。还有些出现了技术故障，2018 年 4 月，墨尔本地标式观景摩天轮"墨尔本之星"出现故障，95 人被困在高达 120 米的高空车厢中，进退两难；2016 年，黎巴嫩首都贝鲁特南部一座摩天轮倒塌，造成至少 6 人受伤。

　　最命运多舛的要算法国巴黎摩天轮（或称"协和摩天轮"）了。它位于巴黎市中心地标协和广场上，高达 70 米，与凯旋门和卢浮宫呈一条直线，很多游客将其视作与埃菲尔铁塔媲美的巴黎地标。从 1993 年起，巴黎协和广场先后出现过五个摩天轮，且都在同一个位置。其中，第三个是千禧年庆典的一部分，2002 年 1 月被拆，先后卖给英国曼彻斯特、荷兰阿姆斯特丹，如今在法国的安提贝兰德"安身"；第四个是 2009 年落成，2015 年被拆；最后出现的这个，其实是 2016 年 6 月才落成的，当时是为了庆祝在法国举办的欧洲杯足球赛。然而从 2016 年起，围绕摩天轮不断爆发"口水战"，有民间组织认为它对游览巴黎景观造成了妨碍，甚至向当地法庭提起诉讼，要求将其移除。虽然摩天轮公司取胜，但后来又遭到巴黎市议会的一致投票要求拆除。原因是"破坏了协和广场以及杜乐丽花园到香街美丽的历史景观，移除摩天轮有助保护这片区域'历史感的视觉样貌'"。2018 年 5 月 19 日，该摩天轮被拆除。

"建轮"脚步为何停不下来

自从摩天轮在芝加哥诞生以来,就一直与过山车、旋转木马合称为"乐园三宝"。但事实上,如今世界上大多数摩天轮并非修建于游乐场里,而是在闹市中或是景观带,成为独具吸引力的地标建筑。为什么会这样?

这里不得不提到现代摩天轮设计师罗纳德·比辛克(Ronald Bussink)。19世纪末发明的摩天轮,在很长一段时间内只是单纯作为游乐场设施而存在的。比辛克1985年第一次涉足摩天轮领域,2000年受邀为巴黎千禧庆典建造摩天轮。很快,他就意识到"浑身发光"的大转轮可以成为城市的地标之一,而不仅仅是游乐场的附属。之后,比辛克频频寻找那些具有商业潜力的地方和开发商,短短三十多年间,已经在世界各地建造了超过一百座摩天轮。

在过去的几十年中,全世界很多城市都建起了摩天轮,而且还

❯❯ 日本东京葛西临海公园的 "钻石与花" 大摩天轮

有更多的正在筹建或拟建中。现在全球到底有多少座摩天轮，大概没人能说得准。其中，日本算得上是最为热衷的建造国，全国大大小小正在运营的摩天轮有 130 多座，如果将眼光放在全世界来看，日本的摩天轮虽然在高度上并没有优势，但这并不妨碍每个大都市都将其作为本市的一个著名景观，如东京的 "钻石与花"、大阪的 "Hep Five"、横滨的 "宇宙时钟"、福冈的 "天空之梦" 与 "天空之轮"等。据不完全统计，仅日本就有 20 多座高度在 100 ～ 120 米之间的摩天轮。为什么各地都热衷于 "建轮" 呢？

显然，摩天轮的可复制性比摩天大厦容易多了。有人算过一笔账，用摩天轮做地标是一个价廉物美的选择——造价大多为几千万美元，一般耗时一两年。但如果要建造一栋摩天大厦，动辄就要几亿美元，如迪拜哈利法塔造价 15 亿美元，而且三五年甚至更长的开发时间都是再正常不过的。

另外，摩天轮能依靠游客带来可观的门票收入，后期运营不复杂，而且源源不断的游客意味着促进城市经济的繁荣——这是摩天轮经济最大的吸引力之一。2014年，华盛顿景区国家港口附近的"首都之轮"诞生。这座摩天轮总投资1500万美元，55米高，视野可达港口全景、亚历山大旧城、华盛顿纪念碑等。人们对"首都之轮"的热情超出了预期，据说在开门迎客的首周就有2.5万的游客量。

此外，不知什么时候，摩天轮开始同浪漫等词语挂钩，是很多情侣求婚的圣地。年轻人选择在它缓慢旋转到最高点时向心爱的人表白，像"伦敦眼"就专门设置有一些私人观景包厢，备有香槟和巧克力等，从来都是供不应求。南半球最大的观景摩天轮"墨尔本之星"上，还推出过新奇的"天际婚礼"，新人们可以在豪华摩天轮包厢里举办难忘的婚礼。

各具特色的摩天轮

维也纳摩天轮，坐落于奥地利首都维也纳普拉特游乐场，总高64.75米，于1897年落成，至今仍在正常运转，是维也纳著名的地标之一。它曾数次出现在大银幕中，《爱在黎明破晓时》中的摩天轮场景，便是取景于此。它本来有30个座舱，在二战期间遭到破坏，重建后只留下15个座舱。它多年来一直保持"世界最高"摩天轮的地位，直到1985年被日本筑波市超过（85米高）。

赤马大阪轮，2016年7月1日开幕的赤马大阪轮已经超过东京"钻石与花"成为日本最高的摩天轮。它高125米，被誉为日本最豪华的摩天轮，不仅有冷暖气，还设有平板电脑和地面LED灯，并且它是世界上第一座带有避震功能的摩天轮，坐一圈需要 18 分钟，可饱览大阪市内风光。

广州塔摩天轮，与一般竖立的摩天轮不同，广州塔摩天轮的观光球舱不是悬挂在轨道上，而是沿着倾斜的轨道运转。还有一个不同之处，其位于广州塔塔顶 450 米高空处，可以说是"踩在巨人肩膀上"的摩天轮。由 16 个透明观光球舱组成，横向旋转，游客可以从各个角度观赏广州夜景。

白浪河摩天轮，又被称为"未来之眼"，位于山东潍坊滨海区。轮盘直径 125 米，总高度 145 米，被认为是世界上最大的无轴式摩天轮。常规的摩天轮多是中间有轴，或刚性或柔性支撑绕轴转动。而"未来之眼"轮盘自身不转动，通过轿厢自带行走机构沿轮盘转动。

第三篇

传统与

文化

匾额，门楣上的文化瑰宝

赵婷

匾额作为中华民族独特的民俗文化精品，以凝练的诗文、精湛的书法和深远的寓意，将中国传统文化中的辞赋诗文、书法篆刻、建筑艺术融为一体，集字、印、雕、色之大成，述说着上千年的历史，被称为"古建筑的灵魂"。历史上曾出现"无处不匾""无门不匾"的盛况。

源于古人对门的重视

提到匾额，许多人可能觉得很陌生。但如果说到老字号商铺"稻香村""张一元"，再到皇宫寺庙的"太和殿""雍和宫"，就会感到匾额离我们并不远。它既是一种文化载体，也是一种传统象征；既是人文风景，更是历史印记。

匾额兴起于先秦，历经两千余年的沉淀与打磨，成为我国传统文化中一个自成体系的分支。匾额简称为匾，古代"匾"写作"扁"。汉代许慎《说文解字》对"扁"做了如下解释："扁，署也，从户册。户册者，署门户之文也。"即点出了匾额作为"建筑命名"的原始功能。匾额，又称扁额、扁牍、牌额、牌匾，简称为扁、匾或额。也有说，横写为"匾"，竖写为"额"。中国的古建筑门屏上端，多缀有匾额，其特点为文字不多，一般二字、三字、四字。古代匾额大多为木质，也有石质雕刻的。不论木质或石质的，匾额一般为长

» 雍和宫匾额

方形，尺寸以门面大小而定，多为黑漆金字，醒目端庄，寓意深远，措辞文雅，书法遒劲有力。

匾额习俗的形成源于古人对门的重视。在古代，门被称为"衡门"，是一种领地的标志，我国一些少数民族至今仍然保留着在衡门上放置猎物作为其领地的风俗。当部落发展成为国家，氏族首领化家为国，衡门上的标志也简化成为文字，成为国号。我国古代第二个奴隶制王朝商朝的国号为商，《诗·商颂·玄鸟》中曾说"天命玄鸟，降而生商"，"商"字的甲骨文极像衡门之上放置鸟牲。

中国的古建筑，举凡楼、台、亭、阁或轩、榭、堂、馆，匾额是不可缺少的装饰品，相当于古建筑的眼睛。由于匾额在建筑物中占据了显耀的位置，因此极受古人重视。史载三千多年前，周文王建台礼天，榜名"灵台"，可以说是历史上匾额雏形。自秦始皇统一始，真正意义上的匾额就作为一项重要的国家制度得以颁布施行。秦《会稽石刻》记载："秦圣临朝，始定刑名，显陈旧章。"其中的"显陈旧章"，确立了匾额的地位与使命。秦朝的书体定为八种，即大篆、小篆、刻符、虫书、摹印、署书、殳书和隶书。署书又称榜书，就是写匾额用的字体。

　　《太平广记》中还有这样一段记载，三国魏明帝时建凌云台，韦诞奉命"题榜"，但"误先钉榜而未题，以笼盛诞，辘轳长绳亘引之，使就榜书之"。皇帝为了匾额的完美已经不顾臣子的生命安全，匾距地面有二十五丈，数十米高，韦诞"因致危惧，头须皆白。乃掷其笔，比下焚之，戒子孙绝此楷法，著之家令"。其意为，悬挂高空去题写匾额，因为恐惧，韦诞头发和胡须转眼间变白了。回到地面，他把毛笔烧掉，表示再不写榜书，并且还将不准子孙学习榜书写入家规中。

商铺挂匾额招揽生意

匾额广泛流传，由官方传至民间是从唐末开始的。当时里坊制度被废除，百姓可以临街开店，挂出各自的匾额来招揽生意。到了宋代，商品经济繁荣，匾额就更多了。

在《清明上河图》的画面中能看到汴京街道上，两旁并列着各种店铺、作坊，其中有酒楼饭店，也有金银铺、裱画铺和医药铺，如"刘家上色沉檀楝香"（香药铺）、"王家罗锦匹帛铺"（绸缎店）、"刘三叔精装字画"（博古斋裱画铺）以及"赵太丞家"等医铺。

俗语道"创出金字招牌，买卖找上门来"，流入民间的匾额逐渐成了商家的招牌、店铺的品牌。著名的招牌，实际上也就是著名的商标，它往往同优质的商品联系在一起，同顾客的认同感、信任感联系在一起。

店家的招牌常喜欢用吉利字眼，比如北京老字号"内联升"中的"内"指大内宫廷，"联升"示意顾客穿上此店制作的朝靴，可以在宫廷官运亨通，连升三级。

可口可乐的第二任总裁伍德鲁夫曾说过："如果可口可乐公司一夜被大火烧掉了厂房和设备，只要给我'可口可乐'这四个字，我照样可以东山再起。"这就是品牌的价值。

电视连续剧《大宅门》里，"百草厅"被人接管后，白家二奶奶以"白家老号"的匾额作为白家私产为由参股。电视剧并非虚构，民国年间的一场大火中，"六必居"店里一位老伙计，闯进火海，冒死将"六必居"的牌匾抢了出来，六必居的老板很是感动，将这位

» 北京琉璃厂荣宝斋匾额 © Gisling

老伙计命为"终身伙友",并终身"高其俸"。

20世纪30年代,上海老字号童涵春堂曾因债台高筑,不得不把部分产权出售,经过出、受盘人双方协商,在出盘的时候,将牌誉这块无形资产作价80万两白银,折合112万枚银圆,可见名店招牌的珍贵。

» 童涵春堂

祝寿匾额成清代风尚

　　除了为建筑物和商铺"标识名称"外，匾额在古代还是宣扬教化的重要传播媒介，宣扬修身、齐家、治国、平天下的理念，维护社会秩序和规范伦理道德。

　　《后汉书·百官志》记载："凡有孝子顺孙，贞女义妇，让财救患，及学士为民法式者，皆扁表其门，以兴善行。"北宋抗辽名将杨业一家世代忠良，忠心报国，宋太宗赵光义赐金五百万敕建一座"清风无佞天波滴水楼"，并亲笔御书"天波杨府"匾额，下旨满朝官员凡从天波府门前经过，文官落轿、武官下马，以示对杨家的敬仰。宋徽宗还曾赐唐朝大将陈元光之庙以"威惠庙"的匾额，以追思其开发漳、潮地区之功。在当时能获得官府或皇上的匾额是一种很高的荣誉，不仅是家族的光荣，能够泽被后代，还可以成为一个地区的光荣。

>> 乾隆年间晋祠水镜台匾额

　　明清之际，牌坊匾额成为最高统治者褒奖功德孝贤的重要形式，须经皇帝降旨或恩准才能建造，在正楼檐下和顶枋之上的正中间建有一个小龛，内有一块小石板，上镌"圣旨""恩荣"等字样。牌坊的主楼写有匾额文字，匾额下方刻有旌表人物名，或者记录表彰的缘由。在云南纳西族"木府"前精工细作的牌坊正中，就安放着镌刻明神宗钦赐的"忠义"二字的匾额。

　　敬老养老是中华民族的传统美德，也是中国礼仪之邦的文明标志，更是儒家和谐社会的思想内涵。

　　清朝律例规定，匾额作为一项特殊的旌表物品赏赐给寿民，从而使得匾额被广泛运用到祝寿之中。陈康祺《郎潜纪闻三笔》卷一中所说的："康熙己卯夏四月，上南巡回驭，驻跸于江宁织造曹寅之署，曹世受国恩，与亲臣世臣之列。爰奉母孙氏朝谒，上见之，色喜，且劳之曰：'此吾家老人也。'赏赉甚渥，会庭中萱花开，遂御书'萱瑞堂'三大字以赐。"康熙称曹雪芹的曾祖母孙氏为"此吾家老人也"以及为其题写"萱瑞堂"（古人以"萱"喻母）匾额，充分显示了康熙对曹家的恩宠和信任。

据说，乾隆登基后的第一块匾，是赐予山东按察使黄叔琳，因其母吴氏年近九十，赐"德门寿母"额，而且在其执政的六十年中，凡朝臣七十寿诞，要员父母八十、九十高寿，乾隆都不忘题匾赐匾以彰庆贺。他的做法深深影响了嘉庆、道光、咸丰、同治等多位皇帝，使得老人祝寿匾在清代成为一时风尚，至今仍有大量实物留存。

农村门匾反映时代变迁

农村门匾，也是匾额中的一种。

在农村，盖房子是人生中的头等大事。20世纪五六十年代，很多农民辛苦半生才能盖起三间大瓦房，而大门门楼上方中间的门匾更是重中之重。20世纪80年代以前，由于经济条件所限，人们修建的大门，门框、门扇、门匾虽全是木制的，但对木质要求却有讲究，门框门扇用杨木即可，而门匾必须用椴木。因为椴木木质细腻，干湿料都不变形，宜于雕刻；也有些人家找不到椴木而用杨木等代替，效果就不能与椴木同日而语了。门匾上的字过去大多为黑色，也有蓝色的。近年来，门匾都是用瓷砖镶嵌，大多是白底黑字，也有红底黄字。门匾上的文字内容由户主确定，通常请村子周围有一定知名度的"文化人"书写。

　　浏览农村的门匾，从内容上不难发现，门匾记载着一段历史，也反映着时代变迁。20世纪五六十年代的门匾内容大多为"勤俭持家""勤俭建国""自力更生""艰苦奋斗""劳动光荣""厚德载物"等。而改革开放后，农村面貌发生了翻天覆地的变化，特别是进入21世纪，富裕

❯❯ 山西乔家大院之退思院匾额 © Gisling

起来的农民建新房的热情高涨。此时的农村门匾已没有了木质的，街门多是油光锃亮的朱红色大铁门，门匾也都用精致美观的瓷砖镶嵌，看上去既富丽堂皇，又庄重大方。门匾内容有"家和万事兴""耕读传家""贵在自立""宁静致远""福居鸿光""德茂福盛""惠风和畅""室雅人和""钟灵毓秀"等，内容更为丰富。

"功名匾"五大看点

柯汴

在众多用途的匾额中，不得不提一下最为古人所重的科举匾额，也称"功名匾"，是当年士子光耀门楣的象征。中国科举制度的孕育和产生，历经了一千多年漫长的历史过程。"选拔贤才"治理国家，是历代统治者的共同愿望。

"品优德厚""美继秦台""清标彤史"……科举匾额多为主持科举考试的高级官员题写。这些科举出身的官员，书法造诣极高，榜书大字风格各异，观赏性强，用典丰富，几乎囊括了中国所有劝勉激励之词。

在北京有一个私人博物馆——北京科举匾额博物馆，

共收藏木石匾额 500 多方，其中石刻匾额近 50 方、明清 32 名状元题写的匾额 40 余方，以及 13 名榜眼、12 名探花题写的匾额。馆长姚远利曾公开对媒体指出，科举匾额有五大看点：

一看科名层次。古人所言科名，类似今日的学历、学位。如举人、进士谁高谁低，贡生、监生属什么学历等。

二看题匾人。匾额如同字画，题属人不同，其文物价值也不相同。

多数题匾人是进士出身，也有不少状元、榜眼、探花。从官职上讲，有宰相、大学士，多为总督、巡抚、学政、主考一类官员。

三看书法。古代科举考试，对书法要求很高。这些题匾人有不少是著名书法家，一睹名人书法、各类书体，当是一大享乐。

四看国学。科举匾额几乎是无一字无出处，无一字无来历。激励后学的语句甚多，也可以说对传统美德的赞颂，集中地体现了国学精华。

五看制匾工艺。木匾、石匾、砖匾制作工艺各不相同，集中反映了雕刻、篆刻、纹饰的高超技艺。

匾额里的"错字"？

在许多著名的匾额上，我们都看到过"错字"，其绝妙之处就在于，每个字背后都有它的历史典故，究竟是对是错，那就"仁者见仁，智者见智"了。

"避暑山庄"的"避"字。 避暑山庄正殿大门的上方悬有一块匾，上面写着"避暑山庄"四个镏金大字，为康熙皇帝的御笔，仔细看去就会发现，"避"字右边的"辛"

» 多了一横的"避"

下部多写了一横。据史料记载，康熙皇帝特意加了一笔，他认为："此是避暑之避，不是避难之避。"原来，皇上是忌讳"避"字有"逃避"的意思，不吉利，所以大笔一挥加上一横，这样就没有"逃避"之意了。

"明孝陵"变成"眀孝陵"。 在南京的明太祖朱元璋眀孝陵保护碑上，"明孝陵"写成了"眀孝陵"；在陵墓宝顶正南面的石砌墙体上写有"此山明太祖之墓"，这两处的

>> 多了一横的"明"

"明"字却写成了"眀"。"眀"这个错字很有来历，东晋大书法家王献之著名的《洛神赋帖》中，"明"字便写成了"眀"；在成都著名的武侯祠内也有，有块匾额叫"眀良千古"，其中的"明"就写成了"眀"；新都的宝光寺有"光眀世界"匾，上面的"明"字也写成了"眀"；济南市大明湖门牌上的"明"字，同样写成了"眀"。有说法认为，用"目"代替"日"是一种智慧，代表的是一双慧眼。

少了一横的"院"。据说，当年咸丰驾临天津独乐寺，为寺内四合院题写院名，即兴写下了"报恩院"三个字。但字写好后，咸丰才发现自己"献丑"了，"院"字少写了一横。一众随行都看出来了，但皇帝写下的谁也不敢说是错字，正在众人疑惑时，咸丰自我解嘲道：人要知恩图报，佛家说要报四重恩——佛恩、父母恩、众生恩、国土恩，恩一生是报不完的，所以"完"字的笔画不能写全。

日韩深受匾额文化影响

匾额习俗不仅在我国风行，与中国一衣带水、比邻而居的一些国家，如日本、越南、朝鲜等国，均深受匾额文

化的影响，在一些重要场所悬挂的匾额依然使用汉字。

日本从奈良时代就受到了五台山佛教的影响，圣武天皇仿效中国武则天赐额五台山大华严寺的圣举，曾将大华严寺的匾额挂在日本东大寺的南大门上。

韩国首尔很多古建筑、钟鼓亭和重点建筑都悬挂有汉字匾额，以显示古老尊贵。作为始建于1395年朝鲜李氏王朝太祖时期的宫殿景福宫的正门，光化门最初被命名为

>> 越南河内文庙内的奎文阁 © Chuoibk

四正门，世宗七年（1425年）更名"光化门"，取"光照四方，教化四方"的寓意。1968年，韩国朴正熙政府重建光化门。为恢复光化门的历史原貌，韩国政府经过数年调查论证，于2006年12月4日启动光化门重建工程。经过艰难的辩论，韩国国内力排"去汉字化"的杂音，同意使用汉字匾额，并用数字技术还原了1864年景福宫重建时的汉字字体。

越南河内的文庙——国子监是越南第一所高等学府。

文庙殿内高悬着一块写有"万世师表"四个大字的汉字匾额，匾上注明是"康熙御书"，正中现供奉有孔子塑像，两侧分别供奉孟子、颜回、曾子等人塑像。

这里的"门"字不带钩

紫禁城中许多匾额的"门"字多不带钩，这究竟是为什么？

>> 故宫午门门楼 © Gisling

传说有以下几个原因：一是南宋都城临安宫殿被火焚毁，有人认为是门字末笔带钩，是火笔，招致火灾；二是"门"字带钩，"钩"除了可以钓鱼外，还可以钩住一切水生动物，当然也包括象征着天子的"龙"；三是据说中书詹希原书写明朝宫殿匾额时将"门"字的末笔微微钩起，多疑的明太祖认为这是闭塞贤路，于是将其斩杀，后来明朝迁都北京，但旧习传承下来，所以"门"自然而然没有钩。

春节，古时称元旦

程东

春节是中国最盛大的传统节日。可能有些人还不知道，"春节"只是 20 世纪初才兴起的晚近说法。在古代传统中，这个节日被称为"新正、新岁、元日、元旦"等，"春节"则是另有所指。

无论叫什么，民间都一直俗称"过年"。过年其实不仅是春节，而是从腊八到元宵，甚至到二月二的一系列年庆活动。这里我们就来把这一系列年庆的源流做一番梳理。

汉武帝确定以夏历正月为岁首

在"过年"的一系列年庆活动中，除夕或者春节无疑是其中的高潮。

古时候，无论叫新正、新岁还是元日、元旦，顾名思义，都代表新的一年的开始。而"除夕"，指的也是新旧交替的那一个夜晚。

从物候上来说，一年又一年的轮回转换，四季更替，是最明显不过的时间周期之一。古时候，人们也很早就有了"年"的概念。我国古代的年首先是与农作物一年一度的收获相关。甲骨文中的"年"字，是人背禾的象形字。《说文》则称："年，谷熟也。"

一年周而复始，这当然是个值得庆祝的时刻。那么，把什么时候算作一年的开始呢？正如前面所说，谷物丰收是"年"的重要标志，所以在我国的周代，把完成收获的季节作为一年的开始。《诗经·七月》中记载了周人禾谷登场后人们庆祝欢乐的场景："九月肃霜，十月涤场。朋酒斯飨，曰杀羔羊。跻彼公堂，称彼兕觥，万寿无疆。"周人以夏历十一月为岁首之月，因此在十月末、十一月初过年。《诗经·七月》记载的，其实就是那个时候人们"过年"的场景。

直到汉代中期汉武帝的时候，才正式确定以夏历正月为岁首，岁首在正月初一，称为正月旦、正旦、正日。此后历法虽然经过不断修正，但这个一年开始的时间却一直没有改变。

岁首既然确定，相应的庆祝活动自然也就移到这个时间进行。正月旦是汉代皇家的重要庆祝日，朝廷要举行大规模的朝会。皇帝清早上朝，接受文武百官的庆贺，同时百官也得到新年宴饮的赐赠，这时礼乐齐鸣，百戏腾跃，一片欢乐景象。

在汉代朝廷的影响下，正月旦也成为民间的节日。后世正月拜年的传统即由汉代正日新年拜贺的习俗发展而来。

隋唐春节，称为元日、岁日、元正。从唐代开始，春节成为政府法定假日，唐开元年间《假宁令》规定，元日、冬至各给假七日。元日七天假期包括年前三天，年后三天。每逢元日，朝廷照例举行早朝大典，庆贺新年。

宋元明清各代，春节称为元日或元旦、新年。正旦朝会仪式依然是皇家的重要典礼。在民间，各种节庆活动也越来越热闹。北宋"正月一日年节，开封府放关扑三日"，就是开赌禁三天，任百姓娱乐。无论是官员还是百姓从早上就开始互相庆贺。家户店面都张灯结彩，平时的娱乐场所更是车水马龙，平时难得出门的贵族妇女也盛妆出游，到赌场观赌。贫民小户在年节也换上新洁的衣服，把酒相酬。

南宋时，年节出门游览寺庙宫观的风气很甚，寺观游人整天不断。年节是人们聚会的良机，家庭宴会气氛热烈，"家家饮宴，笑语喧哗"。

明清时期，元日过新年的习俗更是固定化，我们在小说《红楼梦》中就可以看到很多精彩的描写。

>> 颐和园长廊上的彩绘：元春省亲

"春节" 是民国时制定的新称谓

1911 年，辛亥革命推翻了清朝，民国建立。

清朝被推翻后，采用什么样的纪年方式成了摆在革命党面前的一件大事。辛亥革命后，各省都督代表在南京开会，决定为表示与封建王朝彻底决裂，采用世界通行的公历。但对夏历（民间俗称为农历、阴历），也不曾宣布废除或禁用。

公历 1912 年 1 月 1 日，孙中山在南京宣誓就任临时大总统，宣告中华民国临时政府成立，同时发布《临时大总统宣言书》，宣言书末尾所署时间为 "大中华民国元年元旦"。随后，孙中山下令改用公历纪年，并以 1912 年 1 月 1 日作为中华民国建元的开始。

当年 2 月 18 日（壬子年正月初一），民间继续过传统新年，其他传统节日也照旧。只是新年不能称为元旦了，不免有点名不正言不顺。

>> 新年时准备的传统糖果盒 © Denise Chan

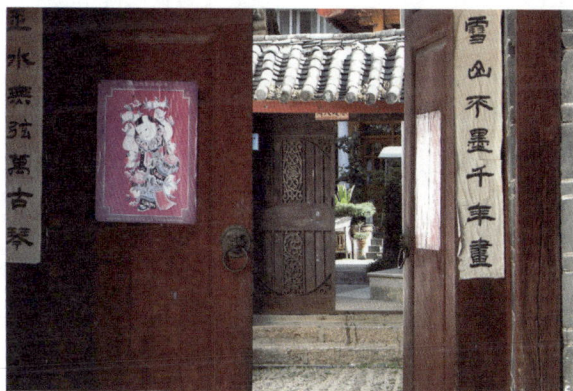

>> 褪色的年画与春联 © Peter Morgan

1913 年 7 月，当时任内务总长的朱启钤呈上一份报告，称："我国旧俗，每年四时令节，即应明文规定，拟请定阴历元旦为春节，端午为夏节，中秋为秋节，冬至为冬节，凡我国民都得休息，在公人员，亦准假一日。"自此，农历岁首就由以往的"元日""元旦"改称"春节"。所以，"春节"的叫法不过才有百年的历史。而在古代传统中，"春节"只是对立春日的称呼。

　　1928 年，东北易帜，蒋介石以国民政府的名义发表宣言，通告"统一完成"。国民党开始强力推行"国历"（阳历），并将旧历视为"废历"。

　　1929 年春节前，刚到任三个多月的山东省主席孙良诚便发布了"禁过春节"的通令，禁止商民过旧历年，声明自农历小年起禁屠，过年勒令各商开门，照常营业，并指派密探，凡有见面贺恭喜者，罚洋五圆。1930 年，政府重申："移置废历新年休假日期及各种礼仪点缀娱乐等于国历新年：（一）凡各地人民应将废历新年放假日数及废历新年前后所沿用之各种礼仪娱乐点缀，如贺年、团拜、祀祖、春宴、观灯、扎彩、贴春联等一律移置国历新年前后举行；（二）由党政机关积极施行，并先期布告人民一体遵照办理，废历新年不许放假，亦不得假借其他名义放假。"据时人记述，春节期间警察到关门停业的商店，强迫其开门营业，并将元宝茶及供祀的果品捣毁，有的还处以罚金，"甚至乡间售卖历本的小贩，亦一并捉去拘役"。

　　然而，民间延续了上千年的农历正月初一过年的习俗，却是一纸行政命令难以改变的。虽然有种种禁令，老百姓还是继续欢天喜地过他们的大年。1934年年初，南京国民政府不得不承认"对于旧历年关，除公务机关，民间习俗不宜过于干涉"。民间又可以名正言顺地过农历春节了。

1949年9月27日，中国人民政治协商会议第一次全体会议通过决议，规定春节放假三天，正式以法令的形式确认了春节的地位。

>> 年画

腊八：

"腊祭"传统和佛教文化的融合

"小孩小孩你别馋，过了腊八就是年。"在传统的农业社会里，到了腊八，就进入过年的气氛了。

那么，腊八节是怎么来的？

在中国上古时代，"腊"本是一种祭礼。在商朝，人们用猎获的禽兽举行春、夏、秋、冬四次大祀，祭祀祖先和天地神灵，保佑百姓五谷丰登，共享太平。这四次大祀之中以冬祀的规模最大，也最隆重，后来称为"腊祭"。因此，人们就将举办腊祭的农历十二月称为"腊月"，将冬祭这天称为"腊日"。

>> 腊八粥 © bfishadow

>> 腊八粥材料 © bfishadow

　　腊日在早期并没有固定的日期，一般在岁末的最后几天。汉武帝颁布《太初历》，确定以冬至后第三个戌日为腊日，时间大约在冬至后第三十七天，介于大寒与立春两个节气之间。

　　到了南北朝时期，农历十二月初八被固定为"腊祭日"。这个日期的变化，应该和当时佛教节日的渗入有关。南北朝时期佛教大举传入中国，人们相信农历十二月初八是佛祖释迦牟尼成佛的日子。这一天各个寺院僧尼都要聚在一起共同纪念佛祖成佛，同时大兴佛会，施舍腊八粥。

　　因为腊八节和腊日离得很近，而腊日祭祀祖先的活动逐渐转移到元日新年时进行，腊日的祭祀活动逐渐式微，人们渐渐地将腊日移至腊八节来过了。

腊八节结合了传统的腊日祭祀和佛教腊八佛祖成道日，逐渐成为一个民间的节日，原本是佛寺施舍的腊八粥，也褪去了它的宗教含义，成了一种民间习俗。

腊月二十三：
汉武帝提倡祭祀灶神

小年是中国汉族的传统节日，也被称为祭灶节。最初小年是为了祭祀灶神，后来渐渐演变成了春节前的一个"准备节日"。

在不同的地方，小年的日期也不同。在古代，过小年有"官三、民四、船五"的传统，也就是说，官家的小年是腊月二十三，百姓家的是腊月二十四，而水上人家则是在腊月二十五。中国北方长期以来是政治中心所在地，因此小年多为腊月二十三；而南方小年为腊月二十四；鄱阳湖等地沿湖的居民，则保留了船家的传统，小年定在腊月二十五。

灶神起源甚早，商朝已开始在民间供奉。旧时灶神之所以受人敬重，除了因其掌管人们饮食外，还因灶神是玉帝派遣到人间考察一家善恶的官。农历十二月二十三日（或二十四日），灶神离开人间，上天向玉帝汇报这一年来每家的所作所为，又称"辞灶"，所以家家户户都要"送灶神"。到正月初四再把灶神接回来，称为"接灶"。

祭祀灶神的风俗，是从汉代发展起来的。《史记·孝武本纪》中记载，西汉时有位叫李少君的人十分重视灶祭。据说，汉武帝就是听了李少君的一番鼓吹后，开始提倡祭祀灶神的。

灶神在汉代就演变为有名有姓的人格神，名叫苏吉利，而且还有一个名叫王博颊的妻子。在秦汉以前的古代，灶神或为男性或为女性，到了汉代则变成灶君爷爷与灶君奶奶夫妻。

民间习俗中，奉祀灶君多用糖元宝、炒米糖、花生糖、芝麻糖和糯米团子之类，以塞住灶神之口，不讲人间罪恶。在今天，我国大多数人家已不再祭灶，但是腊月二十三吃糖瓜的习俗仍很盛行。

春节，古时称元旦

闹元宵：
古老习俗融合佛、道因素

元宵，是新年的第一个月圆之夜，必然受到人们的重视。这就是"元夕"的意义，所以元宵节又称"元夕""元夜"。

道教产生以后，称正月十五为上元节，还将它与七月十五中元节、十月十五下元节合称"三元节"。

西域摩揭陀国每年十二月底（相当于中国夏历的正月十五），要在城内做燃灯法会，纪念佛祖。随着佛教传入中国，汉明帝迎佛经于白马寺，佛教合法进入中土，正月十五在寺庙、宫廷燃灯表佛的习俗也逐渐为人们所习用。

由此可见，元宵节是在古老习俗的基础上，融合了佛教、道教的因素，最终发展起来的。

魏晋南北朝时期，不仅燃灯，还开始挂灯笼。但是隋代以前正月十五张灯主要是皇家贵族的活动，整个社会还不是很普及，从隋代开始，元宵节张灯的习俗才风靡于世。

>> 《上元灯彩图》，佚名（明代）

　　元宵灯会的兴盛从隋唐开始，历代相沿。"元宵"作为节日名称，大约出现在唐代。据《开元天宝遗事》中说，当时京城长安制作了高达八十尺的百枝灯树，立于高山之上，百里都能见到。

　　唐朝皇帝为了举国同乐，将以前正月十五一夜的灯会，延长到三夜，规定正月十四、十五、十六官家放假三日。为了让人们通宵观灯游赏，节日期间取消平时的宵禁，让人们尽情狂欢。

>> 平溪天灯节 © Lenovo-lin

　　宋朝城市生活进一步发展，元宵灯火的盛况超过了前代，并且张灯的时间也由三夜扩展到五夜，从正月十三试灯开始，一直到正月十八为止。

　　看灯与吃元宵，是元宵节的两大特色。元宵作为一种食品，最早出现在宋代，是由当时一种圆薄的饼发展而来。当时称元宵为"浮圆子""圆子""乳糖元子"和"糖元"。

二月二：

龙抬头原本是天象

二月二，即农历二月初二，俗称"龙抬头日"，又称"龙头节""青龙节""春龙节"。相传，这一天神龙开始抬起头来，它可以兴云布雨了。

那么，所谓龙抬头，到底是什么意思呢？这要涉及我国古代天文学的一些知识了。

我国古代天文学家把日月五星运行的黄道带划分为二十八个天区，在天区里有日月五行星在天空中的具体运行位置，人们可以依照这些星迹方位判断季节和时辰。我国古代的二十八星宿又分为四个部分，称"四象"，即东方苍龙、北方玄武、西方白虎、南方朱雀，它们分别由七个星宿组成。其中东方苍龙这一象中，角宿为龙的角，亢宿为龙的颈项，氐宿为龙的胸部，房宿为龙的腹部，心宿为龙的心，尾宿与箕宿为龙的尾巴。

春天农耕开始的季节，苍龙星宿在东方夜空开始上升，露出明亮的龙首。每年农历二月初二晚上，苍龙星宿开始从东方露头，角宿即龙角，开始从东方地平线上显现，大约一小时后，亢宿即龙的颈项，升至地平线以上，接近子夜时分，氐宿即龙的胸部也出现了。这就是"龙抬头"的过程。

过了二月二龙抬头，下了雨，春耕也就开始了，人们又要为一年的生计忙碌起来，年节也算真正过完了。

辞岁爆竹，放还是不放

武锐

"爆竹声中一岁除，春风送暖入屠苏。"华人燃放烟花爆竹的习俗已有两千多年，而近年来反复讨论的禁放、限放其实并不是由现代人提出来的。

爆竹源于祭祀时燃烧竹子

　　燃放爆竹在我国的历史相当悠久。民俗学家认为，爆竹起源于先秦时期已存在的"爆祭"活动。"爆祭"，是燃烧柴火以敬神驱邪的一种宗教行为。《周礼·春官》篇所记载的"九祭"中的第三祭，即是"爆（炮）祭"。

　　爆不同于一般安静地燃烧，而是要轰轰烈烈地烧，烧的时候要发出"噼里啪啦"的声音，这样才有气势，而竹子在燃烧的时候会因受热猛然炸裂而发出很大的响声，相当劲爆，比木头燃烧时动静大得多，所以竹子成为"爆祭"时最受欢迎的一种燃料，"爆祭"也就渐渐演变成了"爆竹"。

　　从《诗经·小雅·庭燎》中，可读到"庭燎晰晰"这样的诗句。庭燎，是古人将竹子、草或麻秆，捆绑在一起燃放使夜晚耀如白昼，有照明与驱邪的作用。这可能是我国燃放爆竹的雏形，距今已有两千多年了。

过年燃放爆竹和避"山臊"（又写作"山魈"）有关。《荆楚岁时记》载："正月一日，鸡鸣而起，先于庭前爆竹，以避山臊恶鬼。"据《神异经》记载，古时候，人们途经深山露宿，晚上要点篝火，一为煮食取暖，二为防止野兽侵袭。然山中有一种动物既不怕人又不怕火，经常趁人不备偷东西。人们为了对付这种动物，就想起在火中燃爆竹，用竹子的爆裂声使其远遁。这种动物名叫"山臊"。古人说其可令人寒热，是使人得寒热病的鬼魅，吓跑"山臊"驱逐瘟邪，才可吉利平安。

而过年燃放爆竹是从唐代才开始盛行的。唐朝诗人张说的《岳州守岁》写道："桃枝堪辟恶，竹爆好惊眠。"这位宰相在睡梦中被惊醒，连声称赞妙，可见其在除夕之夜的兴奋和愉快。薛能也在《除夕作》中吟道："兰萎残此夜，竹爆和诸邻。"就是说燃放爆竹还有融洽邻里感情的作用。

这时广泛流行的"爆竹"还是点火燃烧真竹子，又叫"爆竿"，并没有火药参与进来。现代乡村仍能看到的烧"岁火"现象，便是此遗俗，岁火越旺越吉祥。

>> 《生平乐事图册》中燃放鞭炮的场景，佚名（清代）

宋元时"药线爆竹"成为年货

在航空器诞生之前，人没有能力飞到天上去，而烟花爆竹能够升到空中炸响，随着一道闪光、一声巨响，花炮带着人们潜意识中的全部欲望和幻想，在瞬间冲破所有的压抑，驱走忧郁与恐惧，让人们感受到生命的原始力量。

正是火药赋予了花炮这样的力量。火药是我国四大发明之一，隋代时就诞生了硝石、硫黄和木炭三元体系火药，唐代大医药学家孙思邈在《孙真人丹经》中记载了世界上最早的制作火药方法：硫黄、硝石、皂角一起烧的硫黄伏火法。在12世纪后，阿拉伯等国的书上才提到硝石，阿拉伯人称它为"中国雪"，波斯人则叫"中国盐"。火药和火器的制造，通过阿拉伯人先后传到了欧洲各国，欧洲人学会使用火药和火器时，我国早已使用几百年了。

不过，炼丹家们发明的火药最初被运用在杂技演出中，以营造

❯❯ 10世纪五代时期的敦煌壁画，目前所知最早的关于火枪和手榴弹（右上方）的描绘

神秘气氛。相传唐朝道士李畋发明了花炮。《唐史》载："李畋，江南西道袁州府上栗麻石人氏，生于唐武德四年四月十八日。"相传，唐太宗李世民被山鬼迷缠，久治无效，遂诏书全国求医。布衣猎人李畋应诏揭榜，借打猎用土铳原理，用竹筒装入硝石，燃爆驱逐山魈邪气，皇卜龙体康复，遂封李畋为"爆竹祖师"。后李畋回乡以爆竹为业，并逐步把制造爆竹的工艺传给乡邻，得到百姓的尊重。

辞岁爆竹，放还是不放

北宋末期，火药制作的"爆仗"被用于军中仪仗表演。据宋人孟元老《东京梦华录》卷七记载，表演开始时发号令，"忽作一声如霹雳，谓之'爆仗'"。这种"爆仗"即是现代爆竹的雏形，因燃放时声响如炮，又被称为"炮仗"。

　　用火药引燃的爆竹，在宋朝十分流行，到宋末元初时药线爆竹已成时人过年时必备的"年货"，燃放方式也有了很大的变化。周密的《武林旧事》称："至于爆仗，有为果子人物等类不一。而殿司所进屏风，外画钟馗捕鬼之类。而内藏药线，一爇连百余不绝。箫鼓迎春。"就是将爆竹编在一起，称"编炮"，因炸时如舞长鞭般响震，又被叫作"鞭炮"。

明清各地有禁有限

随着药量的增大，花色的增添，爆竹的危害已经不仅仅是噪声扰民而已，还很容易引发火灾，关于爆竹禁放、限放的规定随之产生。

明嘉靖年间，江西巡抚张时彻就发布告示，称："今新岁将临，诚恐习俗相踵，花灯彩胜以争奇，火树烟楼之斗巧。岂惟靡费民财，抑且招来火盗。合行禁革，以安地方。为此案，仰该司官吏照案办理，即便出给告示，晓谕官吏军民人等知悉，新岁不许妆架烟火，燃点花灯，及起放流星火炮、纸花爆竹等项。"（张时彻《芝园集》之别集《公移》卷五）

明代紫禁城内因燃放烟花而发生过多起火灾。永乐十三年正月，明成祖朱棣在刚刚建成的午门城楼上观赏大型烟花"鳌山灯"，因鳌山搭建过高，距午门过近，燃放时忽来一阵大风，致使午门城楼被

>> 《明宪宗元宵行乐图》放烟花的场景，佚名（明代）

引燃，烧死很多人。嘉靖四十年时，嘉靖皇帝在寝殿的貂皮帐幕中燃放烟花取乐，不料将帐幕引燃，大火蔓延使整座宫殿被烧毁。清廷入驻紫禁城后，吸取了前朝的教训，将燃放烟花的场所移至皇城之外，康熙年间又移至西苑（畅春园），紫禁城也因此成了第一个烟花爆竹"禁放区"。

清朝时宁波也曾有过地方官为防止火灾而"禁元宵花爆"，然而燃放烟花爆竹这种举国并行的风俗一旦形成，一时一地的地方官员实际很难移易，尤其是像张时彻等人这样，统统禁绝一切种类的烟花爆竹，恐怕更难切实贯彻施行。

禁放难施可以限放。清道光十五年正月，江苏按察使裕谦提出对烟花爆竹的种类加以区分管理，禁止燃放那些严重危害社会安全的花炮（时称"花爆"），并发布了一篇《禁引火花爆示》："当此岁序更新，比户迎年迓祉，往往喜放花爆，以资娱乐。此固升平景象，不能概行申禁。但花爆种数不一，有种流星、双响、飞老鼠、炮打灯及金盆捞月、飞天十响等项，名色不可枚举。凡此之类，药性上冲，火星下落，设遇板墙竹壁，草舍柴篱，每生事变……嗣后点放花爆，凡有流星、双响、飞老鼠、炮打灯及金盆捞月、飞天十响等类，并一切易于引火之物，概不准放。其卖花爆之店户，除寻常花爆外，其有前项花爆，亦不准再行制卖。倘敢不遵，一经查出，定即从重究惩，决不宽贷。"（裕谦《勉益斋续存稿》卷七）

>> 《岁朝图》中有孩童放鞭炮的场景，杨晋（清代）

国外如何"管烟花"

韩国：严格控制烟花药量、尺寸

韩国制定了《枪炮、刀剑、火药类管理法》，把燃放烟花爆竹纳入依法管理的轨道。根据法律，重点是把住三个关口，实行严管严罚。

第一关是进口关。韩国规定，进口商必须在管辖地向警察厅长申请备案，不符合安全指标、事故隐患较大的烟花爆竹不允许进口，如规定旋转型烟花的火药量不能超过 4 克，哨音钻天型烟花的不能超过 2 克，发射筒型烟花单发式和连发式的分别不能超过 10 克和 15 克，并且圆筒内径必须在 1 厘米以内；烟花喷射长度不能超过

1.8 米，旋转型烟花燃烧时间不能超过 10 秒，钻天型烟花最高升空不能超过 15 米，爆竹瞬间爆炸声音不能超过 85 分贝等。

第二关是销售关。销售烟花爆竹的文具店事先必须在辖区警察局备案，并接受定期和不定期的安全检查。销售烟花重量如超过 500 千克、爆竹超过 250 千克，必须进行申报。所有烟花、爆竹必须标明原产地、生产厂家、具体规格、生产日期和用法及注意事项，并标明制造商或进口商的有效联系电话。

第三关是燃放关。规定燃放场所必须与房屋有一定距离，并远离各种易燃易爆物；儿童燃放烟花爆竹必须有成年人带领，不准儿童自己燃放。同时明确规定公用设施、重点建筑以及海滨浴场等为禁放区。为避免扰民，有些地方还规定夜间禁放时间。

美国：燃放鞭炮后须自己打扫

美国私人燃放烟花的不多，主要是由政府或机构来组织燃放，他们会邀请专门从事烟花运输、燃放的人员来燃放，燃放的地点和时间也有很严格的规定，而且主要是以燃放烟花为主，爆竹较少。

美国的 50 个州都制定了燃放烟花爆竹的相关法律，其中 39 个州和首都华盛顿特区允许在遵守有关联邦法律的条件下燃放，有 5 个州只允许燃放某种烟花，而纽约、新泽西、特拉华、罗得岛和马萨诸塞 5 个州完全禁止燃放烟花爆竹。

在各个允许燃放烟花爆竹的州，一般要求任何人不得销售规定以外的产品，有的州还对产品的尺寸、火药含量做了明确的限制。比如，弗吉尼亚州允许燃放慢燃烟花、悬空式和地面式轮转焰火、喷泉式焰火等花色。而华盛顿哥伦比亚特区，要求花炮的长度不可超过 20 英寸，对于任何在燃放过程中产生爆炸声响的则绝对禁止，同时禁止燃放地面式轮转焰火，任何在花炮侧面带引信的焰火也同样在禁放之列。

一些烟花协会通过举办知识讲座，印发小册子等，加强对民众的教育。燃放鞭炮之后的鞭炮屑，则多半由燃放者自行负责，如果你打扫不及时，一张数百美元的罚单就会有人送上门来。

>> 澳大利亚布里斯班焰火节中故事桥上的表演 © pauls parking

丹麦：卖烟花配护目镜

丹麦过新年可放烟花，但烟花会和护目镜配着一起卖，建议大家在放烟花时佩戴，欣赏烟花的同时注意保护眼睛。鞭炮因为声音太大不允许卖。

新加坡：燃放烟花要提前申请

在新加坡，私人是不允许买卖和燃放鞭炮的。在新年、国庆等特定时间段，政府机构或社会团体可以出面协调，统一组织烟花爆竹的燃放活动。这样可以集中管理，既能烘托喜庆气氛，又能一定程度上规避居民分散燃放的不安全因素。

社会团体申请筹办烟花燃放活动，要先向警方提交申请，主要内容包括理由、时间、地点等。警方的审议一般需要两个星期。审议通过后，警方会派遣相应警力到场维持治安。得到批准后，申请方还要请人选择合适的地点，搭建固定烟花爆竹的燃放架。燃放之后，需要承担安全保障、清洁卫生等各方面的责任和义务。为了预防火灾，有的还需要租用消防车，以备不测。

德国：四家厂商垄断花炮市场

德国在法律上严格规定礼花和爆竹的火药含量。重型礼炮或高炮的火药含量每支不得超过20毫克，升空高度不得高于100米。普通一响的中型爆竹火药含量不得超过10毫克。

德国的烟花爆竹市场，每年的营业额高达一亿欧元，但拿到营业许可证的生产厂家和销售批发商，总共只有四家。不管销售网点有多少，但供货渠道仅有这四家。只要这四家厂商遵守国家规定和质量标准，整个德国燃放烟花爆竹就有基本的安全保证。

荷兰：每年可燃放时间精确到小时

在荷兰，烟花爆竹只能在特许经营的商店购买，而且法律规定每年合法销售烟花爆竹时间仅有三天，即 12 月 29 日起到 31 日止。除了短暂的购买时间外，燃放时间更是严格到以小时计算的程度，即 12 月 31 日上午 10 时到元旦凌晨 2 时期间。在这段时间之外，无论任何原因燃放都属违法行为，警察有义务执法，要求燃放者为此缴纳罚款。

庙会，曾是日常里的狂欢

林山

每到年根儿，全国各地各处庙会都会紧锣密鼓地进行筹备，要为人们的春节文化娱乐生活添上一道道亮色。

　　而在历史上，庙会不仅限于春节，它和人们的日常生产、生活、娱乐有着更密切的关系。

真正的庙会始于明代中后期

　　在传统的农业社会中，庙会是一种集体的娱乐、狂欢活动。有人称之为中国式的狂欢节。

　　"民俗终岁勤苦，间以庙会为乐。"那时候的人们，天天过着"日出而作，日落而息"的生活，单调和乏味可想而知，人们需要娱乐生活的调剂，庙会就应着这种需求产生了。

　　这种娱乐需求是自古就有表现的。春秋时，孔子的弟子子贡参加了酬谢农神的蜡祭之后，就发表了这样的观感："一国之人皆若狂。"

　　上古时期，所谓"庙"，是帝王、贵族们祭祀祖先的场所。一般认为，庙会发源于远古时期宗庙的社祭活动。自古以来，祭神时总少不了舞蹈、音乐，这原本是打着娱神的旗号，实际的目的还是娱人。

东汉时期，佛教开始传入中国，而本土的道教也在这一时期逐渐形成。在南北朝时期，佛教、道教都各自站稳了脚跟。到了唐宋，二者又都达到了自己的全盛时期，大量寺庙、道观修建起来，出现了名目繁多的宗教活动。而俗语里的所谓"庙"，也成了这种宗教寺庙、道观的总称。

据专家考证，我们现在意义上的庙会，大致起于隋唐时期。不过早期的庙会，还是以宗教形式为主，开展一些宗教名义下的娱乐活动。

到了宋末，在佛寺、道观及其附近，由世俗或宗教界搞起的许多定点、定时、固定内容的活动，已经具备了群众性、社会性、娱乐性的特点，并因此产生了越来越浓厚的商贸气息，也已经基本具备了庙会或庙市的形态和特征，但是，直到元末明初，仍然仅把这类活动叫作"会"，并没有"庙会""庙市"的叫法出现。

"庙会"或"庙市"叫法的出现，开始于明代中后期。资本主义萌芽的出现，使明中后期城乡商业贸易不断发展。而商业贸易的发展，首要一个条件就是开辟和扩大市场。那些宗教活动频繁、人群大量聚集的场所，也正是满足这种需要的合适地点。于是，明代庙会的重要特点就是商贸活动内容增加了。与此同时，为了达到吸引人的目的，由商业资本推动，庙会上的娱乐活动也进一步增多，这就吸引了更多的人前去"赶庙"和"上会"。

据明末《帝京景物略》一书记载的北京附近一些庙会情况，那时到庙会上看热闹、游玩观光的人占 60%，买卖东西的人占 30%，

而真正烧香磕头的人只占 10%。这时的庙会成了一种依靠宗教庆典节日，在佛寺道观内或其附近形成的集宗教、商贸、游艺于一体的民间聚会，也就是我们现在所说的真正意义上的庙会。

在明代，一些官方文件记录了不许越境参加庙会活动的禁令，可见当时人们不惜长途跋涉去赶庙会，以致造成蔓延失控态势，成为社会问题，官方才不得不有所约束。而同时期的小说、诗词等文学作品，也纷纷对庙会、庙市进行记录描写，生动记载了庙会上，官员、客商、乞丐、募僧，各色人等，不分贵贱，挨挨挤挤的热闹场面。

兼具集市或商贸功能

明清以来的庙会，虽然寺庙是庙会活动的中心，但这类活动又不仅仅局限于寺庙当地，它在空间上具有开放性。在城市，活动从寺庙一直延伸到附近的主要街道；在乡村，活动则举行于道路，甚而串至其他村落，或沿门挨户，或进至城中。

从庙会举行的时间来划分，又可分为定期庙会和临时性庙会两种。定期庙会是在时间上相对固定的一种庙会形式。庙会文化活动一般都安排在宗教节日或民俗节日期间进行，如在端午节、清明节、元宵节时，我国许多地方都有赶庙会的习俗。有些大都市，由于人口经济繁荣，除了节日有庙会活动外，还逢某某日便开庙会，如清代的北京城，"有的寺庙逢单、双日开市（即庙会），有的逢三开市"等。而有些庙会不需要定期开展，只是在有需要的时候临时补充，即临时性的庙会。

无论城乡，许多庙会都具有集市或商业贸易的功能。如果从地域来划分的话，北方具有商业功能的庙会数量要比南方多。这可能是因为江南市镇网络逐渐完善，商品经济日益发达，庙会的商品集市功能逐渐淡化的原因。

在北方大量以商品贸易功能为主的庙会中，城镇庙会买卖的日用百货较多，杂以非耐用消费品和奢侈品；乡村庙会则多是生产、生活必需品，实用性较强。在大城市的庙会中，还有许多精神产品和消闲用品。

《红楼梦》第二十七回中，探春要宝玉出门逛去的时候替她带些好轻巧玩意儿来，宝玉道："我这么城里城外，大廊小庙的逛，也没见个新奇精致东西，左不过是那些金玉铜瓷没处撂的古董，再就是绸缎吃食衣服了。"探春道："谁要这些。怎么像你上回买的那柳枝儿编的小篮子，整竹子根抠的香盒儿，胶泥垛的风炉儿，这就好了。我喜欢的什么似的，谁知他们都爱上了，都当宝贝似的抢了去了。"宝玉笑道："原来要这个。这不值什么，拿五百钱出去给小子们，管拉一车来。"探春道："小厮们知道什么。你拣那朴而不俗，直而不拙者，这些东西，你多多的替我带了来。"看了这样的描写，当时庙会上的摊位货品，也能想象一二了。

庙会中的商人以小商小贩为主，他们奔走于城乡之间流通物品、传播信息，是庙会集市的中心人物。

许多庙会的举行地既不在城市，也不在乡村，而是在城乡之间的边缘地带，它们同时吸引了城市和乡村的人积极参与。像民国时

>> 庙会期间的扇子展 © storyvillegirl

期顾颉刚等人调查过的妙峰山香会，就是处在北京的近郊，清朝庙
会期间参加者有数十万之多。

清光绪年间，陕西蒲城有个叫吴克联的人擅长写对联，其中一
副对联生动地描写了庙会景象："看光景即速到忙，为买些东东西西
设立三天庙会；这热闹不纯是戏，还借着吹吹打打惊醒四月闲人。"

各路艺人大显"神技"

中国传统社会是一个等级规范很严格的社会。但在庙会及娱神活动中，它却被极大地冲淡了。宋徽宗在节庆时与百姓共观散乐百戏演出，称作"宣和与民同乐"。

游神队伍中的舞队、杂耍艺人，社戏舞台上的演员，乡间扮傩的孩童，等等，都是当时社会的下层，而身份高的人倒是旁观者。

传统社会中的妇女，平日有各种各样的行为规范限制她们的言行，无法轻易走出家门、大声言笑，长期处于某种程度的心理压抑之下。而庙会却给了她们一个合理合"法"的机会参加娱乐活动，所以她们对此更是热衷积极。

庙会中的各种活动非常吸引老百姓的眼球，平时人们的生活比较枯燥，庙会中多彩的活动正好丰富了大家的业余生活。

在庙会的迎神活动和庙会娱乐活动中，演戏往往必不可少，乡间有"高搭戏台过庙会"之说，在举行庙会时大都会请来好戏班唱戏，凡经济实力雄厚的庙会都会邀请当地最有名的戏班和最有名的戏角。而每逢庙会开庙搭台唱大戏的时候，许多人都会从四面八方涌到这里，因为看戏是老百姓最喜欢的一项活动，而来参加庙会的这个过程在民间就俗称"赶会"或"赶庙会"。

除了小商小贩以外，江湖艺人是庙会中的另一个重要角色，他们表演杂技、武术及民间的戏法，有的艺人迫于生计，往往是兼习数业，都是多面手。庙会中的江湖艺人一般会给自己安排一个时间表，把方圆百里的庙会时间记录下来。然后按照时序奔走于各个庙会场所，只有到年底时才会回家与亲人团聚，开春之后再出来卖艺。有时农忙的艺人会在家干活，农闲出来演出。他们的社会地位不高，多为生活所迫而操此行业。

这些艺人多以个体艺人或家庭为单位，流动性很强，四处漂泊，走南闯北，来往于各个庙会和城乡之间。如清代山西陈四一家，各怀绝技，外出卖艺，逐渐发展成为一个 130 多人的戏班子。

据记载，1937 年的北京土地庙会、护国寺庙会上的杂耍场所竟有 20 个之多，海王村及隆福寺庙会也有五个杂耍场。杂耍场一般搭建简单，好一点的用布幔围上四周，仅留一处开门，里面摆上桌子条凳；差一点的就只在空地上摆上桌子，艺人站在桌前表演，观众三面观看；最次的，在地上画个圈便可算作场子了。场子虽然简易，但是杂耍场的表演却是五花八门，通常有大鼓书、相声、变戏法、武术、摔跤等。而观看杂耍说唱的人，总是围得里三层外三层的。

在庙会上这些民间艺人也会因身手不凡而在庙会上大出风头，甚至因此声名鹊起，以至于身价百倍。除了说唱艺人设场卖艺，庙会上还有挑皮影、拉洋片儿、玩大箱、玩刀枪、耍猴等表演活动。

庙会也是各类奇人大显身手的地方。民间流传的这样一段故事说，清朝的一位王爷爱逛庙会，有一次逛完庙会回府后，突然发现身上穿的马褂上的金纽扣竟全都不见了。而原纽扣处被偷换成洋火棍儿即火柴棍儿。手下立刻责成九城兵马司速在京城内抓捕人犯，但王爷却对这位神偷的神技很感兴趣，提出只要在下一个庙会日上，这位小偷能不被王爷发觉再把东西还回来就可不治罪。而这位神偷，居然在第二次庙会上，神不知鬼不觉再一次把王爷马褂上的翡翠纽扣换成了洋火棍儿，而且把两次偷换下的金纽扣和翡翠纽扣都塞进了王爷的靴子里。

❯❯　吹糖人

❯❯　看拉洋片儿

北京的庙会有最早记载的是白云观

北京的庙会，传说起始于辽代，未见确切证据。

有准确记载的北京最早的庙会是元代开庙的白云观。白云观是道教全真教的祖庭。因为丘处机道号叫"长春真人"，因此这座道观当时叫长春宫。

丘处机的诞辰是正月十九日，白云观于每年的正月十九日开庙，游人"烧香，纵情宴玩"，叫作燕九节。

元朝后期的 1322 年，道教另一个宗派正一派在大都城朝阳门外建造了供奉东岳大帝的东岳庙，每年农历三月二十八日，也就是传说中的东岳大帝诞辰日开庙。届时，达官显贵来烧香的、妇女带着小孩来许愿还愿的络绎不绝，以至于车马填塞街道，沿大街摆摊卖饼食酒饭、香纸花果、小儿玩具的不计其数。

元代第三个开庙的是平则门（今阜成门）外的西镇国寺，每年二月初八日开庙。

元代开放的都是每年一次的节日庙会。元代史籍中说白云观"以为盛节"，东岳庙"亦盛会也"，以一个"盛"字概括了这种节日庆祝活动。

明清庙会一度达到鼎盛

明代，庙会普遍兴起。内城的正阳门关帝庙、都城隍庙，外城的南药王庙、都土地庙，郊外的马驹桥碧霞元君祠、中顶、西顶陆续开庙。不仅有每年开放一次的节日庙会，还有每月开放数次的定期庙会。位于内城的城隍庙（今成方街）庙市和灯市（今灯市口）最为繁盛，并称为庙灯二市。

城隍庙庙市是第一个每月开放的定期庙会。明代小说《二刻拍案惊奇》中说："京师有个风俗，每遇初一、十五、二十五日，谓之庙市。凡百般货物俱赶在城隍庙前，直摆到刑部街上来卖。挨挤不开，人山人海的做生意。"庙市这个称谓就是起始于城隍庙，最初也是特指城隍庙庙市。

清朝定都北京，将内城划为八旗营地，分置八旗以拱卫紫禁城。将汉官、商人和平民由内城迁到外城居住。将庙灯二市也移至外城，庙市移至报国寺，灯市移至琉璃厂和灵佑官。

清初京城最大的庙市，是位于外城的报国寺庙市。报国寺在广安门内大街路北，创建于辽代。报国寺书市吸引过很多名流。清初的文坛领袖王世祯经常到此买书，海内文人慕名拜访他，在别处见不到，就到报国寺书摊去等，准能见得到。

康熙末年隆福寺和护国寺两座大庙相继开庙设市，并称东西两庙，标志着内城商业开始恢复。随着两庙的兴盛，内城的商业日趋繁荣，开庙设市的增多，遂以庙市作为这种集市的统称。乾隆年间的笔记《子不语》中有"上庙买物"的说法，可见庙市已经是很普遍的交易形式了。

康熙年间，位于京西的妙峰山庙会兴盛起来，开庙期间有武会以娱神名义在香道上歌舞，进而其他寺观开庙时也要请武会去表演，叫作庙场香会。人们为看会而逛庙，并最终以庙会的称谓取代了庙市。

❯❯ 妙峰山庙会

民国有五大庙会之说

民国年间，出现了隆福寺、护国寺、白塔寺、土地庙、花市五大定期庙会之说。五大定期庙会按每月逢三土地庙，逢四花市，逢五、逢六白塔寺，逢七、逢八护国寺，逢九、逢十隆福寺的顺序开市。内城的白塔寺、护国寺、隆福寺三庙每月开市六天，外城的土地庙和花市每月开市三天。

据 20 世纪 30 年代实地调查，当时北京城区尚有庙会 20 处，郊区 16 处，合计 36 处。按寺庙面积和集会市场面积统计，以土地庙庙会为最大，以下依次为隆福寺、白塔寺和护国寺、花市集、海王村公园、东岳庙。因此昔日老北京也有七大庙会之说。但按热闹程度而论，当推东城的隆福寺和西城的护国寺，因此又有东庙和西庙之说。

辛亥革命以后，北京修建了一些新式商场，如东安市场、西单商场、劝业场等，部分取代了庙会的职能。但庙会长期以来就是城乡物资交流的主要形式，庙会已成为一种文化，所以一直延续下来，成为我国传统的民族节日形式之一，既为广大群众购物提供了便利，也丰富了文化生活。老北京人没有出过城的大有人在，没有逛过庙会的却不多。逛庙会在老北京人心目中是一件乐事。

（本文写作参考赵世瑜著《狂欢与日常——明清以来的庙会与民间社会》，李玲著《庙会》，赵兴华著《老北京庙会》，李鸿斌著《庙会》等，特此致谢）

家谱，另一种意义上的身份证

吴强华

说起家谱，大家都不陌生，不少人家里还保存着家谱，它是一个家族起源、世系传承、迁徙以及家族人物等情况的历史记录。

　　中国人重视家庭，重视家族。在中华民族的历史上，家谱是影响人数最多、影响时间最长、影响面最广的书籍之一。

最早的家谱——汉代以前记录王室贵族

　　家谱只是人们最常用的说法。在某种意义上讲，家谱是人另一种意义上的"身份证"，一种证明自己家族归属的身份证明。根据记载族群的范围与家谱属性的不同，较常见的名称还有宗谱、族谱、家乘、家牒等。

　　广义地来说，记载家族世系的文字都可以叫家谱。司马迁在《史记》中，较为详细地记录了五帝的世系和夏、商、周三代王室的世系。对于这些世系的可靠性，尤其是夏商及以前各朝世系的可靠性，过去学术界是有怀疑的，而殷墟甲骨文的大量出土改变了学术界的怀疑，甲骨文的记载证实了《史记·殷本纪》中有关商王世系的记载是基本准确的。

　　然而，司马迁能够准确地记录这些世系，显然必须要有谱牒作为依据，否则，生活在汉代的司马迁很难对三代时期的世系做出准确的记载。从《史记》中对夏、商、周世系记载的完整性看，夏、商、周三代当初应该都有记载王室世系的家谱资料。

中国现存最早的实物家谱便是刻在龟甲兽骨之上的商代甲骨文家谱，这也是世界上最古老、最原始的实物家谱。甲骨文主要记载的是商人占卜的情况，但其中也有一些记载着人物世系的内容，这些记载了同一家族多代人名字的甲骨文就被称为甲骨文家谱。根据对现有甲骨卜辞的研究，共有三件甲骨卜辞可以被认为是家谱。

商代晚期，又出现了一种新的实物家谱，这就是金文家谱。金文是铸刻在青铜器上的铭文，因此所谓的金文家谱也就是铸刻在青铜器上的家谱。

周代以后，人们普遍在青铜礼器上铸刻铭文以表达对祖先的崇敬，这些铭文一般先叙述祖先的名字及美德、功勋，然后是铸器人的名字，涉及家族世系的比较多，因此金文家谱屡见不鲜。

当然，能把世系传承刻在甲骨和青铜器上的，不是王室也是显赫贵族了。

相传为荀子编修的《春秋公子血脉谱》，是中国历史上第一部以"谱"为名的宗族史籍，其"血脉"二字，形象地揭示了家谱作为血缘系谱的特点。尽管此书如今已佚，但却是后世家谱称"谱"的滥觞。

官修家谱——魏晋南北朝开始重视门第高下

魏晋南北朝时期是中国家谱发展的繁盛时期，在这一时期，家谱受到了广泛的重视，在社会生活中扮演着极为重要的角色。当时从选官到婚姻，都要以家谱为凭，家谱的重要性可见一斑。

魏晋南北朝时期家谱发展的重要标志是国家设立谱局和谱官，专门从事谱牒编修和保管工作。

国家设立官员与机构管理谱牒，前代也是有的，例如秦汉时就设立宗正一职管理谱牒。但是，汉代的宗正只是负责管理皇族事务和掌修皇族的谱牒。刘备能够从一个"织席贩履小儿"摇身一变为大汉皇叔，依靠的就是皇家谱牒的世系记载。

然而，魏晋南北朝的谱局和谱官与前代相比有了很大的变化。谱局收藏的是百家之谱。按照规定，凡是百官族姓撰修了家谱的，都必须呈送谱局，谱局的谱官对私修家谱加以考核、审定，然后收藏在谱局中，成为官方承认的官籍，称为簿状。而百姓家中所藏的家谱则是私书，称为谱系。官籍与私书可以相互校检，以确保家谱的可靠性。由于经过官方审定的簿状是选官的重要依据，因此除了谱局收藏外，负责选官的机构也都有收藏。

家谱受到如此重视，与当时门阀士族势力的发展是密切相关的。曹魏建立后，在选官制度上推行九品中正制，也就是将各地人物分为上上、上中、上下、中上、中中、中下、下上、下中、下下九等，以备朝廷选拔官员之用。由于评定人物等级的中正都是由各地世家大族的人担任，结果原本应该以德、才为考核标准的评定，变成了以门第高下为评定标准，出现了"上品无寒门，下品无士族"的局面，加速了门阀士族势力的形成。

在编修家谱以维护门第的同时，士族对试图伪造家谱以混入士族的行为也进行了坚决的打击。当时一些庶族为了提高门第而不择手段，最常用的方法就是伪造家谱、冒充士族。梁武帝时，尚书令沈约在给皇帝的上书中曾经提到，当时有钱人往往行贿以求变更谱牒，花一万钱左右就可以修改谱牒。当然，这样做要冒很大的风险，因为一旦被发现，就要受到严惩，甚至死刑。南齐时，王泰宝向当时的谱学名家贾渊行贿，买袭琅琊王氏谱，企图以篡改家谱的手段把自己的家族加入当时江左第一高门琅琊王氏的家谱中，结果被琅琊王氏成员、尚书令王晏告发，贾渊被捕入狱，并差点被处死。

由于谱牒在政治与社会生活中具有重要的作用，谱牒逐渐成为一门专门的学问，称为谱学。魏晋南北朝时，社会上的避讳之风盛

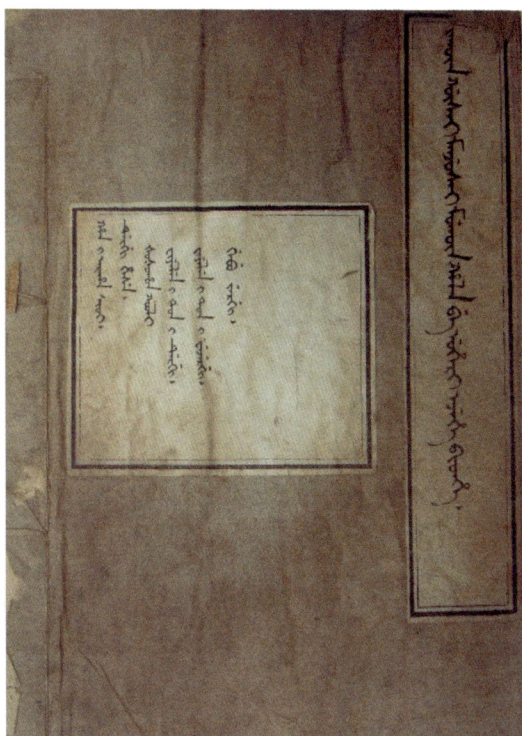

▶▶ 《八旗满洲氏族通谱》满文版书影

行，日常交流时如果触犯对方的祖、父的名讳，对方就会当场号啕大哭，让人下不了台，就连皇帝也要小心，不能轻易触及别人的家讳。刘宋时的谱牒名家王弘，是王氏谱学的创始人，他能做到"日对千客，可不犯一讳"，被当时的人们传为佳话。

谱牒消亡——唐末门阀制度遭毁灭性打击

唐朝是官修家谱最发达的王朝之一，政府设立专门机构先后组织编修了数部大型谱牒著作，著名史学家郑樵曾说："谱系之学，莫盛于唐。"其实，唐代之所以多次编制官修谱牒，其原因也还是出于对门第的追逐。

唐朝建立时，由于科举制的实行，士族的政治特权已经开始失去，但是士族依然享有很高的社会声望，势力犹存。唐朝的建立主要是依靠关陇士族的力量，但关陇士族的声望门第远不如山东士族，为了提高关陇士族的门第，贞观五年，唐太宗李世民命令高士廉等编撰《氏族志》。但当唐太宗翻开《氏族志》时，不由大为生气，原来被列为第一等的仍是山东士族清河崔氏。修订后的《氏族志》将出身关陇士族的皇族列为第一等，将外戚列为第二等，山东崔氏只得屈居第三了。

到了武则天统治时期，朝廷又下令编撰《姓氏录》。提议编撰

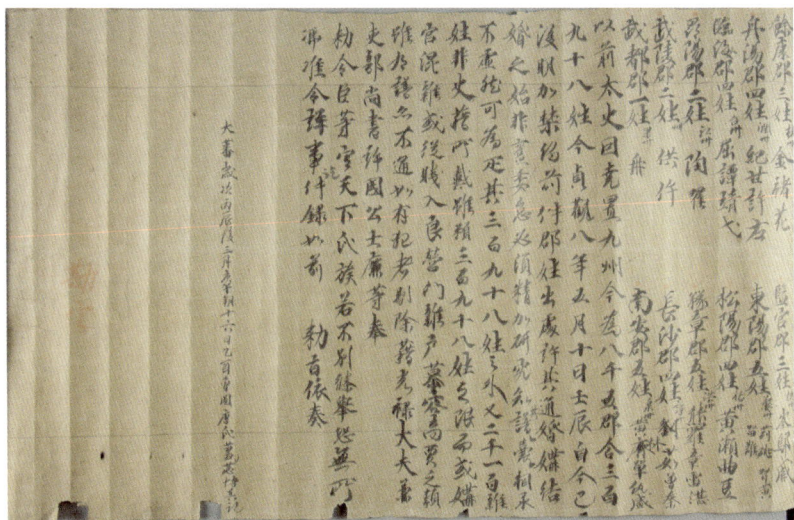

❯❯ 国家图书馆现藏敦煌写本《贞观姓氏录》局部

《姓氏录》的是当时的宰相李义府，并得到了武则天的支持，原来李义府与武则天都是庶族，《氏族志》中没有他们的家族。新修的《姓氏录》将后族武姓列为第一等，其余的以官职高下为等级标准，规定凡五品以上的官员都可以升为士族，士兵以军功升到五品的亦可入流。李义府通过《姓氏录》如愿地使自己成为新士族，但过于宽松的标准使大批庶族都升为了士族，因此《姓氏录》受到山东旧士族的抵制，他们根本不承认《姓氏录》的权威性，嘲笑其为"勋格"，甚至以名列《姓氏录》为耻。

唐末五代时期，战乱频仍，门阀制度遭到毁灭性的打击，大批旧士族成员被杀，所谓"天街踏遍公卿骨"，就是当时情况的真实写照。在这一过程中，谱牒也遭到焚毁，荡然无存。魏晋以来以维护门第为主要任务的官方谱学正式消亡了。

私修家谱——宋代创制私谱范式

　　在关于中国家谱起源的各种观点中，有一种观点认为是起源于宋代。持这一观点的人之所以会置魏晋隋唐时期大量关于谱牒的记载而不顾，坚持把宋代作为家谱的起源，有他们一定的道理。其实，我们现在的家谱确实是与宋代的家谱一脉相承的，而与魏晋隋唐的谱牒没有太多的传承关系。这一点，从现在存世的家谱大都起源于宋的事实可以得到证明。

　　宋代的家谱是在一片废墟上重新建立起来的。唐末五代的战乱，使原来记载士族门第高下的谱牒都化为灰烬，而在战乱中崛起的新贵往往因为自己原来的门第并不高，也不愿提及自己的先祖，重修谱牒。由于没有谱牒的记录，家族的世系开始变得模糊不清，人们对自己的父祖兄弟还能知道得清清楚楚，但是自己的祖先就不知道了，对家族中世系稍远一点的亲戚也有些分不清了，不知道相互间

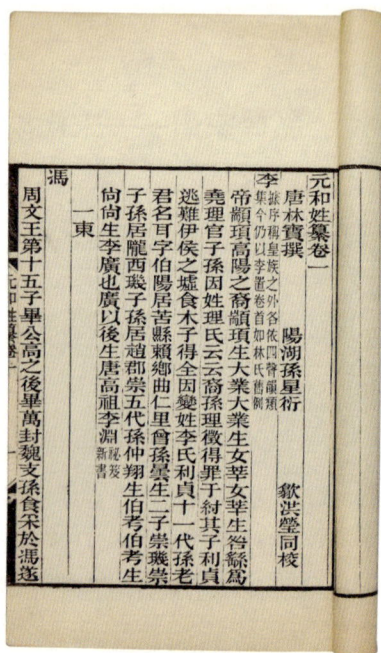

>> 《元和姓纂》卷一首页，清光绪六年
（1880 年）金陵书局刻本 ©Lin Bao

是什么关系。这种情况引起了有识之士的担忧，于是编撰家谱又被重新提到议事日程上来。

宋代的时候，社会环境已经有了很大的变化，社会上不再有士族与庶族的区分，官员的选拔也与门第没有关系，不需要再查看谱牒，因此，宋代家谱的编撰宗旨与以前相比有了很大的变化。

魏晋时期，编撰谱牒的主要目的是维护门第，由于门第与选官有直接的关系，因此政府也参与其事，官府组织编修谱牒。宋代修谱关注的重点在于"尊祖敬宗收族"，在于鼓吹"尊尊亲亲之道"的伦理道德教化功能。由于与选官没有关系，官府自然不再过问，因此宋代以后都是私人自行修谱。随着家谱政治功能的消退，家谱逐渐从官府、从世家大族走向了普通百姓。

宋代士大夫对新修家谱表现出很高的积极性，许多著名的士大夫如范仲淹、欧阳修、王安石、司马光、苏洵、黄庭坚、文天祥等都曾亲自主持家谱的纂修。欧阳修和苏洵还创立了新的谱例，提出了家谱的编修原则和具体方法，他们创立的私家谱法，成为后世家谱典范，对私修家谱的繁荣起到了重要的作用。

欧阳修和苏洵新编的家谱，都采用了"小宗之法"，也就是以五世祖作为家族的始祖。之所以只记载五世，与隋唐以前的谱牒都已经遭毁有关，五世以上的世系，实际上已经不大可能考订清楚了。加之唐末五代时期社会动荡，很少有家族能够保持世代富贵，追溯过多很可能会遭遇到几世贫贱的难堪局面，未免脸上无光。当然，也有的家族采用"大宗之法"，追溯数十代。

虽然宋代开始纂修的新型家谱与政治没有直接的关系，但考虑到修谱可以起到"聚其骨肉以系其身心"的目的，宋朝统治者大力提倡私修家谱，这在客观上也推动了当时私修家谱的发展。

流入寻常百姓家——明清纂修家谱成家族大事

进入明清以后，统治者继续积极鼓励家谱的纂修，康熙、雍正都曾号召纂修家谱，地方官员也热衷于劝说百姓编修家谱，这使得家谱数量大增，甚至达到了没有无谱之族的程度，纂修家谱成为家族生活的头等大事。清代不仅汉人修谱，满人也对修谱十分积极。由于清政府规定满人袭爵、出仕都要查验家谱，因此满人修谱的积极性甚至比汉人还要高。

与宋代的家谱相比，明清时期的家谱体例更加完善，记事的范围也更加广泛，内容更加丰富，更加注重伦理教化的功能。家谱的内容一般包括祖先名字、世系、事迹、官职、得姓源流、迁徙情况、祠堂坟墓、族规家训、人物传记、艺文著作等。

随着修谱的普及和人口的增加，明清时期家谱的规模越修越大，出现了"会千万人于一家，统千百世于一人"的统谱，一部统谱往

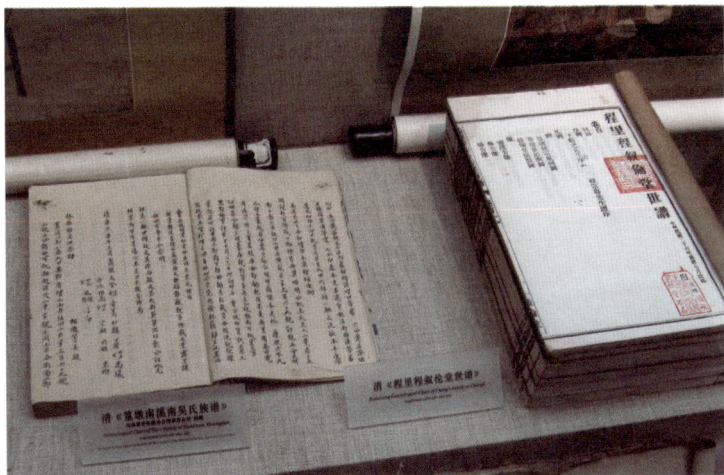

>> 安徽黄山屯溪博物馆所藏族谱 © 猫猫的日记本

往汇集了十几个省上百个支派的世系，蔚为壮观。这种风气一直延续到近代，其中 1950 年纂修的《吴氏大统宗谱》，奉太伯为一世祖，列入者竟达 503 支，计 40 册，令人叹为观止。

不过，如此大规模的统谱，其世系的可靠性往往难以确认。这种通谱联宗的风气，与当时修谱过程中喜好依附名人的做法有很大的关系。与宋代家谱基本上都采用"小宗之法"不同，明清家谱大多采用"大宗之法"，追溯世系动辄几十世，往往将历史上的本姓将相名人一网打尽。

由于人们常常以通谱、联宗甚至冒认名门望族来提高自己的社会地位，有一些贫困的文人竟然专以伪造谱牒为职业，他们事先将各姓在历史上的著名人物都开列出名单，当有人要他们纂修家谱时，便根据需要将这些名人编入家谱。这种做法的流毒很广，现在存世的明清家谱中，唐宋以前的世系中常常可以看到不少名人，许多就是这样编造出来的。

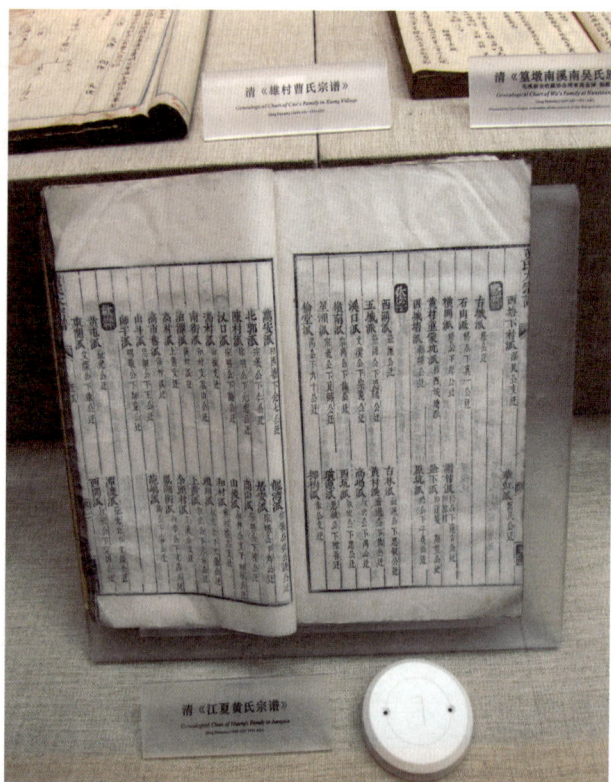

>> 清代江夏黄氏宗谱，黄山屯溪博物馆藏 © 猫猫的日记本

家谱之最：孔子家谱传 80 世

在中国众多的家谱中，《孔子世家谱》有其独特的地位，历时 2500 余年，传 80 世，加之考订严谨，使之成为民间修谱中记载世系最久远、最可靠的一部家谱，令人叹为观止。

孔氏家族正式有谱始于宋元丰七年（1084 年），迄今 900 多年。在此之前，孔府虽然也有家谱，但只载嫡长承袭者一人，且是抄本传世，很不完整。孔子第 46 代孙孔宗翰感到抄本易散失，而且只记载承袭者，其余族中贤达显贵不能入谱，日久年深，难免湮没无闻，于是创修孔氏家谱，在以后的 400 年间，曾有过多次的修谱，但是都没能刊印，内容也比较简单。

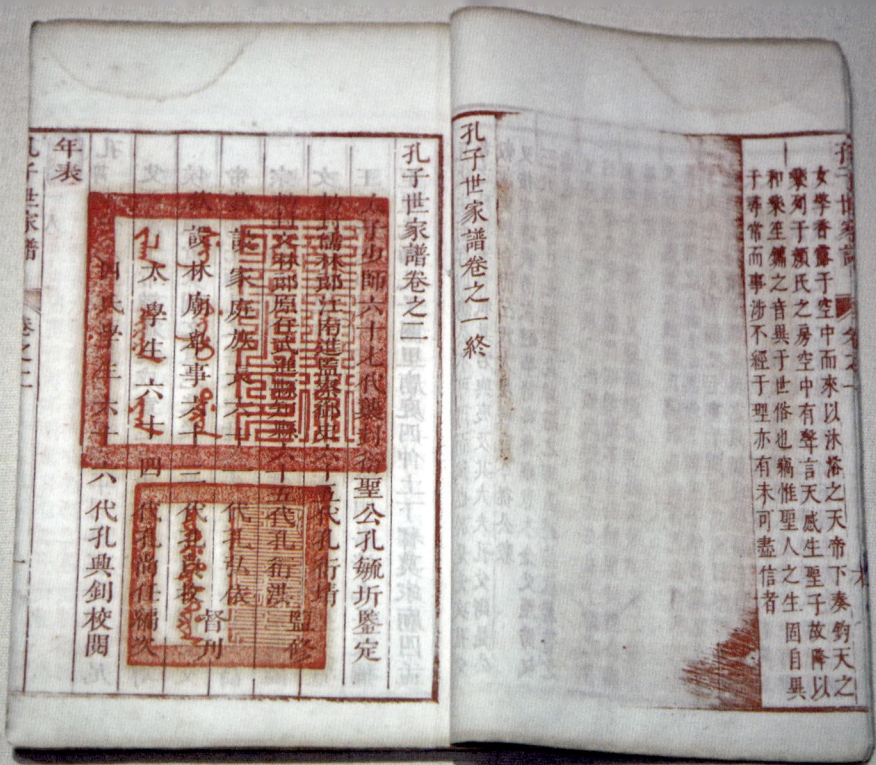

❯❯ 孔子世家谱

　　到明孝宗弘治二年（1489 年），孔子第 61 世孙孔弘
干重修家谱，并规定以后孔氏家谱 60 年一大修，30 年一
小修，大修以甲子年为期，小修以甲午年为期。不过，这
一规定并没有被认真执行，在孔弘干修谱后的 130 多年
后，孔府才再次重修家谱。成于明天启二年（1622 年）
的《孔氏族谱》现仅存残卷三卷，当时共印了 98 部，这
也是现在能看到的最早的正式的孔氏家谱。在此后的 300

多年间，孔氏家谱仅续修了4次，也就是明天启《孔氏家谱》、清康熙《孔子世家谱》、清乾隆《孔子世家谱》、民国《孔子世家谱》。

传承有序：名字里排行讲究多

排行又称班行、班次、班派、宗派、派语、字辈等，是用以记载家族成员辈行、世次的排行字语。一般情况下，同一辈分的家族成员都用事先统一规定的某个字或偏旁起头，再与其他字结合而成名字，不同辈分用不同的字或偏旁，世代相传，以示不同辈分间的区别。这样，同一家族的成员即便遭遇社会大动荡、家族大迁移等重大变故，依靠排行这一线索，日后无论散处何方，相遇时只要查对名字，就可以知道是否同宗，可以重新认宗归根。而且，通过排行，可以知道相互之间的辈分关系，互相称呼也不会出现失礼的情况。

排行一般由祖先确定，或请名人拟定，有的家族由于地位特殊，排行由皇帝御赐，如曲阜孔府的排行，明清两代统治者都曾先后御赐。

站台票，淡去的回忆

梅子

站台票，也被称作月台票，是人们曾经用来进入车站站内接送亲朋好友的一种凭证。站台票的历史不过百余年，随着近年来各地陆续停售，逐渐淡出人们的视野。站台，是别离或重逢之地，一张站台票记录的不只是一段行程，更是承载着生活轨迹的变更和逐渐模糊的记忆。

世界第一枚站台票比邮票早十年

　　说起站台票，不得不追溯世界铁路的起源。

　　铁路是近代工业革命的产物。18 世纪 70 年代，蒸汽机的发明为传统交通运输业的革命带来了曙光。但起初，铁路并不是为火车而是为马车铺设的。因为尽管当时已经出现了蒸汽机车，但安全尚无保证，经常会出现翻车事故造成人员伤亡，因此行走在铁路上的车大部分仍是用马牵引的，更像是"有轨马车"。一匹马拉着 3 吨重的货车，以 6 千米的时速运行，这种运力极其有限。

　　1823 年，英国工程师乔治·史蒂芬森建成了世界上第一条蒸汽机车牵引的公众铁路——斯托克顿 - 达灵顿铁路，虽然只有 40 千米，但三年时间花掉了 6 万英镑的短期贷款。这条轨道，在达灵顿西面采用了石头枕轨，东面用橡树枕木。史蒂芬森曾力图全部用石头，但因采石场距离东部太远，运输费太贵而作罢。

>> 世界最大的蒸汽机车，联合太平洋铁路 4884 型蒸汽机车 © Stilfehler

  1825 年 9 月 27 日，得知斯托克顿至达灵顿铁路要开通，一大早，铁路沿线就挤满了看热闹的人。蒸汽机车由史蒂芬森和哥哥詹姆士驾驶，机车后面挂着一节客车车厢，乘坐着铁路建设董事会的成员，客车车厢后面是 21 节运煤的货车车厢。看着喷云吐雾的"怪物"，路边好奇的观众纷纷跳上车过把瘾，原本只能容纳 300 名乘客的火车生生地挤进了 500 多人。他们有的坐在空的货车车厢里，有的坐在装满煤炭的车厢顶上，还有的甚至扒扶着扶手，身体悬挂在车厢之外。

  火车启动后，速度不断加快。没过一会儿，机车出现了故障，

❯❯ 英国伦敦的国王十字火车站发行的站台票，有效期为 1 小时

一节车厢的车轮也掉了，尽管如此，两个多小时后火车到达达灵顿时，一万多名观众向他们致意。待煤炭被卸下后，工人们稍事休息，再度出发，又有550多名乘客挤上了列车。

也许是人们的狂热，激发了精明的商人们抓住商机。在乔治·史蒂芬森于1830年设计开通利物浦至曼彻斯特铁路时，全欧洲最为著名的缪斯顿铁路公司在发售火车票的同时，专门制作了一批带有纪念意义的"送亲月台证"——这就是铁路站台票的雏形，也是最早的站台票，比第一枚邮票还要早十年。此后，站台票就与铁路运输形影相伴，成为铁路发展的见证者。

当年一张站台票的价格已无从考证，但对火车情有独钟的英国贵族们想必是不会吝惜的。据记载，1851年伦敦举办博览会，短短一个月时间就有150万人坐火车从全国各地赶来参观。假如其中有十分之一者购买了站台票，铁路公司也能得到一笔不菲的收入吧。不愿忍受在寒风中等车的待遇，或嫌站站停的慢车旅程太长的贵族绅士们干脆买专列车票，平均每张 25 英镑。

>> 英国铁路线路阿什伯恩至欣德洛火车站的儿童票，1954 年 10 月 30 日为这条线路客运服务的最后一天 © Aspdin

我国硬质卡式站台票"服役"达 70 年

我国铁路站台票起源于火车站整顿站内秩序。

1906 年，为防止意外发生，火车站规定送行者一概不得随便出入车站，但经常会遇到有要紧事件或者行李过多者，铁路监督部门特地印制发售"送客车票"，凡接送旅客的人都可以购买，凭票出入车站。每票只用一次，票价五枚铜子。

1910 年，站台票已经正式开始发行使用。当时站台票式样简陋原始，就是一张硬纸卡片，5 厘米长，2.5 厘米宽，形状类似于火车客票式样，首先在哈尔滨铁路站线上使用。站台票上面印有日期、面值、车次、编号、发售车站站名和使用说明等。

谁能想到，这种白底黑字、"豆腐干"一般的站台票，一直沿用到 20 世纪 80 年代，"服役"时间长达 70 年之久。其间，站台票的票面内容随着年代略有不同，价格也从一分、二分、五分逐渐变为

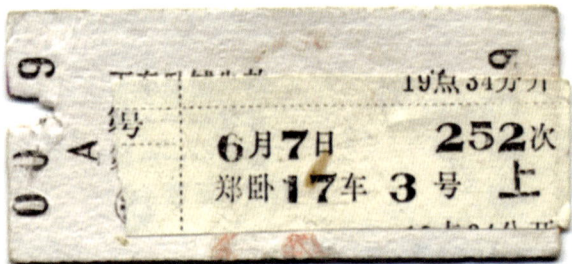

>> 中国铁路的硬板票 © Stout256

一角、两角、五角、一元。

　　站台票是专为进出车站到站台接送旅客的人员发售的一种凭证。一张车票可以购买一张站台票，当日有效。后来为了方便外事、旅游单位进站接送旅客，还发售过月、季定期站台票，收费标准不少于每天一张站台票票价计算，有效期为三个月。

　　站台票第一次"变脸"是在1984年国庆前夕，北京铁路局北京站率先推出新中国铁路局的第一套（五枚）彩图纪念站台票——《庆祝中华人民共和国成立三十五周年》。票面内容包括天安门、长城火车、故宫全景、北京站夜景和京城新建筑，面值统一为一角钱。与原来相比，此套站台票设计新颖、印刷精美，受到了社会的一致好评。很快，各地铁路部门纷纷效仿。

20世纪80年代末至90年代初，各地铁路部门共设计发行了12套48枚彩图站台票，正面内容以人文景观、自然风景、车站楼舍等为主。各地票面尺寸不一，多为60毫米长、15毫米高，比原来"黑白小硬板"扩大了6.5倍。也有的尝试使用100毫米长、18毫米高的"大块头"或者更小的迷你版。

1992年，铁道部以文件的方式，对站台票的规格、编码、用字等做了统一规范。站台票终于结束了"大小不一"的命运，不仅可以作为进出站的凭证，而且还可以承载艺术、传承文化的理念，展示铁路建设的重大成果，翻开铁路站台票历史上新的一页。

进入2000年后，我国彩图站台票开始了前所未有的繁荣。据不完全统计，2001年至2004年中国铁路站台票以每年近千枚的速度发行。到2003年年底，彩图站台票的总设计发行量累计超过4000种。各铁路局在不断加速变换站台票图案和发行频率的同时，又纷纷出台了加字票、特种票、磁卡票、镀金票和丝绸站台票等。

随着铁路网越织越密，国内许多城市开通了高铁、动车，特别是实行了火车票实名制后，多数铁路客运站陆续停止售站台票，至此，延续了一百多年的站台票在我国渐渐淡出人们的视野，渐渐成了收藏界的宠儿。

日本持站台票可以进车站会友

站台票虽然起源于英国，但随着欧洲铁路线网的四通八达早已销声匿迹。

在英国、德国等许多国家，火车站多是开放式的，通常情况下旅客不需要检票，可以直接出入车站。站台几乎见不到工作人员，全靠电子站牌明晰的指引，只有在火车开动后，才偶尔能看到查票员在车厢里查票。查票员可在车上协助乘客补票，但若查到逃票者，除补票外还将被罚款。

在日本，站台票不仅方便了民众接送亲友，而且还逐渐发展为铁路文化的一部分，很多"铁路迷"热衷于收藏站台票。站台票在日本被叫作"入场券"，因乘车之外的目的进入车站时需要购买。日本首次发行的站台票是 1897 年由山阳铁道售出，至今已有 120 年的历史。日本的站台票有硬质票和软质票两种，软质票用完后车站将

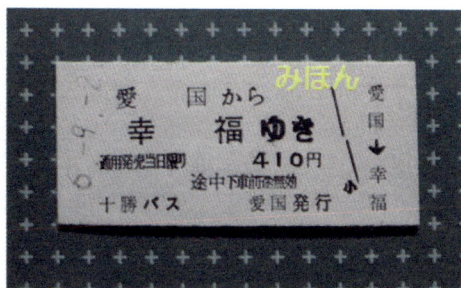

>> 日本广尾线，爱国车站至幸福车站之车票
（十胜巴士发行）

会回收；硬质票则多是为"铁路迷"收藏准备的。

据日本媒体报道，2014年为纪念一段铁路开通一百周年，九州铁路公司熊本分公司在熊本站推出了该县萌熊吉祥物"KUMAMON"形状的纪念站台票。票面上印有"KUMAMON"戴着红黄两色线条九铁制服帽敬礼的身姿。背面有一栏用来记录发行日期，可在销售窗口盖上日期戳，同时还印有序号。铁路公司号召人们"来熊本时务必买一张留作纪念"，很快，这种纪念站台票就售出上千张。

大多数人购买站台票的目的是进站送人、接人，也有的进入车站完全是为了会友。日本很多车站内部各类设施丰富，如书店、饭馆、便利店、咖啡厅，甚至商场等，不少日本人相约在车站内部见面聊天、喝咖啡。日本大多数车站都规定，持站台票进站者，除特殊情况外，一般不能进入列车车厢，规定持站台票在车站内滞留时间最多不能超过两小时。

>> 幸福车站现在的车站外观

　　一般来说，站台票价格与车站车票起步价等额，在 120 ～ 170 日元之间。除一般的站台票外，日本有一部分车站还发售"月票式站台票"，持票者每天都可以多次进出车站。这类站台票的购买者大多数是因附近交通问题需要穿过车站的人。

　　另外，还有一些站台票沾了温馨车站站名的光，而让人另眼相看。如日本旧广尾线有"幸福站""爱国站"，这些车站的站台票因良好的寓意受到收藏者的青睐；室兰本线"母恋站"的站台票，经常被用作母亲节的礼物；德岛线的"学站"、纪州铁道线的"学门站"站台票，又常被备考学生们收藏，希冀考出好成绩。

因站台而和文艺作品结缘

　　空无一人的火车站，一个中年搬运工手推轻便行李车出现在月台的前方。画面后景中，一个黑点很快变成清晰的火车呼啸而来。火车减速，车身沿着月台缓缓停下。车厢门打开，熙熙攘攘的旅客走下火车……1895 年，法国卢米埃尔兄弟用活动摄像机拍摄的《火车进站》公映，虽然这部短片不到一分钟，但成为世界电影诞生的象征和标志。

　　这似乎也注定，电影与火车、站台是与生俱来的好搭档。就如张爱玲在《异乡记》中所说："在我，火车站始终是个非常离奇的所在，纵然没有安娜·凯列妮娜卧轨自杀，总之是有许多生离死别，最严重的事情在这里发生……"因此，在各地陆续停售站台票后，不少"铁路迷"深感惋惜：电影里列车缓缓而行，站台上紧随列车双手相握、奔跑的画面将一去不复返。

>> 《火车进站》剧照

受功能所限，站台票的使用范围仅在"站台"，但同时又得益于"站台"，这个"伤别离"和"再相聚"之处，使这张小小的站台票天生就有温度：朱自清在站台上和父亲作别，看着父亲的背影穿过铁路去对面买橘子，想必父亲深青布棉袍里一定有一张硬卡片站台票……

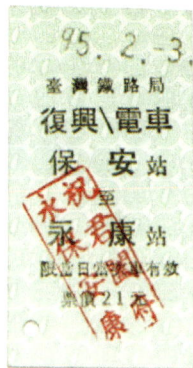

» 台湾知名的永保安康车票 © KaurJmeb

"大声叫伊的名字伤心泪滴，月台票替阮（我）悲……"台湾一首经典情歌《离别的月台票》中，深情地唱出无数情侣隔窗挥泪分别的离别之景。可见，对于乘坐火车远行的乘客，站台上，握手告别，脉脉含情，或是泪眼相对，或是微笑祝福，所有的一切凝固在那一刻，无论这里充满的是心酸的离别、重逢的欢乐，还是永久的等待或者浪漫的邂逅，站台票都记录下那些曾经的故事。

万物说

站台"1 米线"的由来

火车站台上都会有一条颜色醒目的"安全线",通常离站台边缘有 1 米的距离。"列车进站,请站到白线以内……"当列车快进站时,工作人员会持喇叭或者小旗警示过往行人:车辆尚未停稳,千万别越过"安全线",否则极有可能发生人身伤亡事故。

其实,站台上"1 米线"的由来,要追溯到发生于 20 世纪的一场悲剧。

1905 年一个冬日,俄国西伯利亚铁路线上的鄂洛多克车站热闹非凡,原来是人们在欢迎钦差大臣,他们为了表示对沙皇的忠心,穿上节日的盛装列队站在铁路两旁,夹道欢迎这位要员。随着一声汽笛长鸣，钦差大臣的专列出现了。然而它并没有缓缓进站，而是如同脱缰野马般冲了过来。刹那间，站台上的迎候者感到背后有人猛击一掌，不由自主地倒下站台，34 人当即丧命，4 人重伤。

办案人员多方调查发现，此次惨案并非人为肇事。由于当时科学水平所限，难以解释清楚。后来，随着认知能力的提升，科学家们用"伯努利原理"（又称"伯努利定律"）破解了当时的"夺命掌"之谜，并由此诞生了站台安全线。

"伯努利原理"是瑞士科学家伯努利 1738 年发现的定律，简言之就是在一个流体系统（如气流、水流）中，流速越快，靠近它的物体所受到大气压所产生的压强越小。当火车高速驶过站台时，两边空气随着向前高速运动，致使列车周边空气压力骤降，离列车较远的空气压力就大于火车两侧空气的压力，这种压力差形成了把旅客"吸"向车厢的力量，其数值跟车速成正比，有时能达几千克甚至更大，一旦旅客离车太近，又没注意站稳，极有可能因此发生车祸。

明白了这个道理之后，站台警戒线便应运而生。从此以后，所有的站台上都画了一条醒目的"安全线"，警示乘客候车时不可往前越出，以确保人身安全。

法国列车超标，被迫扩建站台

法国曾经有一则被全世界嘲笑的新闻。

据法新社与路透社报道，法国国家铁路公司 2014 年为省际铁路新订购近 2000 辆火车，但由于新车体积过于庞大，无法驶入国内许多火车站的现有轨道，因而不得不斥重资改造站台，以欢迎新火车的到来。

报道称，重修这些站台的费用高达 5000 万欧元，而这笔花销完全不在法国国家铁路公司计划之中。

法国铁路管理实行"网运分离"，即铁路路网和运输经营分离，全国铁路网等基础设施归法国铁路网公司所有，法国国家铁路公司负责运营，包括订购列车。出现这一滑稽事件的原因是，法国铁路网公司向国家铁路公司提供的站台宽度信息不完整，只提供了过去三十年内所建火车站的站台宽度，而全国大约 1200 个火车站台大多数建造于五十多年前，当时的列车比较"苗条"。因此，许多站台的边缘离铁轨较近，新购列车开不进去，从而造成了这样一笔高昂的站台重修费用。

法国铁路网公司发言人还打了个比方："就像你买了一辆法拉利，想把它放进车库，结果发现车库太小放不下，这是因为之前从来没买过法拉利。这个问题我们发现得有点晚……只能自食其果。"

报道称，这一令人尴尬的失误，迄今已让法国国家铁路公司耗费超过 8000 万欧元，改造费用可能会进一步上升。

（《万物有意思·科学探秘》《万物有意思·奇妙生活》部分图片引自维基百科共享资源，特此致谢！）